ISBN 978-0-266-15301-6
PIBN 10927505

1 MONTH OF
FREE
READING

at

www.ForgottenBooks.com

By purchasing this book you are eligible for one month membership to ForgottenBooks.com, giving you unlimited access to our entire collection of over 1,000,000 titles via our web site and mobile apps.

To claim your free month visit:
www.forgottenbooks.com/free927505

English
Français
Deutsche
Italiano
Español
Português

www.forgottenbooks.com

Mythology Photography **Fiction**
Fishing Christianity **Art** Cooking
Essays Buddhism Freemasonry
Medicine **Biology** Music **Ancient
Egypt** Evolution Carpentry Physics
Dance Geology **Mathematics** Fitness
Shakespeare **Folklore** Yoga Marketing
Confidence Immortality Biographies
Poetry **Psychology** Witchcraft
Electronics Chemistry History **Law**
Accounting **Philosophy** Anthropology
Alchemy Drama Quantum Mechanics
Atheism Sexual Health **Ancient History**
Entrepreneurship Languages Sport
Paleontology Needlework Islam
Metaphysics Investment Archaeology
Parenting Statistics Criminology
Motivational

ANNUAIRE DIPLOMATIQUE

DE L'EMPIRE FRANÇAIS

POUR L'ANNÉE 1870.

VEUVE BERGER-LEVRAULT & FILS, LIBRAIRES-ÉDITEURS

PARIS, rue des Beaux-Arts, 5

MÊME MAISON A STRASBOURG

———•≣•———

L'ALSACE NOBLE

SUIVIE DE

LE LIVRE D'OR DU PATRICIAT

DE STRASBOURG

D'APRÈS DES DOCUMENTS AUTHENTIQUES ET EN GRANDE PARTIE INÉDITS

PAR

M. ERNEST LEHR

DOCTEUR EN DROIT, ETC.

———

Trois volumes grand in-4°, impression de luxe

CONTENANT

31 magnifiques planches d'armoiries chromo-lithographiées, comprenant 351 écussons
15 grands portraits hors texte
200 gravures (portraits, vues de châteaux, sceaux, monnaies) dans le texte
8 tableaux généalogiques synoptiques
2 grandes cartes coloriées de l'Alsace féodale en 1789

———

Prix de l'ouvrage broché : 200 fr.
Reliure riche avec fers spéciaux : 25 fr.

———•✦•———

Nota. La reliure de l'ouvrage présentant de sérieuses difficultés à raison du nombre considérable des planches et cartes hors texte (49), nous croyons devoir engager MM. les acheteurs à acquérir de préférence les volumes *tout reliés*. Les belles reliures à reliefs que nous avons fait établir *spécialement pour l'Alsace noble* (en rouge, en vert et en grenat, au choix) sont aussi élégantes que solides, et nous pouvons garantir que cette partie a été, comme les autres, l'objet de soins tout particuliers.

Strasbourg, Imprimerie de Veuve Berger-Levrault.

ANNUAIRE DIPLOMATIQUE

DE

L'EMPIRE FRANÇAIS

POUR L'ANNÉE 1870

Treizième Année

PARIS

VEUVE BERGER-LEVRAULT ET FILS, LIBRAIRES-ÉDITEURS

RUE DES BEAUX-ARTS, 5

MÊME MAISON A STRASBOURG

1870

Signes de l'Ordre impérial de la Légion d'honneur.

GC✷   Grand'Croix.

GO✷   Grand-Officier.

C✷   Commandeur.

O✷   Officier.

✷   Chevalier.

———

●   Médaille militaire.

NOTE.

Les notes, avis et réclamations sont reçus au bureau de l'*Annuaire diplomatique*, rue des Beaux-Arts, 5.

TABLE DES MATIÈRES.

RECTIFICATIONS.

Page 19. L'agence de Hull dépend aujourd'hui du consulat de Newcastle; par conséquent elle est à placer cinq lignes plus bas.

— 28, dernière ligne. M. Maurice (Auguste) est chevalier de la Légion d'honneur.

— 31. Consul à Charlestown: M. le baron de Bourqueney ✻

— 37. Consul à l'Assomption: M. Bure, comte d'Orx.

Documents parus dans les Annuaires précédents.

Annuaire pour 1858. — Congrès de Paris. — Traité du 30 mars 1856.

Annuaire pour 1859. — Conférence de Paris. — Convention relative à l'organisation des Principautés-Unies danubiennes.

Annuaire pour 1860. — Conférence de Zurich. — Traités de paix avec l'Autriche. — Documents relatifs à la Question italienne.

Annuaire pour 1861. — Traités de commerce avec l'Angleterre et la Chine. Traité relatif à la réunion de la Savoie à la France.—Règlement pour la police du port de Soulina.—Conférence au sujet de la Syrie.

Annuaire pour 1862. — Convention consulaire avec le Brésil.—Traités de commerce avec la Turquie et la Belgique.—Conventions avec la Belgique et la Russie. Convention relative à l'expédition au Mexique.

Annuaire pour 1863.—Conventions avec l'Espagne, la Grande-Bretagne et le royaume d'Italie.

Annuaire pour 1864. — Traité de paix et d'amitié avec le royaume d'Annam. — Traité relatif à la suppression du péage de l'Escaut.— Arrangements entre la France et l'Espagne, et la Suisse, pour la taxe des dépêches télégraphiques. — Traités de commerce et de navigation avec l'Italie. — Convention entre la France et le Mexique.

Annuaire pour 1865. — Traité de commerce entre la France et la Suisse. — Conventions avec la Suisse et l'Italie. — Déclarations et conventions pour la taxe des dépêches télégraphiques, entre la France et la Bavière, l'Italie, le grand-duché de Bade, la Prusse.

Annuaire pour 1866. — Traité de commerce entre la France et la Prusse. — Conventions avec la Prusse, l'Espagne, la Belgique et la Suisse.— Convention internationale relative aux militaires blessés sur les champs de bataille.

Annuaire pour 1867. — Conventions avec le Luxembourg, la Belgique, le Japon, l'Italie, l'Autriche, le Nassau, les États pontificaux, le Pérou et la Russie. — Traités entre la France et l'Espagne. — Traités entre la France et l'Autriche.

Annuaire pour 1868. — Traités de commerce et conventions avec le Portugal et les États pontificaux. — Arrangement entre la France et l'Uruguay. — Déclarations entre la France et les grands-duchés de Mecklembourg et l'Italie.

Annuaire pour 1869. — Traités avec le Siam et Madagascar. — Conventions avec le Siam et l'Autriche.—Déclarations entre la France et la Belgique, la Bavière, les grands-duchés de Bade, d'Oldenbourg, de Hesse, la Grande-Bretagne et les Pays-Bas, la Russie. — Protocole signé avec la Turquie.

JANVIER. (LE VERSEAU.

N. L. le 2, à 0 h. 15 min. du mat.
P. Q. le 9, à 9 h. 12 min. du soir.
P. L. le 17, à 2 h. 55 min. du soir.

D. Q. le 24, à 10 h. 32 min. du mat.
N. L. le 31, à 3 h. 50 min. du soir.

CALENDRIER.			ÉPHÉMÉRIDES DIPLOMATIQUES.	
1	S.	*Circoncision.*	1672	Traité de *Bruhl* entre la France et l'Électeur de Cologne.
2	D.	s. Abel.	1768	Traité de commerce entre la France et l'Esp.
3	L.	ste Geneviève.	1808	Tr. ent. Napoléon Ier et Joachim, r. de Naples.
4	M.	s. Tite, Év. m.	1717	Traité de *La Haye* ou triple alliance entre la France , l'Angleterre et la Hollande.
5	M.	s. Siméon.	1800	Tr. de *Paris* entre les Républiques française et batave.
6	J.	*Les Trois Rois.*	1810	Paix entre Napoléon Ier et la Suède.
7	V.	s. Lucien, Év.	1754	Traité de *Stockholm* ent. la France et la Suède.
8	S.	s. Erhard, m.	1517	*Concordat* entre François Ier et le p. Léon X.
9	D.	s. Julien, m.	1749	Convent. de *Bruxelles* ent. la France et l'Autr.
10	L.	s. Guillaume.	1855	*Alliance* entre la France, l'Anglet. et la Sard.
11	M.	s. Salmé.	1787	Traité de comm. entre la France et la Russie.
12	M.	ste Tatienne.	1631	Traité de *Berwald* entre la France et la Suède.
13	J.	s. Hilaire, Év.	1739	Tr. de *Versailles* ent. la France et l'emp. d'All.
14	V.	s. Félix.	1810	Traité de *Paris* entre Napoléon Ier et Jérôme, roi de Westphalie.
15	S.	s. Paul , erm.	1552	Traité de *Chambord* entre Henri II et les protestants d'Allemagne.
16	D.	*Nom de Jésus.*	1495	Traité de *Rome* entre Charles VIII et le pape Alexandre VI.
17	L.	s. Antoine , ab.	1863	Traité de commerce entre la France et l'Ital.
18	M.	Ch. de s. Pierre à R.	1662	Traité de *Montmartre* ent. la Franc. et la Lorr.
19	M.	s. Omer.	1526	Tr. de *Madrid* ent. Franç. Ier et Charles-Quint.
20	J.	ss. Fabien et Séb.	1808	Convention entre Napoléon Ier et Jérôme, roi de Westphalie.
21	V.	ste Agnès , v.	1749	Traité de *Nice* entre la France et l'Autriche.
22	S.	s. Vincent , m.	1855	Conv. ent. la France et le gr.-duché de Bade.
23	D.	ste Emérance.	1860	Tr. de commerce entre la Fr. et l'Angleterre.
24	L.	s. Timothée , Év.	1855	Traité entre la France et l'Angleterre.
25	M.	Conv. de s. Paul.	1802	Paix ent. la Rép. franç. et la Porte ottom.
26	M.	s. Polycarpe.	1826	Traité de com. et de navig. entre la France et l'Angleterre.
27	J.	s. Jean Chrysost.	1739	Traité de *Belgrade ;* la France médiatrice ent. l'Autriche et la Porte.
28	V.	s. Charlemagne.	1606	Accom. entre la France et le duc de Bouillon.
29	S.	ste Valérie.	1254	Conf. de *Paris* entre saint Louis et Henri III d'Angleterre.
30	D.	ste Aldegonde , v.	1641	All. de *Hambourg* entre la France et la Suède.
31	L.	s. Virgile.	1383	Trève entre Charles VI et Édouard III d'Angl.

FÉVRIER. (LES POISSONS.)

P. Q. le 8, à 6 h. 29 min. du soir.   D. Q. le 22, à 5 h. 55 min. du soir.
N. L. le 16, à 3 h. 37 min. du mat.

CALENDRIER.			ÉPHÉMÉRIDES DIPLOMATIQUES.	
1	M.	ste Brigitte, v.	1855	Convent. télég. entre la France et l'Anglet.
2	M.	*Purificat. N.D.*	1724	Garantie par la France et l'Angleterre en faveur de Parme et Plaisance.
3	J.	s. Blaise, Év.	1659	Traité de *Westminster* ent. la France et l'Ang.
4	V.	ste Véronique.	1555	Tr. de *Vaucettes* ent. Henri II et Charl.-Quint.
5	S.	ste Agathe, v.	1679	*Paix de Nimègue* entre la France, l'empereur d'Allemagne et les princes allemands.
6	D.	ste Dorothée.	1778	*Alliance* entre la France et les Ét.-Unis d'Am.
7	L.	ste Hélène.	1493	Paix entre Charles VIII et le roi d'Aragon.
8	M.	s. Jean de M.	1795	Neutr. ent. la Républ. française et la Toscane.
9	M.	ste Apolline, v.	1801	*Paix de Lunéville* entre la France et l'Anglet.
10	J.	ste Scholastique.	1763	Traité de *Hubertsbourg* entre la France, l'Angleterre, l'Esp., le Hanovre et la Prusse.
11	V.	s. Didier, ab.	1635	Traité de *Paris* entre la France et les Ét. gén.
12	S.	ste Eulalie.	1503	Traité de *Lyon* ent. Louis XII et Ferd. le Cath.
13	D.	s. Jonas.	1477	Trève de *Londres* entre Louis XI et Édouard d'Angleterre.
14	L.	s. Valentin.	1803	Renouvell. des capitulations avec la Suisse.
15	M.	ss. Faust. et Jov.	1806	*Alliance* entre Napoléon Ier et la Prusse.
16	M.	ste Julienne, v.	1516	Tr. de *Noyon* ent. Franç. Ier et Charles-Quint.
17	J.	s. Donat, Év.	1739	Traité entre la France et le roi de Sardaigne.
18	V.	s. Gabin.	1801	Traité de *Foligno* entre la Rép. française et le roi des Deux-Siciles.
19	S.	ste Sabine.	1797	*Traité de Tolentino* entre la Rép. française et le pape Pie VII.
20	D.	s. Constantin.	1808	Traité entre l'empereur Napoléon Ier et le duc de Mecklembourg.
21	L.	ste Éléonore.	1661	Traité de *Vincennes* entre la France et le duc de Lorraine.
22	M.	Ch. s. Pierre à Ant.	1856	Traité de commerce entre la France et l'État de Honduras.
23	M.	s. Josué.	1701	Alliance de *Venise* entre la France, l'Espagne et Mantoue.
24	J.	*s. Mathias, ap.*	1812	*Alliance* entre Napoléon Ier et la Prusse.
25	V.	s. Victor.	1857	Traité relatif aux digues du Rhin entre la France et le grand-duc de Bade.
26	S.	s. Porphyre.	1797	Traité de *Bologne* entre la Rép. française et la Toscane.
27	D.	s. Léandre, Év.	1854	Traité de commerce entre la France et la Belgique.
28	L.	s. Romain, m.	1810	Traité entre Napoléon Ier et la Bavière.

MARS. (LE BÉLIER.)

N. L. le 2, à 8 h. 49 min. du mat. | P. L. le 17, à 2 h. 1 min. du soir.
P. Q. le 10, à 1 h. 21 min. du soir. | D. Q. le 24, à 4 h. 47 min. du mat.

CALENDRIER.			ÉPHÉMÉRIDES DIPLOMATIQUES.	
1	M.	*Mardi gras.*	1644	Tr. de *La Haye* ent. la France et les États gén.
2	M.	*Les Cendres.*	1853	Tr. (prop. litt.) entre la France et le Nassau.
3	J.	s. Marin.	1378	Entrevue à *Paris* de Charl. V et de l'empereur d'Allemagne.
4	V.	s. Adrien.	1700	Tr. de *Lisbonne* ent. la France et le Portugal.
5	S.	s. Eusèbe.	1114	Paix ent. Louis VI et Henri Ier d'Angleterre.
6	D.	s. Fridolin.	1714	Traité de *Rastadt* entre la Fr. et l'emp. d'All.
7	L.	s. Thomas d'Aq.	1365	Paix entre Charles V et le roi de Navarre.
8	M.	s. Jean de Dieu.	1848	Traité de commerce entre la France et la République de Guatemala.
9	M.	ste Françoise.	1701	All. de *Versailles* entre la France et l'Électeur de Bavière.
10	J.	40 Martyrs.	1811	Traité ent. Napol. Ier et Jérôme, r. de Westph.
11	V.	s. Euloge, m.	1657	Alliance entre la France et l'Angleterre.
12	S.	s. Grégoire, p.	1854	*Alliance* entre la France, l'Anglet. et la Turq.
13	D.	ste Euphrasie.	1806	Traité de *Mayence* entre Napoléon Ier et les princes de Nassau.
14	L.	ste Mathilde.	1812	*Alliance* de Napoléon Ier et de l'Autriche.
15	M.	s. Longin, m.	1638	Traité de *Hambourg* ent. la France et la Suède.
16	M.	ste Rosine.	1810	Tr. ent. Napoléon Ier et Louis, r. de Hollande.
17	J.	ste Gertrude.	1731	Intervention de la France entre l'Espagne et l'empereur d'Allemagne.
18	V.	s. Alexandre.	1845	Traité (de limites) entre la France et le Maroc.
19	S.	s. Joseph.	1444	Trêve de *Dieppe* ent. la France et l'Angleterre.
20	D.	s. Joachim.	1636	Traité de *Wismar* entre la France et la Suède.
21	L.	s. Benoît, ab.	1651	Traité de *Paris* ent. la Fr. et le duc de Bouillon
22	M.	s. Paul, Év.	1808	Traité entre Napoléon Ier et le duc de Meck- lembourg-Schwérin.
23	M.	s. Théodore.	1657	Alliance de *Paris* entre la France et l'Angl.
24	J.	s. Latin.	1860	Traité de cession de la Savoie et de Nice entre la France et la Sardaigne.
25	V.	*Annonc. N. D.*	1679	Tr. de *Nimègue* ent. la Fr. et l'év. de Munster.
26	S.	s. Gabriel, arch.	1499	Mariage de Louis XII avec Anne de Bretagne, veuve de Charles VIII.
27	D.	s. Rupert, Év.	1802	*Paix d'Amiens* entre la France, l'Angleterre et l'Espagne.
28	L.	s. Gontram.	1801	Traité de *Florence* entre la Rép. française et le roi de Naples.
29	M.	s. Eustache.	1855	Traité (pr. litt.) entre la Fr. et les Pays-Bas.
30	M.	ste Régule.	1856	*Congrès et traité de paix de Paris* (fin de la guerre d'Orient).
31	J.	ste Balbine, v.	1631	Tr. de *Chérasque* entre la France et la Savoie

AVRIL. (LE TAUREAU.)

N. L. le 1er, à 2 h. 7 min. du mat.   D. Q. le 22, à 4 h. 34 min. du soir.
P. L. le 9, à 4 h. 35 min. du mat.   N. L. le 30, à 6 h. 47 min. du soir.
P. L. le 15, à 10 h. 35 min. du soir.

		CALENDRIER.		ÉPHÉMÉRIDES DIPLOMATIQUES.
1	V.	s. Hugues.	1769	Traité de com. entre la France et Hambourg.
2	S.	s. Franç. de P.	1831	Traité de com. et de navig. entre la France et la République d'Haïti.
3	D.	s. Eugène.	1559	*Congrès et paix de Cateau-Cambrésis* entre Henri II et Philippe II.
4	L.	s. Ambroise.	1672	All. entre la France et l'évêque de Munster.
5	M.	s. Christian.	1744	*Ligue du Nord* entre la France, l'Empereur, la Prusse et la Suède.
6	M.	s. Célestin.	1803	Convention de *Ratisbonne* entre la France, la Russie et la Prusse.
			1861	Convent. litt. entre la France et la Russie.
7	J.	s. Saturnin.	1797	Conv. de *Vérone* ent. la Rép. franç. et l'Autr.
8	V.	N. D. 7 doul.	1633	Traité d'*Heilbronn* ent. la France et la Suède.
9	S.	ste Marie Cl.	1631	Traité d'*Ehrenbreitstein* entre la France et l'Électeur de Trèves.
10	D.	*Les Rameaux.*	1643	Ouverture du *Congrès de Westphalie.*
			1854	*Alliance* entre la France et l'Angleterre.
			1864	Convention entre la France et le Mexique.
11	L.	s. Léon, p.	1713	Traité d'*Utrecht* entre la France, l'Angleterre, les États généraux et la Prusse.
12	M.	s. Zénon.	1851	Tr. (prop. litt.) entre la France et le Portugal.
13	M.	s. Herménégilde.	1668	Traité de *Saint-Germain-en-Laye* entre la France, l'Angleterre et les États génér.
14	J.	*Jeudi saint.*	1672	All. de *Stockholm* entre la Fr. et la Suède.
15	V.	*Vendredi saint.*	1795	Traité de *Bâle* ent. la Rép. franç. et la Prusse.
16	S.	s. Calixte, p.	1736	Conv. de *Vienne* ent. la France et l'emp. d'All.
17	D.	PAQUES.	1347	Trève ent. Philippe VI et Édouard III d'Ang.
18	L.	ste Apolline.	1797	*Prélim. de paix de Léoben* ent. la Fr. et l'Aut.
19	M.	s. Sévère.	1646	Tr. de com. entre la France et les États gén.
20	M.	s. Sulpice.	1746	Conv. de *Dresde* entre la Fr. et l'Él. de Saxe.
21	J.	s. Fortunat.	1666	All. entre la France et l'Élect. de Cologne.
22	V.	ss. Soter et Caïus.	1808	Convention de *Berlin* entre Napoléon Ier et Jérôme, roi de Westphalie.
23	S.	s. George, m.	1814	Conv. de *Paris* entre la Fr. et les puiss. all.
24	D.	s. Albert.	1810	Tr. de *Compiègne* ent. Napoléon Ier et le Wurt.
25	L.	*s. Marc, Év.*	1648	All. de *Munster* ent. la France et la Suède.
26	M.	s. Millet.	1675	All. de *Versailles* ent. la France et la Suède.
27	M.	s. Anthime, Év.	1662	Alliance entre la France et les États génér.
28	J.	s. Vital, m.	1635	All. de *Compiègne* ent. la France et la Suède.
29	V.	s. Robert.	1861	Tr. de commerce entre la France et la Turq.
30	S.	s. Quirin.	1864	Tr. de commerce entre la France et la Suisse.

MAI. (LES GÉMEAUX.)

CALENDRIER.		ÉPHÉMÉRIDES DIPLOMATIQUES.	
1	D.	ss. Phil. et Jacq.	1861	Tr. de comm. entre la Fr. et la Belgique.
2	L.	s. Sigismond.	1668	Traité d'Aix-la-Chapelle entre la France, l'Espagne et la Hollande.
3	M.	Inv. ste Croix.	1659	All. de La Haye ent. la France et les États gén.
4	M.	ste Monique.	1598	Paix de Vervins ent. Henri IV et Phil. II d'Esp.
5	J.	s. Pie V, pape.	1808	Traité de Bayonne ent. Napoléon Ier et Charles IV d'Espagne.
6	V.	s. Jean P. L.	1520	Entrevue du Camp du drap d'or entre François Ier et Henri VIII.
7	S.	s. Juvénal.	1832	Traité (constitution du royaume de Grèce) entre la France, l'Angleterre et la Russie.
8	D.	App. s. Michel.	1360	Tr. de Brétigny ent. Charl. V et Éd. III d'Ang.
9	L.	s. Grég. de N.	1715	Renouvell. d'all. entre la France et la Suisse.
10	M.	s. Gordian.	1812	Conv. de Paris ent. Napoléon Ier et la Prusse.
11	M.	s. Mamert, Ev.	1810	Tr. ent. Napol. Ier et le gr.-duc de Darmstadt.
12	J.	s. Pancrace.	1821	Clôt. du Congrès de Laybach (France, Autr., Russie, Angl., Deux-Siciles, Sardaigne).
13	V.	s. Servais.	1778	Traité de Teschen (la France médiatrice entre l'Autriche et la Bavière).
14	S.	s. Pontius.	1856	Conv. de Constantinople entre la France, l'Angleterre et la Turquie.
15	D.	s. Maxime.	1736	Déclar. de Vienne ent. la Fr., la Rus. et la Pol.
16	L.	s. Pérégrin.	1795	Paix ent. la Rép. fr. et les Provinces-Unies.
17	M.	ste Priscille.	1853	Tr. (pr. lit.) ent. la Fr. et le duché de Saxe-Weimar.
18	M.	s. Yves.	1741	All. de Nymphenbourg entre la France, l'Esp., la Prusse, la Bav., la Suède et la Pologne.
19	J.	s. Félix de C.	1856	Tr. (pr. lit.) entre la Fr. et la Saxe royale.
20	V.	s. Bernardin.	1799	Traité de comm. entre la France et la Suisse.
21	S.	s. Hospice.	1420	Tr. de Troyes ent. Charl. V et Henri V d'Angl.
22	D.	ste. Julie, v.	1804	Conv. entre la Fr. et le comte de Bentheim.
23	L.	s. Samuel.	1601	Tr. de Lyon ent. la France et le duc de Savoie.
24	M.	ste Jeanne.	1802	Tr. de Paris ent. la Fr., la Prusse et la Bavière.
25	M.	s. Urbain.	1806	Tr. de Munich ent. Napoléon Ier et la Bavière.
26	J.	ASCENSION.	1857	Méd. de la Fr. (état politique de Neufchâtel).
27	V.	s. Jean, p. m.	1291	Accom. ent. Phil. le Bel et le roi de Castille.
28	S.	s. Germain, Ev.	1740	Tr. de capit. ent. la France et la Porte ottom.
29	D.	s. Maximien.	1631	Tr. de Chérasque ent. la Franc. et l'emp. d'All.
30	L.	s. Job.	1814	Traités (sép.) de paix entre la France, l'Aut., l'Anglet., la Russie et la Prusse.
31	M.	ste. Pernelle.	1727	Prélim. de paix entre la France, l'Anglet., l'Espagne et l'empereur d'Allemagne.

JUIN. (L'ÉCREVISSE.)

P. Q. le 6, à 11 h. 26 min. du soir.
P. L. le 13, à 1 h. 57 min. du soir.

D. Q. le 20, à 9 h. 43 min. du soir.
N. L. le 28, à 11 h. 43 min. du soir.

CALENDRIER.			ÉPHÉMÉRIDES DIPLOMATIQUES.	
1	M.	s. Pamphile.	1670	Alliance secrète de *Douvres* ent. Louis XIV et Charles II d'Angleterre.
2	J.	s. Marcellin.	1169	Paix de *Montmirail* ent. Louis VII et Henri II d'Angleterre.
3	V.	s. Érasme.	1659	Prélimin. de paix entre la France et l'Esp.
4	S.	s. Quirin.	1802	Traité de *Paris* ent. la France et la Russie.
5	D.	PENTECOTE.	1862	Tr. de p. ent. la Fr. et l'Esp. et le r. d'Annam.
6	L.	s. Claude, Év.	1797	Tr. de *Montebello* ent. les Rép. fr. et génoise.
7	M.	s. Juvénal.	1546	Paix ent. Franç. Ier et Henri VIII d'Anglet.
8	M.	s. Médard.	1747	Traité de *Stockholm* ent. la France et la Suède.
9	J.	s. Félicien.	1617	Tr. de *Pavie*; Fr. méd. ent. l'Esp. et la Savoie.
10	V.	ste Marguerite.	1624	Tr. de *Compiègne* ent. la Fr. et les Ét. gén.
11	S.	*s. Barnabé.*	1817	*Concordat* ent. la France et le pape Pie VII.
12	D.	LA .TRINITÉ.	1780	Traité (libre navig.) ent. la France, l'Esp., l'Aut., la Prusse, la Russie et la Sard.
13	L.	s. Antoine de P.	1721	All. de *Madrid* ent. la Fr., l'Esp. et l'Angl.
14	M.	s. Valérien.	1857	Tr. de com. et de nav. ent. la Fr. et la Russie.
15	M.	s. François, rég.	1846	Tr. (nav. du Rhin) ent. la Fr. et le gr.-duché de Hesse-Darmstadt.
16	J.	FÊTE-DIEU.	1453	All. entre la France et les Cantons suisses.
17	V.	s. Avit, abb.	1630	Tr. de *La Haye* ent. la France et les États gén.
18	S.	ss. Marc et M.	1303	Accomm. ent. Phil. le Bel et Éd. Ier d'Angl.
19	D.	ss. Gerv. et Prot.	1857	*Traité des frontières turco-russes*, Fr., Angl., Autr., Prusse, Russie, Sard. et Turquie.
20	L.	s. Silvère, Év.	1780	Conv. de lim. ent. la Fr. et l'évêché de Bâle.
21	M.	s. Alban.	1807	*Conv. de Tilsitt* ent. Napoléon Ier et la Russie.
22	M.	s. Paulin, Év.	1644	La France médiatrice entre le pape Urbain VIII et le duc de Parme.
23	J.	ste Agrippine.	1603	Nouv. all. ent. Henri IV et Jacq. Ier d'Anglet.
24	V.	s. C. de J. s. J. B.	1822	Traité de comm. et de nav. entre la France et les États-Unis.
25	S.	s. Éloi.	1807	Entrevue à Tilsitt entre Napoléon Ier et l'emp. Alexandre de Russie.
26	D.	ss. Jean et Paul.	1632	Traité de *Liverdun* entre la France et le duc de Lorraine.
27	L.	s. Crescent, Év.	1855	Traité (emprunt turc) entre la France, l'Angleterre et la Turquie.
			1858	Tr. de *Tien-Tsin* entre la France et la Chine.
28	M.	s. Irénée, Év.	1811	*Conv. de Berlin* ent. Napoléon Ier et la Prusse.
29	M.	*s. Pierre, s. Paul*	1679	Paix de *Saint-Germain-en-Laye* ent. la Fr., la Suède et l'Électeur de Brandebourg.
30	J.	Com. de s. Paul.	1813	*Convent. de Dresde* ent. Napol. Ier et l'Autr.

JUILLET. (LE LION.)

P. Q. le 6, à 4 h. 40 min. du mat.
P. L. le 12, à 10 h. 45 min. du s.
D. Q. le 20, à 2 h. 26 min. du soir.
N. L. le 28, à 11 h. 27 min. du mat.

CALENDRIER.	ÉPHÉMÉRIDES DIPLOMATIQUES.
1 V. s. Thibaut, s.	1853 Tr. (pr. lit.) ent. la Fr. et le gr.-d. d'Oldenbg.
2 S. *Visitat. N. D.*	1857 Traité (construct. de ponts sur le Rhin) entre lu France et le grand-duché de Bade.
3 D. s. Anatole, Év.	1757 Conv. de *Copenhague* ent. la Fr. et le Danem.
4 L. s. Ulric, Év.	1856 Tr. (pr. lit.) ent. la Fr. et le duché de Luxemb.
5 M. s. Anselme.	1632 Traité de *Turin* ent. la France et la Savoie.
6 M. s. Ésaïe.	1827 *Intervention* (en faveur de la Grèce) de la Fr., de l'Angleterre et de la Russie.
7 J. s. Pierre-Four.	1807 *Paix de Tilsitt* entre Napoléon Ier et la Russie.
8 V. ste Elisabeth.	1641 La Fr. prend s^s sa prot. la princip. de Monaco.
9 S. s. Zénon, m.	1807 *Paix de Tilsitt* ent. Napoléon Ier et la Prusse.
10 D. ste Rufine, v.	1813 All. de *Copenhag.* ent. Napol. Ier et le Danemk.
11 L. s. Pie, p.	1859 Préliminaires de paix de *Villafranca* entre Napoléon III et l'Autriche.
12 M. s. Jean Gualbert.	1806 *Confédér.* de Napoléon Ier et d. États du Rhin. 1855 Traité de com. entre la France et la Perse.
13 M. s. Anaclet, p.	1841 Traité des *Dardanelles* entre la France, l'Angleterre, l'Autriche, la Prusse et la Russ
14 J. s. Henri, emp.	1795 Paix entre la Rép. française et l'Espagne.
15 V. s. Bonaventure.	1801 *Concordat* entre la France et Pie VII.
16 S. s. Scapulaire.	1672 All. de *Hesurick* entre la France et l'Anglet.
17 D. s. Alexis, c.	1483 Tr. d'*Arras* ent. Louis XI et le d. de Bourgogn.
18 L. s. Frédéric, Év.	1782 *Conv. de Versailles* entre la Fr. et les Ét.-Unis.
19 M. s. Vincent de Paul.	1551 Ligue entre Henri II et les Électeurs de Saxe et de Brandebourg.
20 M. ste Marguerite.	1814 Traité de paix entre la France et l'Espagne.
21 J. s. Victor.	1610 Tr. de *Brusol* ent. la Fr. et le duc de Savoie.
22 V. ste Madeleine.	1795 Paix de *Bâle* ent. la Rép. franç. et l'Espagne.
23 S. s. Apollinaire.	1538 Trève de *Nice* ent. Franç. Ier et Charles-Quint.
24 D ste Christine.	1718 Conv. de *Paris* entre la France et l'Anglet.
25 L. *s. Jacques, ap.*	1664 Tr. de *Pise* ent. la Fr. et le p. Alexand. VII.
26 M. ste Anne.	1813 Convention de *Neumarkt* entre Napoléon Ier, la Russie et la Prusse.
27 M. s. Pantaléon.	1855 Déclaration de la France et de l'Angleterre au sujet de l'emprunt turc.
28 J. s. Nazaire, m.	1795 Convention de *La Haye* entre la Rép. franç. et les Provinces-Unies.
29 V. ste Marthe, v.	1698 All. de *Stockholm* entre la Fr. et la Suède.
30 S. s. Abdon, m.	1501 Trève entre Louis XII et l'emp. Maximilien.
31 D. s. Ignace Loyola.	1801 Modifications à la convent. du 30 sept. 1800 entre la France et les États-Unis.

AOUT. (LA VIERGE.)

P. Q. le 4, à 9 h. 1 min. du mat.   D. Q. le 19, à 8 h. 0 min. du mat.
P. L. le 11, à 9 h. 23 min. du mat.   N. L. le 26, à 9 h. 35 min. du soir.

CALENDRIER.			ÉPHÉMÉRIDES DIPLOMATIQUES.	
1	L.	s. Pierre ès-liens.	1806	*Déclaration* de Napoléon Ier touchant l'ancienne constitution germanique.
2	M.	s. Étienne, p.	1718	*Quadruple alliance* entre la France, l'Allemagne, l'Angleterre et la Savoie.
3	M.	Inv. s. Étienne.	1663	Alliance entre la France et le Danemark.
4	J.	s. Dominique.	1717	All. d'*Amsterd.* ent. la Fr., la Prus. et la Rus.
5	V.	N. D. des Neiges.	1542	Première all. de la France avec la Suède.
6	S.	Transfig. de N. S.	1550	Paix entre Henri II et Édouard V d'Anglet.
7	D.	s. Gaëtan, c.	1796	Paix ent. la Rép. fr. et le duc de Wurtemberg.
8	L.	s. Cyriaque, m.	1830	Traité de com. ent. la Fr. et le bey de Tunis.
9	M.	s. Romain, m.	1474	Tr. de *Bouvines* ent. Louis XI et le duc de Bourgogne.
10	M.	*s. Laurent, m.*	1678	*Paix de Nimègue* ent. la Fr. et les Ét. gén.
11	J.	ste Susanne, v.	1480	Tr. de *Picquigny* ent. Louis XI et Éd. IV d'Ang.
12	V.	ste Claire, v.	1373	Trêve ent. Charles V et Édouard III d'Angl.
13	S.	s. Hippolyte.	1274	Tr. entre Phil. le Hardi et le p. Grégoire X.
14	D.	s. Eusèbe. *V. j.*	1658	*Ligue du Rhin* ent. la Fr. et les Élect. allem.
15	L.	ASSOMPT. N. D.	1761	*Pacte de Famille* entre tous les souverains de la maison de Bourbon.
16	M.	s. Roch, c.	1768	*Traité de Gênes* entre la France et la République génoise. (*Acquisition de la Corse.*)
17	M.	s. Sévère.	1798	Alliance entre la Rép. franç. et la Suisse.
18	J.	ste Hélène.	1684	Trêve de *Ratisbonne* entre la France, l'Empereur et l'Espagne.
19	V.	s. Donnat, c.	1796 / 1858	All. de *Saint-Ildefonse* ent. la Fr. et l'Esp. / Conv. relative aux Prov.-Unies du Danube.
20	S.	s. Joachim.	1696	All. entre la France et le duc de Savoie.
21	D.	s. Philibert.	1797	Paix entre la Rép. française et le Portugal.
22	L.	s. Symphorien.	1639	All. entre la Fr. et le landgr. de Hesse-Cass.
23	M.	s. Philippe Bén.	1742	Traité de comm. et de nav. entre la France et le Danemark.
24	M.	*s. Barthélemi.*	1801	Traité entre la France et l'Élect. de Bavière.
25	J.	s. Louis, roi.	1853	Traité entre la France et le Wurtemberg.
26	V.	s. Zéphirin.	1795	Paix de *Bâle* entre la Rép. franç. et le landgrave de Hesse-Cassel.
27	S.	s. Raphaël.	1701	Traité (de comm.) de *Madrid* entre la France et l'Espagne.
28	D.	s. Augustin.	1817	Traité de *Paris* entre la France et le Portug.
29	L.	Décol. de s. J. B.	1801	Convention de *La Haye* entre les Républiques française et batave.
30	M	s. Fiacre, sol.	1810	Conv. de *Paris* ent. Napoléon Ier et l'Autrich.
31	M.	s. Raymond Nol.	1787	Conv. de *Versailles* entre la France et l'Ang.

P. Q. le 2, à 2 h. 7 min. du soir. | D. Q. le 18, à 1 h. 39 min. du mat.
P. L. le 9, à 10 h. 21 min. du s. | N. L. le 25, à 6 h. 43 min. du mat.

CALENDRIER.		ÉPHÉMÉRIDES DIPLOMATIQUES.
1	J. s. Adelphe, Év.	1671 All. de *Vienne* entre la Fr. et l'emp. d'All.
2	V. s. Just.	1663 Tr. de *Noména* entre la Fr. et le duc de Lorr.
3	S. s. Antoine.	1783 *Paix de Versailles* entre la France, l'Anglet. et les États-Unis.
4	D. s. Marcel.	1838 Traité de comm. entre la France et Taïti.
5	L. s. Hercule.	1535 All. entre François Ier et la Porte ottomane.
6	M. s. Pétronin, Év.	1726 Traité de *Herrenhausen* entre la France, l'Angleterre et la Prusse.
7	M. ste Reine, v.	1810 Conv. ent. Napol. Ier et le gr.-duc de Hesse.
8	J. *Nativité de N. D.*	1808 *Convention* entre Napoléon Ier et la Prusse.
9	V. s. Gorgon.	1811 Convention entre Napoléon Ier et le duc de Mecklembourg-Schwérin.
10	S. s. Nicolas.	1474 Alliance entre Louis XI et la Suisse.
11	D. *s. Nom de Mar.*	1712 Traité de *Bender* entre la France et la Suède.
12	L. s. Guy.	1798 Cartel d'échange ent. la Rép. franç. et l'Angl.
13	M. s Maurille.	1721 Paix de *Nystadt*; la France médiatrice entre la Russie et la Suède.
14	M. Exalt. de la Croix.	1340 Trêve entre Phil. VI et Édouard III d'Angl.
15	J. s. Nicomède.	1864 Conv. entre la France et l'Italie (St. Siège).
16	V. ste Euphémie.	1564 Paix ent. Charles IX et Marie, reine d'Angl.
17	S. Stig. s. Franç.	1678 *Paix de Nimègue* ent. la France et l'Espagne.
18	D. ste Richarde.	1544 Tr. de *Crépy* ent. Franç. Ier et Charles-Quint.
19	L. s. Janvier, Ev.	1641 Tr. de *Péronne* ent. la France et les Catalans.
20	M. s. Faustin.	1697 *Paix de Ryswick* entre la France, l'Anglet., l'Espagne et la Hollande.
21	M. *s. Matthieu, Év.*	1805 Traité de *Paris* entre Napoléon Ier et le roi des Deux-Siciles.
22	J. s. Maurice.	1435 Tr. d'*Arras* rétabl. l'union entre Charles VII et le duc de Bourgogne.
23	V. s. Lin, p.	1749 Tr. de com. entre la France et le Danemark.
24	S. N. D. de la Merci.	1661 All. de *Fontainebleau* entre la Fr. et la Suède.
25	D. s. Firmin, Év.	1857 Entrevue à Stuttgart entre Napoléon III et l'emp. de Russie Alexandre II.
26	L. s. Justine, v.	1786 Traité de commerce et de navigation entre la France et l'Angleterre.
27	M. ss. Côme, Damien.	1808 Entrevue à Erfurt entre Napoléon Ier et l'emp. de Russie Alexandre Ier.
28	M. s. Wenceslas.	1838 Traité de comm. et de navig. entre la France et la Belgique.
29	J. *s. Michel, arch.*	1801 Tr. de *Madrid* ent. la France et le Portugal.
30	V. s. Jérôme, doct.	1800 Conv. de *Paris* ent. la France et les Ét.-Unis.

OCTOBRE. (LE SCORPION.)

P. Q. le 1er, à 9 h. 28 min. du soir.
P. L. le 9, à 1 h. 52 min. du soir.
D. Q. le 17, à 6 h. 23 min. du s.

N. L. le 24, à 3 h. 45 min. du soir.
P. Q. le 31, à 8 h. 11 min. du mat.

CALENDRIER.			ÉPHÉMÉRIDES DIPLOMATIQUES.	
1	S.	s. Remi.	1800	Tr. de *St-Ildefonse* entre la France et l'Esp.
2	D.	*s. Rosaire.*	1551	Tr. de *Friedwald* ent. Henri II et l'Él. de Sax.
3	L.	ste Lucrèce.	1735	Tr. de *Vienne* ent. la Fr. et l'empereur d'All.
4	M.	s. François, c.	1845	Tr. (nav. d. Rhin) ent. la Fr. et Hesse-Darmst.
5	M.	s. Placide, m.	1495	P. d. *Verceil* ent. Charl. VIII et le duc de Milan.
6	J.	s. Bruno.	1636	Tr. d. *Wesel* ent. la F. et le landg. de Hes.-Cas.
7	V.	s. Marc.	1849	Tr. add. de com. ent. la France et le Chili.
8	S.	ste Pélagie.	1801	Paix entre la France et la Russie.
9	D.	s. Denis, Ev.	1818	*Cong. d'Aix-la-Chapelle* (la F. et l. puis. all.).
10	L.	s. Franç. Borg.	1809	*Paix de Schœnbr.* ent. Napoléon Ier et l'Autr.
11	M.	s. Nicaise, Ev.	1698	Partage de l'Espagne entre la France, l'Angleterre et les États généraux.
12	M.	ste Walpurge.	1796	Paix ent. la Rép. fr. et le roi des Deux-Sic.
13	J.	s. Edouard, r.	1631	Tr. de *Millefleurs* ent. la Fr. et la Savoie.
14	V.	s. Calixte, p.	1809	*Traité de Vienne* ent. Napoléon Ier et l'Autr.
15	S.	stes Thér., Aur.	1630	Tr. de *Ratisbonne* ent. la Fr. et l'emp. d'All.
16	D.	s. Gal, abb.	1749	All. de *Fontainebleau* ent. la Fr. et l'Espag.
17	L.	s. Florentin.	1797	*Traité de Campo-Formio* ent. la Fr. et l'Autr.
18	M.	*s. Luc, Évang.*	1748	Tr. d'*Aix-la-Chapelle* ent. la Fr. et l'Autr.
19	M.	s. Savinian.	1808	Convention d'*Erfurt* entre Napoléon Ier et le duc d'Oldenbourg.
20	J.	s. Wendelin.	1851	Tr. (propr. litt.) entre la Fr. et le Hanovre.
21	V.	ste Ursule, v.	1822	Ouvert. du *Congrès de Vérone.* (La France et les puissances alliées.)
22	S.	s. Vallier.	1820	Ouvert. du *Congrès de Troppau.* (La France et les puissances alliées.)
23	D.	s. Séverin.	1671	All. de *Cologne* entre la France et l'évêque d'Osnabrück.
24	L.	ste Salomé.	1648	*Tr. de Westphalie* concl. à *Munster* et à *Osnabrück* ent. la Fr., l'emp. d'All., la Suède, l'Espagne et les Provinces-Unies.
25	M.	ss. Crépin et Cr.	1635	Traité de *Saint-Germain-en-Laye* ent. la Fr. et le duc de Weimar.
			1860	Conv. de *Pékin* entre la France et la Chine.
26	M.	s. Amand, Év.	1809	*Conv. de Vienne* ent. Napoléon Ier et l'Autr.
27	J.	s. Frumence.	1807	*Alliance* entre Napoléon Ier et l'Espagne.
28	V.	*ss. Simon, Jude.*	1844	Tr. de com. entre la Fr. et la Nouv.-Grenade.
29	S.	s. Narcisse, Ev.	1840	Paix ent. la Fr. et l'État de Buenos-Ayres.
30	D.	s. Lucain.	1697	*Paix de Ryswick* entre la Fr. et l'emp. d'All.
31	L.	s. Quentin.	1807	Traité d'alliance de *Fontainebleau* entre Napoléon Ier et le Danemark.

NOVEMBRE. (LE SAGITTAIRE.)

P. L. le 8, à 7 h. 41 min. du mat.   N. L. le 23, à 1 h. 30 min. du mat.
D. Q. le 16, à 9 h. 8 min. du mat.   P. Q. le 29, à 10 h. 43 min. du soir.

		CALENDRIER.		ÉPHÉMÉRIDES DIPLOMATIQUES.
1	M.	LA TOUSSAINT.	1814	Ouvert. du *Congrès de Vienne*. (Fr., Autr., Russ., Angl., Prus., Suède, Esp. et Port.)
2	M.	*Les Trépassés.*	1851	Tr. (propr. artist. et lit.) ent. la Fr. et l'Ang.
3	J.	s. Hubert, Ev.	1808	*Conv. de Berlin* ent. Napoléon Ier et la Prusse.
4	V.	s. Charles Borr.	1347	Trève ent. Philippe VI et Édouard III d'Ang.
5	S.	s. Zacharie.	1796	Paix ent. la Rép. franç. et le duc de Parme
6	D.	s. Léonard, s.	1712	Susp. d'host. entre la France et le Portug.
7	L.	s. Florent, Ev.	1659	*Traité des Pyrénées* entre la France et l'Esp.
8	M.	Les 4 Mart., c.	1702	Convention entre la Fr. et l'Él. de Bavière.
9	M.	s. Mathurin.	1729	Alliance de *Séville* entre la France, l'Espagne et l'Angleterre.
10	J.	s. Triphon, m.	1859	Traité de paix entre la France et l'Autriche.
11	V.	s. Martin, Év.	1807	Traité de *Fontainebleau* entre Napoléon Ier et Louis, roi de Hollande.
12	S.	s. Martin, p.	1660	Conv. (limit.) de *Livia* ent. la Fr. et l'Esp.
13	D.	LA DÉDICACE.	1475	Trève de *Vervins* ent. Louis XI et le duc de Bourgogne.
14	L.	s. Frédéric.	1832	Tr. de com. entre la Fr. et la Nouv.-Grenade.
15	M.	s. Eugène.	1853	Tr. (propr. lit.) ent. la France et l'Espagne.
16	M.	s. Eucher, Év.	1806	Conv. de *Charlottenbourg* entre Napoléon Ier et la Prusse.
17	J.	s. Grégoire Th.	1844	Tr. (de com.) ent. la Fr. et l'Iman de Mascate.
18	V.	s. Romain.	1738	Paix de *Vienne* entre la Fr. et l'emp. d'All.
19	S.	ste Elisabeth, v.	1665	Tr. (de com.) de *Westminster* e. la F. et l'Ang.
20	D.	s. Amos.	1815	*Traité de Paris* entre la France, l'Autriche, l'Angleterre, la Prusse et la Russie.
21	L.	Présent. N. D.	1855	*Garantie* acc. par la Fr. et l'Angl. à la Suède.
22	M.	ste Cécile, v.	1787	Tr. de com. entre la France et la Russie.
23	M.	s. Clément, p.	1500	Traité de *Grenade* entre Louis XII et Ferdinand d'Aragon.
24	J.	s. Jean de la Croix.	1733	Convention de neutralité entre la France et les États généraux.
25	V.	ste Catherine.	1838	Traité de capitulations entre la France et la Porte ottomane.
26	S.	s. Conrad, Év.	1788	Convention consulaire. France et Ét.-Unis.
27	D.	s. Jérémie.	1233	Trève entre saint Louis et Henri III d'Ang.
28	L.	s. Sosthène, m.	1808	Nouvelle convention de *Berlin* entre Napoléon Ier et la Prusse.
29	M.	s. Saturnin, Év.	1515	*Paix perpétuelle* entre François Ier et les Cantons suisses.
30	M.	*s. André, ap.*	1792	Convention de *Landecy* entre la République française et Genève.

DÉCEMBRE. (LE CAPRICORNE.)

P. L. le 8, à 2 h. 48 min. du mat.   N. L. le 22, à 0 h. 28 min. du soir.
D. Q. le 15, à 9 h. 20 min. du soir.   P. Q. le 29, à 4 h. 48 min. du soir.

CALENDRIER.			ÉPHÉMÉRIDES DIPLOMATIQUES.	
1	J.	s. Éloi, Év.	1542	Première all. ent. Franç. Iᵉʳ et la Porte ott.
2	V.	ste Bibienne, v.	1854	All. entre la France, l'Anglet. et l'Autriche.
			1856	Tr. de Bayonne (délim. des frontières) entre la France et l'Espagne.
3	S.	s. Franç. Xavier.	1549	Nouv. all. ent. Henri II et les cant. suisses.
4	D.	ste Barbe, v. m.	1748	Convent. de Nice entre la France et l'Autr.
5	L.	s. Sabbas, abb.	1491	Mariage de Charles VIII av. Anne de Bretagne.
6	M.	s. Nicolas, Év.	1805	Conv. d'Austerlitz ent. Napoléon Iᵉʳ et l'Aut.
7	M.	s. Ambroise, Év.	1258	All. ent. saint Louis et Jacq. Iᵉʳ d'Aragon.
8	J.	Concept. N. D.	1813	Tr. de Valençay ent. Napoléon Iᵉʳ et Ferd. d'Esp.
9	V.	ste. Valérie, v.	1834	Tr. de com. et de nav. ent. la Fr. et Bolivie.
10	S.	s. Melchiade.	1508	Ligue de Cambrai ent. la France et l'Autr.
11	D.	s. Damase, p.	1806	Tr. de Posnanie ent. Napol. Iᵉʳ et l'Él. de Saxe.
12	L.	s. Synèse.	1804	Alliance entre Napoléon Iᵉʳ et l'Espagne.
13	M.	ste Odile, v.	1845	Traité de comm. entre la France et la Belg.
14	M.	ste Luce, v., m.	1365	Tr. de Guérande ent. Charl. V et le duc de Bret.
15	J.	s. Abraham.	1805	Conv. de Vienne ent. Napol. Iᵉʳ et la Prusse.
16	V.	ste Adèle.	1631	Tr. de Vic entre la Fr. et le duc de Lorraine.
17	S.	s. Lazare, Év.	1736	Tr. de Vienne ent. la Fr. et le duc de Lorraine.
18	D.	s. Gratien, Év.	1822	Clôture du Congrès de Vérone (France, Autriche, Russie, Prusse, Angleterre).
19	L.	s. Némèse, m.	1748	Conv. d'Aix-la-Chapelle ent. la Fr. et l'Aut.
20	M.	s. Philogone.	1805	Conv. ent. Napoléon Iᵉʳ et l'Électeur de Bade.
21	M.	s. Thomas, ap.	1472	Tr. de Senlis ent. Louis XI et le duc de Bourg.
22	J.	s. Martyr.	1641	Prél. de paix ent. la Fr., l'emp. et la Suède.
23	V.	s. Dagobert.	1482	Paix d'Arras ent. Louis XI et le duc de Bourg.
24	S.	ste Irmine.	1745	Prél. de Turin entre la Fr. et le roi de Sard.
25	D.	NOEL.	1803	Conv. de Lisbonne ent. la Fr. et le Portug.
26	L.	s. Étienne, 1ᵉʳ m.	1805	Paix de Presbourg entre Napoléon Iᵉʳ et l'Autriche.
27	M.	s. Jean, ap. et év.	1802	Convention de Paris entre la France et l'empereur d'Allemagne.
28	M.	Les ss. Innoc.	1811	Traité entre Napoléon Iᵉʳ et le grand-duc de Francfort.
29	J.	s. Thomas de C.	1855	Conv. (télégraph.) ent. la France, l'Esp., la Belgique, le Piémont et la Suisse.
30	V.	s. Sabin, Év.	1739	Traité de commerce entre la France et les États généraux.
31	S.	s. Silvestre, p.	1756	Alliance de Saint-Pétersbourg ent. la France et la Russie.

SÉNATUS-CONSULTE

DU 7-10 NOVEMBRE 1852,

PORTANT MODIFICATION A LA CONSTITUTION.

ARTICLE PREMIER.

La dignité impériale est rétablie.

Louis-Napoléon Bonaparte est Empereur des Français sous le nom de *Napoléon III.*

ART. 2.

La dignité impériale est héréditaire dans la descendance directe et légitime de *Louis-Napoléon Bonaparte,* de mâle en mâle, par ordre de primogéniture, et à l'exclusion perpétuelle des femmes et de leur descendance.

ART. 3.

Louis-Napoléon Bonaparte, s'il n'a pas d'enfants mâles, peut adopter les enfants et descendants légitimes, dans la ligne masculine, des frères de l'Empereur *Napoléon Ier.*

Les formes de l'adoption sont réglées par un sénatus-consulte.

Si, postérieurement à l'adoption, il survient à *Louis-Napoléon* des enfants mâles, ses fils adoptifs ne pourront être appelés à lui succéder qu'après ses descendants légitimes.

L'adoption est interdite aux successeurs de *Louis-Napoléon* et à leur descendance.

ART. 4.

Louis-Napoléon Bonaparte règle, par un décret organique adressé au Sénat et déposé dans ses archives, l'ordre de succession au trône dans la famille *Bonaparte,* pour le cas où il ne laisserait aucun héritier direct, légitime ou adoptif.

ART. 5.

A défaut d'héritier légitime ou d'héritier adoptif de *Louis-Napoléon Bonaparte,* et des successeurs en ligne collatérale qui prendront leur droit dans le décret organique sus-mentionné, un sénatus-consulte proposé au Sénat par les ministres formés en conseil de gouvernement, avec l'adjonction des présidents en exercice du Sénat, du Corps législatif et du Conseil d'État, et soumis à l'acceptation du peuple, nomme l'Empereur et règle dans sa famille l'ordre héréditaire de mâle en mâle, à l'exclusion perpétuelle des femmes et de leur descendance.

Jusqu'au moment où l'élection du nouvel Empereur est consommée, les affaires de l'État sont gouvernées par les ministres en fonctions, qui se forment en conseil de gouvernement et délibèrent à la majorité des voix.

Art. 6.

Les membres de la famille de *Louis-Napoléon Bonaparte* appelés éventuellement à l'hérédité, et leur descendance des deux sexes, font partie de la famille impériale. Un sénatus-consulte règle leur position. Ils ne peuvent se marier sans l'autorisation de l'Empereur. Leur mariage fait sans cette autorisation emporte privation de tout droit à l'hérédité, tant pour celui qui l'a contracté que pour ses descendants.

Néanmoins, s'il n'existe pas d'enfants de ce mariage, en cas de dissolution pour cause de décès, le prince qui l'aurait contracté recouvre ses droits à l'hérédité.

Louis-Napoléon Bonaparte fixe les titres et la condition des autres membres de sa famille.

L'Empereur a pleine autorité sur tous les membres de sa famille; il règle leurs devoirs et leurs obligations par des statuts qui ont force de loi.

Art. 7.

La constitution du 14 janvier 1852 est maintenue dans toutes celles de ses dispositions qui ne sont pas contraires au présent sénatus-consulte; il ne pourra y être apporté de modifications que dans les formes et par les moyens qu'elle a prévus.

Art. 8.

La proposition suivante sera présentée à l'acceptation du peuple français dans les formes déterminées par les décrets des 2 et 4 décembre 1851:

« Le Peuple français veut le rétablissement de la dignité impériale dans la personne de *Louis-Napoléon Bonaparte,* avec hérédité dans sa descendance directe, légitime ou adoptive, et lui donne le droit de régler l'ordre de succession au trône dans la famille *Bonaparte,* ainsi qu'il est prévu par le sénatus-consulte du 7 novembre 1852. »

DÉCRET IMPÉRIAL

DU 2-9 DÉCEMBRE 1852,

QUI PROMULGUE ET DÉCLARE LOI DE L'ÉTAT
LE SÉNATUS-CONSULTE DU 7 NOVEMBRE 1852,
RATIFIÉ PAR LE PLÉBISCITE DES 21 ET 22 NOVEMBRE.

ARTICLE PREMIER.

Le sénatus-consulte du 7 novembre 1852, ratifié par le plébiscite des 21 et 22 novembre, est promulgué et devient loi de l'État.

ART. 2.

Louis-Napoléon Bonaparte est Empereur des Français sous le nom de *Napoléon III*.

DÉCRET ORGANIQUE

DU 18-31 DÉCEMBRE 1852,

QUI RÈGLE, CONFORMÉMENT A L'ARTICLE 4 DU SÉNATUS-CONSULTE DU 7 NOVEMBRE 1852, L'ORDRE DE SUCCESSION AU TRÔNE DANS LA FAMILLE BONAPARTE.

ARTICLE PREMIER.

Dans le cas où nous ne laisserions aucun héritier direct, légitime ou adoptif,

Notre oncle bien-aimé *Jérôme-Napoléon Bonaparte,* et sa descendance directe, naturelle et légitime, provenant de son mariage avec la princesse *Catherine de Wurtemberg,* de mâle en mâle, par ordre de primogéniture et à l'exclusion perpétuelle des femmes, sont appelés à nous succéder.

ART. 2.

Le présent décret, revêtu du sceau de l'État, sera porté au Sénat par notre ministre d'État pour être déposé dans ses archives.

SÉNATUS-CONSULTE

DU 25-30 DÉCEMBRE 1852,

PORTANT INTERPRÉTATION ET MODIFICATION
DE LA CONSTITUTION DU 14 JANVIER 1852.

ARTICLE PREMIER.

L'Empereur a le droit de faire grâce et d'accorder des amnisties.

ART. 2.

L'Empereur préside, quand il le juge convenable, le Sénat et le Conseil d'État.

ART. 3.

Les traités de commerce faits en vertu de l'art. 6 de la Constitution ont force de loi pour les modifications de tarif qui y sont stipulées.

ART. 4.

Tous les travaux d'utilité publique, notamment ceux désignés par l'art. 10 de la loi du 21 avril 1832 et l'art. 3 de la loi du 3 mai 1841, toutes les entreprises d'intérêt général, sont ordonnés ou autorisés par décrets de l'Empereur.

Ces décrets sont rendus dans les formes prescrites pour les règlements d'administration publique.

Néanmoins, si ces travaux et entreprises ont pour condition des engagements ou des subsides du Trésor, le crédit devra être accordé ou l'engagement ratifié par une loi avant la mise à exécution.

Lorsqu'il s'agit de travaux exécutés pour le compte de l'État, et qui ne sont pas de nature à devenir l'objet de concessions, les crédits peuvent être ouverts, en cas d'urgence, suivant les formes prescrites pour les crédits extraordinaires : ces crédits seront soumis au Corps législatif dans sa plus prochaine session. — *Modifié* (Sén.-cons. du 31 déc. 1861).

ART. 5.

Les dispositions du décret organique du 22 mars 1852 peuvent être modifiées par des décrets de l'Empereur.

ART. 6.

Les membres de la famille impériale appelés éventuellement à l'hérédité et leurs descendants portent le nom de *Princes français.*

Le fils aîné de l'Empereur porte le titre de *Prince impérial.*

Art. 7.

Les Princes français sont membres du Sénat et du Conseil d'État quand ils ont atteint l'âge de dix-huit ans accomplis.

Ils ne peuvent y siéger qu'avec l'agrément de l'Empereur.

Art. 8.

Les actes de l'état civil de la famille impériale sont reçus par le ministre d'État, et transmis, sur un ordre de l'Empereur, au Sénat, qui en ordonne la transcription sur ses registres et le dépôt dans ses archives.

Art. 9.

La dotation de la couronne et la liste civile de l'Empereur sont réglées, pour la durée de chaque règne, par un sénatus-consulte spécial.

Art. 10.

Le nombre des sénateurs nommés directement par l'Empereur ne peut excéder cent cinquante.

Art. 11.

Une dotation annuelle et viagère de trente mille francs est affectée à la dignité de sénateur.

Art. 12.

Le budget des dépenses est présenté au Corps législatif avec ses subdivisions administratives, par chapitres et par articles.

Il est voté par ministère.

La répartition par chapitres du crédit accordé pour chaque ministère est réglée par décret de l'Empereur, rendu en Conseil d'État.

Des décrets spéciaux, rendus dans la même forme, peuvent autoriser des virements d'un chapitre à un autre. — *Modifié* (Sén.-cons. du 31 déc. 1861).

Art. 14.

Les députés au Corps législatif reçoivent une indemnité qui est fixée à deux mille cinq cents francs par mois pendant la durée de chaque session ordinaire ou extraordinaire.

Art. 15.

Les officiers généraux placés dans le cadre de réserve peuvent être membres du Corps législatif. Ils sont réputés démissionnaires, s'ils sont employés activement, conformément à l'art. 5 du décret du 1er décembre 1852, et à l'art. 3 de la loi du 4 août 1839.

ART. 16.

Le serment prescrit par l'art. 14 de la Constitution est ainsi conçu: « Je jure obéissance à la Constitution et fidélité à l'Empereur. »

ART. 17.

Les art. 2, 9, 11, 15, 16, 17, 18, 19, 22 et 37 de la Constitution du 14 janvier 1852 sont abrogés.

SÉNATUS-CONSULTE

DU 2 FEVRIER 1861,

PORTANT MODIFICATION DE L'ARTICLE 42 DE LA CONSTITUTION.

L'article 42 de la Constitution est modifié ainsi qu'il suit:

Les débats des séances du Sénat et du Corps législatif sont reproduits par la sténographie et insérés *in extenso* dans le journal officiel du lendemain.

En outre, les comptes rendus de ces séances, rédigés par des secrétaires-rédacteurs placés sous l'autorité du président de chaque assemblée, sont mis chaque soir à la disposition de tous les journaux.

Le compte rendu des séances du Sénat et du Corps législatif par les journaux ou tout autre moyen de publication ne consistera que dans la reproduction des débats insérés *in extenso* dans le journal officiel, ou du compte rendu rédigé sous l'autorité du président, conformément aux paragraphes précédents.

Néanmoins, lorsque plusieurs projets ou pétitions auront été discutés dans une séance, il sera permis de ne reproduire que les débats relatifs à un seul de ces projets ou à une seule de ces pétitions. Dans ce cas, si la discussion se prolonge pendant plusieurs séances, la publication devra être continuée jusques au vote et y compris le vote.

Le Sénat, sur la demande de cinq membres, pourra décider qu'il se forme en comité secret.

L'article 13 du sénatus-consulte du 25 décembre 1852 est abrogé en ce qu'il a de contraire au présent sénatus-consulte.

SÉNATUS-CONSULTE

DU 31 DÉCEMBRE 1861,

PORTANT MODIFICATION DES ARTICLES 4 ET 12 DU SÉNATUS-CONSULTE DU 25 DÉCEMBRE 1852.

ARTICLE PREMIER.

Le budget des dépenses est présenté au Corps législatif avec ses divisions en sections, chapitres et articles.

Le budget de chaque ministère est voté par sections, conformément à la nomenclature annexée au présent sénatus-consulte.

La répartition, par chapitre, des crédits accordés pour chaque section est réglée par décret de l'Empereur rendu en Conseil d'État.

ART. 2.

Des décrets spéciaux, rendus dans la même forme, peuvent autoriser des virements d'un chapitre à un autre dans le budget de chaque ministère.

ART. 3.

Il ne pourra être accordé de crédits supplémentaires ou de crédits extraordinaires qu'en vertu d'une loi.

ART. 4.

Il n'est point dérogé aux dispositions des lois existantes en ce qui concerne les dépenses d'exercices clos restant à payer, les dépenses des départements, des communes et des services locaux, et les fonds de concours pour dépenses d'intérêt public.

ART. 5.

Les articles 4 et 12 du sénatus-consulte du 25 décembre 1852 sont modifiés en ce qu'ils ont de contraire au présent sénatus-consulte.

SÉNATUS-CONSULTE

DU 14 JUILLET 1866,

MODIFICATIF DE LA CONSTITUTION, ET NOTAMMENT DES ARTICLES 40 ET 41.

ARTICLE PREMIER.

La Constitution ne peut être discutée par aucun pouvoir public autre que le Sénat procédant dans les formes qu'elle détermine.

Une pétition ayant pour objet une modification quelconque ou une interprétation de la Constitution ne peut être rapportée en séance générale que si l'examen en a été autorisé par trois au moins des cinq bureaux du Sénat.

Art. 2.

Est interdite toute discussion ayant pour objet la critique ou la modification de la Constitution, et publiée ou reproduite soit par la presse périodique, soit par des affiches, soit par des écrits non périodiques, des dimensions déterminées par le paragraphe 1er de l'article 9 du décret du 17 février 1852.

Les pétitions ayant pour objet une modification ou une interprétation de la Constitution ne peuvent être rendues publiques que par la publication du compte rendu officiel de la séance dans laquelle elles ont été rapportées.

Toute infraction aux prescriptions du présent article constitue une contravention punie d'une amende de 500 fr. à 10,000 fr.

Art. 3.

L'article 40 de la Constitution du 14 janvier 1852 est modifié ainsi qu'il suit:

« Art. 40. Les amendements adoptés par la commission chargée d'examiner un projet de loi sont renvoyés au Conseil d'État par le président du Corps législatif.

« Les amendements non adoptés par la commission ou par le Conseil d'État peuvent être pris en considération par le Corps législatif et renvoyés à un nouvel examen de la commission.

« Si la commission ne propose pas de rédaction nouvelle, ou si celle qu'elle propose n'est pas adoptée par le Conseil d'État, le texte primitif du projet est seul mis en délibération. »

Art. 4.

La disposition de l'article 41 de la Constitution du 14 janvier 1852 qui limite à trois mois la durée des sessions ordinaires du Corps législatif est abrogée. Un décret de l'Empereur prononce la clôture de la session.

L'indemnité attribuée aux députés au Corps législatif est fixée à 12,500 fr. pour chaque session ordinaire, quelle qu'en soit la durée.

En cas de session extraordinaire, l'indemnité continue à être réglée conformément à l'article 14 du sénatus-consulte du 25 décembre 1852.

CONSTITUTION

FAITE

EN VERTU DES POUVOIRS DÉLÉGUÉS PAR LE PEUPLE FRANÇAIS
A LOUIS-NAPOLÉON BONAPARTE,
PAR LE VOTE DES 20 ET 21 DÉCEMBRE 1851.

(14 janvier 1852. — Promulguée 22 janvier 1852.)

LE PRÉSIDENT DE LA RÉPUBLIQUE,

Considérant que le Peuple français a été appelé à se prononcer sur la résolution suivante :

« Le Peuple veut le maintien de l'autorité de *Louis-Napoléon* « *Bonaparte*, et lui donne les pouvoirs nécessaires pour faire « une Constitution d'après les bases établies dans sa proclamation « du 2 décembre; »

Considérant que les bases proposées à l'acceptation du Peuple étaient :

« 1º Un Chef responsable nommé pour dix ans ;

« 2º Des ministres dépendant du Pouvoir exécutif seul;

« 3º Un Conseil d'État formé des hommes les plus distingués, « préparant les lois et en soutenant la discussion devant le Corps « législatif;

« 4º Un Corps législatif discutant et votant les lois, nommé « par le suffrage universel, sans scrutin de liste qui fausse « l'élection ;

« 5º Une seconde assemblée formée de toutes les illustrations « du pays, pouvoir pondérateur, gardien du pacte fondamental « et des libertés publiques; »

Considérant que le Peuple a répondu affirmativement par sept millions cinq cent mille suffrages,

PROMULGUE LA CONSTITUTION DONT LA TENEUR SUIT :

ARTICLE PREMIER.

La Constitution reconnaît, confirme et garantit les grands principes proclamés en 1789, et qui sont la base du droit public des Français.

Forme du Gouvernement de la République.

ART. 2.

Le Gouvernement de la République française est confié pour dix ans au prince *Louis-Napoléon Bonaparte*, Président actuel de la République. — *Abrogé* (Sén.-cons., 25 déc. 1852, art. 17).

ART. 3.

Le Président de la République gouverne au moyen des ministres, du Conseil d'État, du Sénat et du Corps législatif.

ART. 4.

La puissance législative s'exerce collectivement par le Président de la République, le Sénat et le Corps législatif.

Du Président de la République.

ART. 5.

Le Président de la République est responsable devant le Peuple français, auquel il a toujours le droit de faire appel.

ART. 6.

Le Président de la République est le Chef de l'État; il commande les forces de terre et de mer, déclare la guerre, fait les traités de paix, d'alliance et de commerce, nomme à tous les emplois, fait les règlements et décrets nécessaires pour l'exécution des lois. (Sén.-cons., 25 déc. 1852, art. 3.)

ART. 7.

La justice se rend en son nom.

ART. 8.

Il a seul l'initiative des lois.

ART. 9.

Il a le droit de faire grâce. — *Abrogé* (Sén.-cons., 25 déc. 1852, art. 1 et 17).

ART. 10.

Il sanctionne et promulgue les lois et les sénatus-consultes.

ART. 11.

Il présente tous les ans, au Sénat et au Corps législatif, par un message, l'état des affaires de la République. — *Abrogé* (Sén.-cons., 25 déc. 1852, art. 17).

Art. 12.

Il a le droit de déclarer l'état de siége dans un ou plusieurs départements, sauf à en référer au Sénat dans le plus bref délai. Les conséquences de l'état de siége sont réglées par la loi.

Art. 13.

Les ministres ne dépendent que du Chef de l'État; ils ne sont responsables que chacun en ce qui le concerne des actes du Gouvernement; il n'y a point de solidarité entre eux. Ils ne peuvent être mis en accusation que par le Sénat.

Art. 14.

Les ministres, les membres du Sénat, du Corps législatif et du Conseil d'État, les officiers de terre et de mer, les magistrats et les fonctionnaires publics, prêtent le serment ainsi conçu :
« *Je jure obéissance à la Constitution, et fidélité au PrésiI-
« dent.* » (Sén.-cons., 25 déc. 1852, art. 16.)

Art. 15.

Un sénatus-consulte fixe la somme allouée annuellement au Président de la République pour toute la durée de ses fonctions. — *Abrogé* (Sén.-cons., 25 déc. 1852, art. 9 et 17).

Art. 16.

Si le Président de la République meurt avant l'expiration de son mandat, le Sénat convoque la Nation pour procéder à une nouvelle élection. — *Abrogé* (Sén.-cons., 25 déc. 1852, art. 17).

Art. 17.

Le Chef de l'État a le droit, par un acte secret et déposé aux archives du Sénat, de désigner au peuple le nom du citoyen qu'il recommande, dans l'intérêt de la France, à la confiance du Peuple et à ses suffrages. — *Abrogé* (Sén.-cons., 25 déc. 1852, art. 17).

Art. 18.

Jusqu'à l'élection du nouveau Président de la République, le président du Sénat gouverne avec le concours des ministres en fonctions, qui se forment en conseil de gouvernement, et délibèrent à la majorité des voix.— *Abrogé* (Sén.-cons., 25 déc. 1852, art. 17).

Du Sénat.

ART. 19.

Le nombre des sénateurs ne pourra excéder cent cinquante : il est fixé, pour la première année, à quatre-vingts. — *Abrogé* (Sén.-cons., 25 déc. 1852, art. 10 et 17).

ART. 20.

Le Sénat se compose :
1° Des cardinaux, des maréchaux, des amiraux;
2° Des citoyens que le Président de la République juge convenable d'élever à la dignité de sénateur.

ART. 21.

Les sénateurs sont inamovibles, et à vie.

ART. 22.

Les fonctions de sénateur sont gratuites; néanmoins, le Président de la République pourra accorder à des sénateurs, en raison de services rendus et de leur position de fortune, une dotation personnelle, qui ne pourra excéder trente mille francs par an. — *Abrogé* (Sén.-cons., 25 déc. 1852, art. 11 et 17).

ART. 23.

Le président et les vice-présidents du Sénat sont nommés par le Président de la République, et choisis parmi les sénateurs.
Ils sont nommés pour un an.
Le traitement du président du Sénat est fixé par un décret.

ART. 24.

Le Président de la République convoque et proroge le Sénat. Il fixe la durée de ses sessions par un décret.
Les séances du Sénat ne sont pas publiques.

ART. 25.

Le Sénat est le gardien du pacte fondamental et des libertés publiques. Aucune loi ne peut être promulguée avant de lui avoir été soumise.

ART. 26.

Le Sénat s'oppose à la promulgation :
1° Des lois qui seraient contraires ou qui porteraient atteinte à la Constitution, à la religion, à la morale, à la liberté des cultes, à la liberté individuelle, à l'égalité des citoyens devant la

loi, à l'inviolabilité de la propriété, et au principe de l'inamovibilité de la magistrature;

2° De celles qui pourraient compromettre la défense du territoire.

Art. 27.

Le Sénat règle par un sénatus-consulte :

1° La constitution des colonies et de l'Algérie;

2° Tout ce qui n'a pas été prévu par la Constitution et qui est nécessaire à sa marche;

3° Le sens des articles de la Constitution qui donnent lieu à différentes interprétations.

Art. 28.

Ces sénatus-consultes seront soumis à la sanction du Président de la République, et promulgués par lui.

Art. 29.

Le Sénat maintient ou annule tous les actes qui lui sont déférés comme inconstitutionnels par le Gouvernement, ou dénoncés, pour la même cause, par les pétitions des citoyens.

Art. 30.

Le Sénat peut, dans un rapport adressé au Président de la République, poser les bases des projets de lois d'un grand intérêt national.

Art. 31.

Il peut également proposer des modifications à la Constitution. Si la proposition est adoptée par le Pouvoir exécutif, il y est statué par un sénatus-consulte.

Art. 32.

Néanmoins, sera soumise au suffrage universel toute modification aux bases fondamentales de la Constitution, telles qu'elles ont été posées dans la proclamation du 2 décembre 1851 et adoptées par le Peuple français.

Art. 33.

En cas de dissolution du Corps législatif, et jusqu'à une nouvelle convocation, le Sénat, sur la proposition du Président de la République, pourvoit, par des mesures d'urgence, à tout ce qui est nécessaire à la marche du Gouvernement.

Du Corps législatif.

ART. 34.

L'élection a pour base la population.

ART. 35.

Il y aura un député au Corps législatif à raison de trente-cinq mille électeurs. — *Modifié* (Sén.-cons., 27 mai 1857).

ART. 36.

Les députés sont élus par le suffrage universel, sans scrutin de liste.

ART. 37.

Ils ne reçoivent aucun traitement. — *Abrogé* (Sén.-cons., 25 déc. 1852, art. 14 et 17).

ART. 38.

Ils sont nommés pour six ans.

ART. 39.

Le Corps législatif discute et vote les projets de lois et l'impôt.

ART. 40.

Tout amendement adopté par la commission chargée d'examiner un projet de loi sera renvoyé, sans discussion, au Conseil d'Etat par le président du Corps législatif. Si l'amendement n'est pas adopté par le Conseil d'État, il ne pourra être soumis à la délibération du Corps législatif. — (Décr., 26 nov. 1860, art. 3.)

ART. 41.

Les sessions ordinaires du Corps législatif durent trois mois; ses séances sont publiques; mais la demande de cinq membres suffit pour qu'il se forme un comité secret.

ART. 42.

Le compte rendu des séances du Corps législatif par les journaux ou tout autre moyen de publication ne consistera que dans la reproduction du procès-verbal dressé, à l'issue de chaque séance, par les soins du président du Corps législatif. — Sén.-cons., 25 déc. 1852, art. 13. — *Modifié* (Sén.-cons., 2 fév. 1861).

Art. 43.

Le président et les vice-présidents du Corps législatif sont nommés par le Président de la République pour un an; ils sont choisis parmi les députés.

Le traitement du président du Corps législatif est fixé par un décret.

Art. 44.

Les ministres ne peuvent être membres du Corps législatif.

Art. 45.

Le droit de pétition s'exerce auprès du Sénat. Aucune pétition ne peut être adressée au Corps législatif.

Art. 46.

Le Président de la République convoque, ajourne, proroge et dissout le Corps législatif. En cas de dissolution, le Président de la République doit en convoquer un nouveau dans le délai de six mois.

Du Conseil d'État.

Art. 47.

Le nombre des conseillers d'État en service ordinaire est de quarante à cinquante.

Art. 48.

Les conseillers d'État sont nommés par le Président de la République, et révocables par lui.

Art. 49.

Le Conseil d'État est présidé par le Président de la République, et, en son absence, par la personne qu'il désigne comme vice-président du Conseil d'État.

Art. 50.

Le Conseil d'État est chargé, sous la direction du Président de la République, de rédiger les projets de lois et les règlements d'administration publique, et de résoudre les difficultés qui s'élèvent en matière d'administration.

Art. 51.

Il soutient, au nom du Gouvernement, la discussion des projets de lois devant le Sénat et le Corps législatif.

Les conseillers d'État chargés de porter la parole au nom du Gouvernement sont désignés par le Président de la République. — (Décr. des 24 nov. 1860; 18 oct. 1863; 5 oct. 1864.)

Art. 52.

Le traitement de chaque conseiller d'État est de vingt-cinq mille francs.

Art. 53.

Les ministres ont rang, séance et voix délibérative au Conseil d'État.

De la haute Cour de justice.

Art. 54.

Une haute Cour de justice juge, sans appel ni recours en cassation, toutes personnes qui auront été renvoyées devant elle comme prévenues de crimes, attentats ou complots contre le Président de la République et contre la sûreté intérieure ou extérieure de l'État.

Elle ne peut être saisie qu'en vertu d'un décret du Président de la République.

Art. 55.

Un sénatus-consulte déterminera l'organisation de cette haute Cour. — (Sén.-cons., 10 juillet 1852 ; Sén.-cons., 4 juin 1858.)

Dispositions générales et transitoires.

Art. 56.

Les dispositions des codes, lois et règlements existants, qui ne sont pas contraires à la présente Constitution, restent en vigueur jusqu'à ce qu'il y soit légalement dérogé.

Art. 57.

Une loi déterminera l'organisation municipale. Les maires seront nommés par le Pouvoir exécutif, et pourront être pris hors du conseil municipal. — (Loi du 5 mai 1855.)

Art. 58.

La présente Constitution sera en vigueur à dater du jour où les grands Corps de l'État qu'elle organise seront constitués.

Les décrets rendus par le Président de la République, à partir du 2 décembre jusqu'à cette époque, auront force de loi.

SÉNATUS-CONSULTE

DU 8 SEPTEMBRE 1869,

Portant modification des articles 8 et 13 du deuxième paragraphe de l'article 24, des articles 26 et 40, du cinquième paragraphe de l'article 42, du premier paragraphe de l'article 43, de l'article 44 de la Constitution; des articles 3 et 5 du sénatus-consulte du 25 décembre 1852, et de l'article 1er du sénatus-consulte du 31 décembre 1861.

ARTICLE PREMIER.

L'Empereur et le Corps législatif ont l'initiative des lois.

ART. 2.

Les ministres ne dépendent que de l'Empereur.
Ils délibèrent en conseil, sous sa présidence.
Ils sont responsables.
Ils ne peuvent être mis en accusation que par le Sénat.

ART. 3.

Les ministres peuvent être membres du Sénat ou du Corps législatif.
Ils ont entrée dans l'une et l'autre Assemblée et doivent être entendus toutes les fois qu'ils le demandent.

ART. 4.

Les séances du Sénat sont publiques. La demande de cinq membres suffit pour qu'il se forme en comité secret.

ART. 5.

Le Sénat peut, en indiquant les modifications dont une loi lui paraît susceptible, décider qu'elle sera renvoyée à une nouvelle délibération du Corps législatif.
Il peut, dans tous les cas, s'opposer à la promulgation de la loi.
La loi à la promulgation de laquelle le Sénat s'est opposé ne peut être présentée de nouveau au Corps législatif dans la même session.

ART. 6.

A l'ouverture de chaque session, le Corps législatif nomme son président, ses vice-présidents et ses secrétaires.
Il nomme ses questeurs.

Art. 7.

Tout membre du Sénat ou du Corps législatif a le droit d'adresser une interpellation au Gouvernement.

Des ordres du jour motivés peuvent être adoptés.

Le renvoi aux bureaux de l'ordre du jour motivé est de droit, quand il est demandé par le Gouvernement.

Les bureaux nomment une commission, sur le rapport sommaire de laquelle l'Assemblée prononce.

Art. 8.

Aucun amendement ne peut être mis en délibération, s'il n'a été envoyé à la commission chargée d'examiner le projet de loi, et communiqué au Gouvernement.

Lorsque le Gouvernement et la commission ne sont pas d'accord, le Conseil d'État donne son avis, et le Corps législatif prononce.

Art. 9.

Le budget des dépenses est présenté au Corps législatif par chapitres et articles.

Le budget de chaque ministère est voté par chapitre, conformément à la nomenclature annexée au présent sénatus-consulte.

Art. 10.

Les modifications apportées à l'avenir à des tarifs de douanes ou de postes par des traités internationaux ne seront obligatoires qu'en vertu d'une loi.

Art. 11.

Les rapports constitutionnels actuellement établis entre le Gouvernement de l'Empereur, le Sénat et le Corps législatif, ne peuvent être modifiés que par un sénatus-consulte.

Les rapports réglementaires entre ces pouvoirs sont établis par décret impérial.

Le Sénat et le Corps législatif font leur règlement intérieur.

Art. 12.

Sont abrogées toutes dispositions contraires au présent sénatus-consulte, et notamment les articles 8 et 13, le deuxième paragraphe de l'article 24, les articles 26 et 40, le cinquième paragraphe de l'article 42, le premier paragraphe de l'article 43, l'article 44 de la Constitution, les articles 3 et 5 du sénatus-consulte du 25 décembre 1852, l'article 1er du sénatus-consulte du 31 décembre 1861.

SÉNATUS-CONSULTE

DU 21 MAI 1870,

FIXANT LA CONSTITUTION DE L'EMPIRE.

TITRE PREMIER.

ARTICLE PREMIER.

La Constitution reconnaît, confirme et garantit les grands principes proclamés en 1789 et qui sont la base du droit public des Français.

TITRE II. — *De la dignité impériale et de la régence.*

ART. 2.

La dignité impériale, rétablie dans la personne de NAPOLÉON III par le plébiscite des 21-22 novembre 1852, est héréditaire dans la descendance directe et légitime de LOUIS-NAPOLÉON BONAPARTE, de mâle en mâle, par ordre de primogéniture, et à l'exclusion perpétuelle des femmes et de leur descendance.

ART. 3.

NAPOLÉON III, s'il n'a pas d'enfant mâle, peut adopter les enfants et descendants légitimes dans la ligne masculine des frères de l'Empereur NAPOLÉON Ier.

Les formes de l'adoption sont réglées par une loi.

Si, postérieurement à l'adoption, il survient à NAPOLÉON III des enfants mâles, ses fils adoptifs ne pourront être appelés à lui succéder qu'après ses descendants légitimes.

L'adoption est interdite aux successeurs de NAPOLÉON III et à leur descendance.

ART. 4.

A défaut d'héritier légitime direct ou adoptif, sont appelés au Trône, le prince Napoléon (Joseph-Charles-Paul) et sa descendance directe et légitime, de mâle en mâle, par ordre de primogéniture, et à l'exclusion perpétuelle des femmes et de leur descendance.

Art. 5.

A défaut d'héritier légitime ou d'héritier adoptif de Napoléon III et des successeurs en ligne collatérale qui prennent
leurs droits dans l'article précédent, le Peuple nomme l'Empereur et règle, dans sa famille, l'ordre héréditaire, de mâle
en mâle, à l'exclusion perpétuelle des femmes et de leur
descendance.

Le projet de plébiscite est successivement délibéré par le
Sénat et par le Corps législatif, sur la proposition des ministres formés en Conseil de Gouvernement.

Jusqu'au moment où l'élection du nouvel Empereur est
consommée, les affaires de l'État sont gouvernées par les
ministres en fonctions, qui se forment en Conseil de Gouvernement et délibèrent à la majorité des voix.

Art. 6.

Les membres de la famille de Napoléon III, appelés éventuellement à l'hérédité, et leur descendance des deux sexes
font partie de la famille impériale.

Ils ne peuvent se marier sans l'autorisation de l'Empereur.
Leur mariage fait sans cette autorisation emporte privation de
tout droit à l'hérédité, tant pour celui qui l'a contracté que
pour ses descendants.

Néanmoins, s'il n'existe pas d'enfants de ce mariage, en
cas de dissolution pour cause de décès, le Prince qui l'aurait contracté, recouvre ses droits à l'hérédité.

L'Empereur fixe les titres et les conditions des autres
membres de sa famille.

Il a pleine autorité sur eux; il règle leurs devoirs et leurs
droits par des statuts qui ont force de loi.

Art. 7.

La régence de l'Empire est réglée par le sénatus-consulte du 17 juillet 1856.

Art. 8.

Les membres de la famille impériale appelés éventuellement à l'hérédité prennent le titre de Prince français.

Le fils aîné de l'Empereur porte le titre de Prince Impérial.

Art. 9.

Les Princes français sont membres du Sénat et du Conseil

d'État, quand ils ont atteint l'âge de 18 ans accomplis. Ils ne peuvent y siéger qu'avec l'agrément de l'Empereur.

TITRE III. — *Forme du Gouvernement de l'Empereur.*

ART. 10.

L'Empereur gouverne avec le concours des ministres, du Sénat, du Corps législatif et du Conseil d'État.

ART. 11.

La puissance législative s'exerce collectivement par l'Empereur, le Sénat et le Corps législatif.

ART. 12.

L'initiative des lois appartient à l'Empereur, au Sénat et au Corps législatif.

Les projets de lois émanés de l'initiative de l'Empereur peuvent, à son choix, être portés, soit au Sénat, soit au Corps législatif.

Néanmoins, toute loi d'impôt doit être d'abord votée par le Corps législatif.

TITRE IV. — *De l'Empereur.*

ART. 13.

L'Empereur est responsable devant le Peuple français, auquel il a toujours le droit de faire appel.

ART. 14.

L'Empereur est le chef de l'État. Il commande les forces de terre et de mer, déclare la guerre, fait les traités de paix, d'alliance et de commerce, nomme à tous les emplois, fait les règlements et décrets nécessaires pour l'exécution des lois.

ART. 15.

La justice se rend en son nom.

L'inamovibilité de la magistrature est maintenue.

ART. 16.

L'Empereur a le droit de faire grâce et d'accorder des amnisties.

ART. 17.

Il sanctionne et promulgue les lois.

ART. 18.

Les modifications apportées à l'avenir à des tarifs de douanes ou de postes par des traités internationaux ne seront obligatoires qu'en vertu d'une loi.

ART. 19.

L'Empereur nomme et révoque les ministres.

Les ministres délibèrent en conseil sous la présidence de l'Empereur.

Ils sont responsables.

ART. 20.

Les ministres peuvent être membres du Sénat ou du Corps législatif.

Ils ont entrée dans l'une et dans l'autre assemblée et doivent être entendus toutes les fois qu'ils le demandent.

ART. 21.

Les ministres, les membres du Sénat, du Corps législatif et du Conseil d'État, les officiers de terre et de mer, les magistrats et les fonctionnaires prêtent le serment ainsi conçu :

« Je jure obéissance à la Constitution et fidélité à l'Empereur. »

ART. 22.

Les sénatus-consultes, sur la dotation de la Couronne et la liste civile, des 12 décembre 1852 et 23 avril 1856, demeurent en vigueur.

Toutefois, il sera statué par une loi dans les cas prévus par les articles 8, 11 et 16 du sénatus-consulte du 12 décembre 1852.

A l'avenir, la dotation de la Couronne et la liste civile seront fixées, pour toute la durée du règne, par la législature qui se réunira après l'avénement de l'Empereur.

TITRE V. — *Du Sénat.*

ART. 23.

Le Sénat se compose :

1° Des cardinaux, des maréchaux, des amiraux ;

2° Des citoyens que l'Empereur élève à la dignité de sénateur.

ART. 24.

Les décrets de nomination des sénateurs sont individuels. Ils mentionnent les services et indiquent les titres sur lesquels la nomination est fondée.

Aucune autre condition ne peut être imposée au choix de l'Empereur.

ART. 25.

Les sénateurs sont inamovibles et à vie.

ART. 26.

Le nombre des sénateurs peut être porté aux deux tiers de celui des membres du Corps législatif, y compris les sénateurs de droit.

L'Empereur ne peut nommer plus de vingt sénateurs par an.

ART. 27.

Le président et les vice-présidents du Sénat sont nommés par l'Empereur et choisis parmi les sénateurs.

Ils sont nommés pour un an.

ART. 28.

L'Empereur convoque et proroge le Sénat.

Il prononce la clôture des sessions.

ART. 29.

Les séances du Sénat sont publiques.

Néanmoins, le Sénat pourra se former en comité secret dans les cas et suivant les conditions déterminés par son règlement.

Art. 30.

Le Sénat discute et vote les projets de lois.

TITRE VI. — *Du Corps législatif.*

Art. 31.

Les députés sont élus par le suffrage universel, sans scrutin de liste.

Art. 32.

Ils sont nommés pour une durée qui ne peut être moindre de six ans.

Art. 33.

Le Corps législatif discute et vote les projets de lois.

Art. 34.

Le Corps législatif élit, à l'ouverture de chaque session, les membres qui composent son bureau.

Art. 35.

L'Empereur convoque, ajourne, proroge et dissout le Corps législatif.

En cas de dissolution, l'Empereur doit en convoquer un nouveau dans un délai de six mois.

L'Empereur prononce la clôture des sessions du Corps législatif.

Art. 36.

Les séances du Corps législatif sont publiques.

Néanmoins, le Corps législatif pourra se former en comité secret dans les cas et suivant les conditions déterminés par son règlement.

TITRE VII. — *Du Conseil d'État.*

Art. 37.

Le Conseil d'État est chargé, sous la direction de l'Empereur, de rédiger les projets de lois et les règlements d'administration publique, et de résoudre les difficultés qui s'élèvent en matière d'administration.

ART. 38.

Le Conseil soutient, au nom du Gouvernement, la discussion des projets de lois devant le Sénat et le Corps législatif.

ART. 39.

Les conseillers d'État sont nommés par l'Empereur et révocables par lui.

ART. 40.

Les ministres ont rang, séance et voix délibérative au Conseil d'État.

TITRE VIII. — *Dispositions générales.*

ART. 41.

Le droit de pétition s'exerce auprès du Sénat et du Corps législatif.

ART. 42.

Sont abrogés les articles 19, 25, 27, 28, 29, 30, 31, 32 et 33 de la Constitution du 14 janvier 1852; l'article 2 du sénatus-consulte du 25 décembre 1852; les articles 5 et 8 du sénatus-consulte du 8 septembre 1869, et toutes les dispositions contraires à la présente Constitution.

ART. 43.

Les dispositions de la Constitution du 14 janvier 1852 et celles des sénatus-consultes promulgués depuis cette époque, qui ne sont pas comprises dans la présente Constitution et qui ne sont pas abrogées par l'article précédent, ont force de loi.

ART. 44.

La Constitution ne peut être modifiée que par le Peuple, sur la proposition de l'Empereur.

ART. 45.

Les changements et additions apportés au plébiscite des 20 et 21 décembre 1851 par la présente Constitution, seront soumis à l'approbation du Peuple dans les formes déterminées par les décrets des 2 et 4 décembre 1851 et 7 novembre 1852.

Toutefois, le scrutin ne durera qu'un seul jour.

EMPIRE FRANÇAIS.

FAMILLE IMPÉRIALE.

NAPOLÉON III (Charles-Louis), Empereur des Français, né le 20 avril 1808, du mariage de Louis-Napoléon, roi de Hollande, et de Hortense-Eugénie, reine de Hollande; marié le 29 janvier 1853, à

EUGÉNIE, Impératrice des Français, née le 5 mai 1826.

NAPOLÉON-EUGÈNE-LOUIS-JEAN-JOSEPH, *Prince Impérial*, né le 16 mars 1856.

MATHILDE-LÆTITIA-WILHELMINE, Cousine de l'Empereur, née le 27 mai 1820.

NAPOLÉON-JOSEPH-CHARLES-PAUL, Cousin de l'Empereur, né le 9 septembre 1822, marié le 30 janvier 1859 à

CLOTILDE-MARIE-THÉRÈSE-LOUISE, née le 2 mars 1843, fille de Victor-Emmanuel II, roi d'Italie. — Enfants :

NAPOLÉON-VICTOR-JÉRÔME-FRÉDÉRIC, né le 18 juillet 1862.

NAPOLÉON-LOUIS-JOSEPH-JÉRÔME, né le 16 juillet 1864.

MARIE-LÆTITIA-EUGÉNIE-CATHERINE-ADÉLAÏDE, née le 20 décembre 1866.

PRINCES ET PRINCESSES DE LA FAMILLE DE L'EMPEREUR[1]

AYANT RANG A LA COUR.

S. A. le Prince Louis-Lucien BONAPARTE.

S. A. le Prince Pierre-Napoléon BONAPARTE.

S. A. le Prince Lucien MURAT.

S. A. le Prince cardinal Lucien BONAPARTE.

S. A. le Prince Joachim MURAT.

S. A. le Prince Napoléon-Charles BONAPARTE.

S. A. le Prince Achille MURAT.

S. A. la Princesse Lucien MURAT.

S. A. la Princesse Joachim MURAT.

S. A. la Princesse Napoléon-Charles BONAPARTE.

S. A. la Princesse Achille MURAT.

---

1. Les fils des frères et sœurs de l'empereur Napoléon I⁰ʳ qui ne font pas partie de la famille impériale, portent les titres de Prince et d'Altesse avec leur nom de famille.

A la seconde génération, les fils aînés seuls portent les titres de Prince et d'Altesse; les autres n'ont que le titre de Prince.

Les filles des princes parents de l'Empereur jouissent, jusqu'à leur mariage, du titre de Princesse; mais lorsqu'elles sont mariées, elles portent le nom seul et les titres de leurs maris, à moins de décision spéciale contraire. Les princesses de la famille de l'Empereur, mariées à des particuliers français ou étrangers, n'ont d'autre rang à la Cour que celui de leurs maris.

CONSEIL PRIVÉ.

L'EMPEREUR.

S. Exc. M. BAROCHE.

S. Exc. M. le Duc DE PERSIGNY.

S. Exc. M. le Maréchal VAILLANT.

S. Exc. M. MAGNE.

S. Exc. M. DROUYN DE LHUYS.

S. Exc. M. le Marquis de LA VALETTE.

Le Conseil privé deviendra, avec l'adjonction des deux Princes français les plus proches dans l'ordre d'hérédité, Conseil de régence, dans le cas où l'Empereur n'en aurait pas désigné un autre par acte public. (*Décret du 1er février* 1858.)

Un traitement annuel de cent mille francs est attribué aux membres du Conseil privé.

N'auront pas droit à ce traitement les membres du Conseil privé qui exerceront une fonction rétribuée par l'État ou par la Liste civile. (*Décret du 6 janvier* 1860.)

MAISONS DE LEURS MAJESTÉS.

Maison de l'Empereur.

S. Exc. M. le maréchal Vaillant GC✻ ☻, sénateur, membre du Conseil privé, grand-maréchal du palais, ministre de la Maison de l'Empereur.

S. G. Mgr. Darboy GO✻, sénateur, archevêque de Paris, grand-aumônier.

S. G. Mgr. Tirmarche C✻, évêque d'Adras, aumônier de l'Empereur.

S. Exc. M. le maréchal Vaillant GC✻ ☻, sénateur, membre du Conseil privé, grand-maréchal du palais.

M. le général de Courson de la Villeneuve C✻, adjudant-général du palais.

M. le général comte Lepic C✻, aide de camp de l'Empereur, premier maréchal des logis du palais.

M. le général Lechesne GO✻, gouverneur des palais des Tuileries et du Louvre.

S. Exc. M. le duc de Bassano GO✻, sénateur, grand-chambellan.

M. le Vte de Laferrière C✻, premier chambellan.

M. Conti GO✻, sénateur, secrétaire de l'Empereur, chef du cabinet de l'Empereur; rue de Rivoli, 184.

M. Conneau GO✻, sénateur, premier médecin de l'Empereur au service de santé; rue de Rivoli, 192.

S. Exc. M. le général Fleury GO✻, sénateur, aide de camp de l'Empereur, grand-écuyer; au Louvre.

M. Davillier, Vte Regnaud de Saint-Jean-d'Angély O✻, premier écuyer; quai d'Orsay, 99.

S. Exc. M. le général prince de la Moskowa GO✻, sénateur, aide de camp de l'Empereur, grand-veneur; rue Marignan, 12.

S. Exc. M. le duc de Cambacérès GO✻, sénateur, grand-maître des cérémonies; rue de l'Université, 21.

M. Feuillet de Conches C✻, rue Neuve-des-Mathurins, 73, et M. le Bon de Lajus O✻, faubourg Saint-Honoré, 153, introducteurs des ambassadeurs; maîtres des cérémonies.

Maison de l'Impératrice.

S. Exc. Mme la princesse D'ESSLING, grande-maîtresse de la Maison;
rue Saint-Florentin, 7.

Mme la comtesse WALEWSKA, dame d'honneur.

M. le comte DE LEZAY-MARNESIA O✳, premier chambellan; aux
Tuileries.

M. le Mis DE LAGRANGE ✳, écuyer.

M. DAMAS HINARD O✳, secrétaire des commandements; boulevard Malesherbes, 69.

_____

Maison de S. A. I. le Prince Impérial.

S. Exc. le général de division FROSSARD GO✳ ☻, aide de camp
de l'Empereur, chef de la maison militaire de S. A. I. Mgr. le
Prince impérial, gouverneur.

MM. DUPERRÉ ✳, capitaine de vaisseau; VIEL D'ESPEUILLES O✳,
lieutenant-colonel de cavalerie; LAMEY O✳, chef de bataillon
du génie; DE LIGNIVILLE O✳, chef de bataillon d'infanterie,
aides de camp.

M. BACHON O✳, écuyer, quai d'Orsay, 101.

M. BARTHEZ O✳, médecin, rue Duphot, 14.

S. Exc. Mme l'amirale BRUAT, gouvernante des enfants de France;
rue de Rivoli, 176.

_____

Maison de S. A. I. le Prince Napoléon.

M. le général DE FRANCONNIÈRE GO✳, premier aide de camp;
au Palais-Royal.

M. le Cte DE LASTIC O✳, chambellan honoraire; rue de Rivoli, 172.

_____

Maison de S. A. I. la Princesse Marie-Clotilde.

Mme DE LA RONCIÈRE LE NOURY, dame pour accompagner, chargée
du secrétariat.

_____

Maison de S. A. I. la Princesse Mathilde.

Mme FRÉDÉRIC DE REISET et Mme ESPINASSE, dames pour accompagner.

M. le général CHAUCHARD GO✳, chevalier d'honneur; rue du
Faubourg-Saint-Honoré, 25.

MINISTRES SECRÉTAIRES D'ÉTAT.

Ministère de la justice et des cultes.
Place Vendôme.

S. Exc. M. Émile Ollivier, député, Garde des sceaux, ministre de la justice et des cultes.

Ministère des affaires étrangères.
Quai d'Orsay.

S. Exc. M. le duc de Gramont GC✻, ministre des affaires étrangères.

Ministère de l'intérieur.
Place Beauvau; bureaux : rue Cambacerès, 7 et 9, et rue de Grenelle, 103.

S. Exc. M. Chevandier de Valdrôme C✻, député, ministre de l'intérieur.

Ministère des finances.
Rue de Rivoli, 48.

S. Exc. M. Segris C✻, député, ministre des finances.

Ministère de la guerre.
Rue Saint-Dominique-Saint-Germain, 90.

S. Exc. M. le maréchal Le Bœuf GC✻ ⬟, sénateur, ministre de la guerre.

Ministère de la marine et des colonies.
Rue Royale-Saint-Honoré, 2.

S. Exc. M. l'amiral Rigault de Genouilly GC✻, sénateur, ministre de la marine et des colonies.

Ministère de l'instruction publique.
Rue de Grenelle-Saint-Germain, 110.

S. Exc. M. Mège O✻, député, ministre de l'instruction publique.

Ministère des travaux publics.

Rue Saint-Dominique-Saint-Germain, 62.

S. Exc. M. Plichon O✳, député, ministre des travaux publics.

Ministère de l'agriculture et du commerce.

Rue de Varennes, 78, et rue Saint-Dominique-Saint-Germain, 60.

S. Exc. M. Louvet C✳, député, ministre de l'agriculture et du commerce.

Ministère des lettres, sciences et beaux-arts.

Rue de Grenelle, 101, et au Louvre.

S. Exc. M. Maurice Richard, député, ministre des lettres, sciences et beaux-arts.

Ministère de la Maison de l'Empereur.

Palais des Tuileries, place du Carrousel.

S. Exc. M. le maréchal Vaillant GC✳ ⬤, sénateur, membre du Conseil privé, grand-maréchal du palais, ministre de la Maison de l'Empereur.

S. Exc. M. de Parieu GC✳, ministre présidant le Conseil d'État rue de Rivoli (palais du Louvre).

SÉNAT.

(Au palais du Luxembourg.)

Le Sénat discute et vote les projets de lois. Il a, comme l'Empereur et le Corps législatif, l'initiative des lois. Il peut adresser des interpellations au Gouvernement. Le droit de pétition s'exerce auprès du Sénat et du Corps législatif. L'Empereur convoque et proroge le Sénat. Il prononce la clôture des sessions.

Dans toutes les délibérations du Sénat, le Gouvernement a le droit d'être représenté par les ministres et les présidents de section du Conseil d'État ou par les conseillers d'État à ce commis par des décrets spéciaux. Les débats des séances du Sénat sont reproduits par la sténographie et insérés *in extenso* dans le *Journal officiel* du lendemain. En outre, les comptes rendus de ces séances, rédigés par des secrétaires rédacteurs placés sous l'autorité du président du Sénat, sont mis chaque soir à la disposition des journaux. Les séances du Sénat sont publiques.

Le Sénat se compose : 1° des cardinaux, des maréchaux, des amiraux; 2° des citoyens que l'Empereur élève à la dignité de sénateur. Les décrets de nomination des sénateurs sont individuels. Ils mentionnent les services et indiquent les titres sur lesquels la nomination est fondée. Les sénateurs sont inamovibles et à vie. Le nombre des sénateurs peut être porté aux deux tiers de celui des membres du Corps législatif, y compris les sénateurs de droit. L'Empereur ne peut nommer plus de vingt sénateurs par an. Le président et les vice-présidents du Sénat sont nommés par l'Empereur et choisis parmi les sénateurs; ils sont nommés pour un an.

Bureau du Sénat.

Président du Sénat.

M. ROUHER GC✳.

Vice-présidents du Sénat.

M. BOUDET GC✳, premier vice-président;
S. Exc. M. le maréchal Cᵗᵉ BARAGUEY-D'HILLIERS GC✳⬤;
M. DE ROYER GC✳, premier président de la Cour des comptes.
M. DEVIENNE GO✳, premier président de la Cour de cassation.

Grand-référendaire du Sénat.

M. BARROT (Ferdinand) GO✳.

Secrétaire du Sénat :

M. CHAIX D'EST-ANGE GO✳.

PRINCE DE LA FAMILLE IMPÉRIALE.

S. A. I. le général prince NAPOLÉON GC✳ ☻.

Princes de la famille civile de l'Empereur.

S. A. le prince Louis-Lucien BONAPARTE GC✳.
S. A. le prince Lucien MURAT GC✳.

SÉNATEURS DE DROIT.

LL. EEm. NN. SS.

Le cardinal MATHIEU C✳.
Le cardinal DONNET GO✳.
Le cardinal BILLIET GO✳.
Le cardinal DE BONNECHOSE C✳.

LL. EExc. MM.

Le maréchal VAILLANT GC✳ ☻ (11 décembre 1851).
Le maréchal Cte BARAGUEY-D'HILLIERS GC✳ ☻ (28 août 1854).
Le maréchal Cte RANDON GC✳ ☻ (18 mars 1856).
Le maréchal CANROBERT GC✳ ☻ (18 mars 1856).
Le maréchal MAC-MAHON, duc DE MAGENTA GC✳ ☻ (6 juin 1859).
Le maréchal FOREY GC✳ ☻ (2 juillet 1863).
L'amiral RIGAULT DE GENOUILLY GC✳ ☻ (27 janvier 1864).
Le maréchal BAZAINE GC✳ ☻ (5 septembre 1864).
L'amiral TRÉHOUART GC✳ ☻ (20 février 1869).
Le maréchal LE BŒUF GC✳ ☻ (24 mars 1870).

LISTE DE MM. LES SÉNATEURS PAR ORDRE ALPHABÉTIQUE.

Ariste (d') GO✳, rue Las-Cases, 24.

Audiffret (Mis d') GC✳, rue Royale-Saint-Honoré, 5.

Baraguey-d'Hilliers (S. Exc. le maréchal Cte) GC✳ 🎖, *vice-président*, rue Matignon, 11.

Barbier GO✳, rue Saint-Honoré, 368.

Baroche GC✳, rue de la Baume, 7.

Barral (Vte de) C✳, rue de la Paix, 10.

Barrot (Adolphe) GC✳, rue d'Anjou-Saint-Honoré, 4.

Barrot (Ferdinand) GO✳, *grand-référendaire*, au palais du Sénat.

Bassano (S. Exc. le duc de) GO✳, au palais des Tuileries.

Bazaine (S. Exc. le maréchal) GC✳ 🎖, à l'École militaire.

Béarn (Cte de) GO✳, rue de Varenne, 58.

Béhic (Armand) GC✳, *secrétaire*, rue de Poitiers, 12.

Belbeuf (le premier président Mis de) C✳, rue de Lille, 79.

Bernard (Claude) C✳, rue de Luxembourg, 24.

Billiet (S. Em. le cardinal) GO✳, rue Moncey, 12.

Blondel (Léon) C✳, rue du Helder, 17.

Boinvilliers GO✳, rue de la Chaussée-d'Antin, 23.

Boittelle (GO✳), rue Saint-Georges, 13.

Bonaparte (S. A. le prince Louis-Lucien) GC✳, rue du Mont-Thabor, 38.

Bonjean (le président) GO✳, rue de Tournon, 2.

Bonnechose (S. Em. le cardinal de), C✳, rue du Bac, 103.

Boudet GC✳, *premier vice-président*, au palais du Sénat.

Bouët-Willaumez (le vice-amiral Cte) GC✳ 🎖, rue d'Alger, 6.

Boulay (de la Meurthe) [le Cte] GO✳, rue de Condé, 10.

Bourée GO✳.

Brenier (B^{on}) GO✳, rue de l'Université, 91.

Butenval (Cte de) GO✳, rue Miromesnil, 34.

Cambacérès (S. Exc. le duc de) GO✳, rue de l'Université, 21.

Canrobert (S. Exc. le maréchal) GC✳ 🎖, place Vendôme, 9.

Carrelet (général Cte) GC✳, avenue des Champs-Élysées, 69.

Casabianca (le procureur général Cte X. de) GO✳, r. de Marignan, 17.

Cécille (vice-amiral Cte) GO✳, rue de Rivoli, 214.

Chabannes (vice-amiral Vte de) GO✳, rue de Greffulhe, 5.

Chabrier (de) C✳, rue de Rivoli, 182.

Chaix d'Est-Ange GO✳, *secrétaire*, rue Saint-Georges, 15 *bis*.

CHABON (général Bᵒⁿ) GC✳ 🐝 , rue Cambacerès, 3.
CHASSELOUP-LAUBAT (Mⁱˢ DE) GC✳, rue de la Bienfaisance, 7.
CHEVALIER (Michel) GO✳, avenue de l'Impératrice, 27.
CHEVREAU (Henri) GO✳, à l'Hôtel-de-ville.
CLARY (Cᵗᵉ François) O✳, rue d'Aumale, 24.
CONNEAU GO✳, rue de Rivoli, 192.
CONTI GO✳, rue de Rivoli, 184.
CORTA C✳, rue des Saints-Pères, 16.
COUSIN DE MONTAUBAN (général Cᵗᵉ DE PALIKAO) GC✳ 🐝 , avenue
    de Marigny, 25.
CROIX (Mⁱˢ DE) C✳, rue de la Chaise, 3.
DARBOY (Mgr. l'archevêque) GO✳, r. de Grenelle-St-Germain, 127.
DAUMAS (général) GC✳, rue de Varenne, 22.
DELAMARRE (Cᵗᵉ Achille) C✳, rue de Lille, 82.
DEVIENNE (le premier président) GO✳, *vice-président*, place
    Vendôme, 12.   •
DONNET (S. Em. le cardinal) GO✳, rue de l'Université, 32.
DROUYN DE LHUYS (S. Exc. M.) GC✳, rue François Iᵉʳ, 47.
DUMAS GC✳, rue de Saint-Dominique-Saint-Germain, 69.
DUPIN (Bᵒⁿ Charles) GO✳, rue du Bac, 118.
DURUY GO✳, rue de Rennes, 82.
DUVERGIER GO✳, rue des Saints-Pères, 9.
ELIE DE BEAUMONT GO✳, rue de Lille, 5.
ESPEUILLES (Mⁱˢ D') O✳, rue de l'Université, 95.
FAILLY (général de division DE) GO✳, rue de Ponthieu, 20.
FLAHAULT DE LA BILLARDERIE (S. Exc. le général Cᵗᵉ DE) GC✳🐝 ,
    au palais de la Légion d'honneur.
FLEURY (général) GO✳, au Louvre.
FOREY (S. Exc. le maréchal) GC✳ 🐝 , rue de Morny, 9.
GEIGER (Bᵒⁿ) C✳, rue Gay-Lussac, 1.
GERMINY (Cᵗᵉ de) GO✳, rue de Vigny, 2.
GIRARDIN (Mⁱˢ Ernest DE) O✳, rue Blanche, 35.
GODELLE C✳, rue de Luxembourg, 22.
GOUIN C✳, rue de l'Arcade, 25.
GOULHOT DE SAINT-GERMAIN (DE) GO✳, rue de Ponthieu, 20.
GRANGE (Mⁱˢ DE LA) GO✳, rue Barbet-de-Jouy, 29.
GRESSIER C✳, place Vendôme, 25.
GRICOURT (Mⁱˢ DE) O✳, rue de Berlin, 34.
GROS (Bᵒⁿ) GC✳, rue Barbet-de-Jouy, 13.
GROSOLLES-FLAMARENS (Cᵗᵉ DE) C✳, rue de Verneuil, 44.
GUDIN (général Cᵗᵉ) GO✳, place Vendôme, 14.
HAUSSMANN (Bᵒⁿ) GC✳.

HEECKEREN (B^{on} DE) C✳, avenue Montaigne, 27.

HUBERT DE LISLE C✳, boulevard Malesherbes, place Pentagonale, 4 (plaine Monceaux).

LACAZE C✳, rue des Écuries d'Artois, 9.

LADMIRAULT (général DE) GC✳, rue du Cirque, 3.

LA FORCE (duc DE) C✳, avenue des Champs-Élysées, 133.

LA GUÉRONNIÈRE (Vte DE) GO✳, rue de Beaune, 1.

LA HITTE (général Vte DE) GC✳, boulevard Malesherbes, 84.

LAITY GO✳, rue de la Rochefoucauld, 19.

LAPLACE (général Mis DE) GC✳, boulevard des Capucines, 23.

LARABIT GO✳, rue d'Alger, 5.

LARRABURE O✳, rue de Rivoli, 166.

LA RUË (général Cte DE) GC✳, rue d'Aguesseau, 12.

LA TOUR D'AUVERGNE (prince) GC✳, boulevard des Invalides, 6.

LA VALETTE (S. Exc. le Mis DE) GC✳, rue d'Astorg, 12.

LE BŒUF (S. Exc. le maréchal) GC✳ ☻, au ministère de la guerre.

LEBRUN GO✳, rue de Beaune, 1.

LEFEBVRE-DURUFLÉ GO✳, rue de Vaugirard, 46.

LE MAROIS (Cte) O✳, avenue d'Antin, 9.

LE PLAY GO✳, place Saint-Sulpice, 6.

LE ROY (Bon Ernest) GO✳, rue de Rivoli, 166.

LE ROY DE SAINT-ARNAUD C✳, rue de Tournon, 4.

LESSEPS (Cte Théod. DE) C✳, rue de la Chaussée d'Antin, 43.

LE VERRIER GO✳, rue des Saints-Pères, 1.

LISLE DE SIRY (Mis DE) GO✳, rue Tronchet, 29.

MAC-MAHON (S. Exc. le maréchal duc DE MAGENTA) GC✳ ☻, rue Bellechasse, 70.

MAGNE (S. Exc. M.) GC✳, avenue Montaigne, 47.

MARNAS (DE) GO✳, rue Pigalle, 57.

MARTIMPREY (général Vte Edm. DE) GC✳ ☻, rue Marignan, 15.

MATHIEU (S. Em. le cardinal) C✳, rue du Cloître-Notre-Dame, 8.

MAUPAS (DE) GC✳, rue du Regard, 7.

MELLINET (général) GC✳, place et hôtel Louvois.

MENTQUE (DE) GO✳, rue d'Amsterdam, 84.

MÉRIMÉE GO✳, rue de Lille, 52.

MESLIN (général) GO✳, rue Bellechasse, 50.

MÉSONAN (DE) GO✳, rue Billault, 30.

MIMEREL (Cte) [de Roubaix] GO✳, rue et hôtel du Helder.

MOLLARD (général) GO✳, rue de Marignan, 14.

MONIER DE LA SIZERANNE (Cte) O✳, rue Chauchat, 11.

MONTEBELLO (le duc DE) GC✳, rue de la Baume, 31.

Montebello (général Cᵗᵉ de) GC✳, rue Barbet-de-Jouy, 33.

Montholon (Mⁱˢ de) GO✳.

Montjoyeux (de) ✳, rue de l'Arcade, 16.

Montréal (général Allouveau de) GO✳, rue Madame, 8.

Mortemart (général duc de) GC✳, rue de Lille, 88.

Moskowa (général prince de la) GO✳, rue de Marignan, 12.

Murat (S. A. le prince Lucien) GC✳, avenue Montaigne, 2.

Napoléon (S. A. I. le prince) GC✳ ☻, au Palais-Royal.

Nélaton GO✳, avenue d'Antin, 1.

Nieuwerkerke (Cᵗᵉ de) GO✳, vice-secrétaire, au Louvre.

Nisard (Désiré) C✳, rue Casimir-Delavigne, 2.

Padoue (duc de) GC✳, rue de Courcelles, 45.

Persigny (S. Exc. le duc de) GC✳, rue d'Albe, 5.

Persil GO✳, à Antony (Seine).

Poniatowski (prince) GO✳, rue de la Ferme-des-Mathurins, 5.

Quentin-Bauchart C✳, rue de la Pelouse, 2.

Randon (S. Exc. le maréchal Cᵗᵉ) GC✳ ☻, rue Barbet-de-Jouy, 27.

Renault (général Bᵒⁿ) GC✳, rue Neuve-des-Mathurins, 75.

Reveil C✳, rue de Vaugirard, 31.

Richemont (Bᵒⁿ Paul de) C✳, rue d'Amsterdam, 82.

Richemont (Vᵗᵉ de) O✳, rue du 29 Juillet, 4.

Rigault de Genouilly (S. Exc. l'amiral) GC✳ ☻, au ministère de
la marine et des colonies.

Roguet (général Cᵗᵉ) GO✳, rue de Milan, 16.

Rouher (S. Exc. M.) GC✳, président, au palais du Petit-Luxem-
bourg.

Rouland GC✳, à la Banque de France.

Royer (de) GC✳, vice-président, rue de Vaugirard, 56.

Saint-Paul (de) GO✳, rue d'Antin, 22.

Salignac-Fénelon (Cᵗᵉ de) GO✳, quai d'Orsay, 1.

Sartiges (Cᵗᵉ de) GO✳, rue de l'Elysée, 16.

Saulcy (Caignart de) C✳, rue du Cirque, 17.

Schramm (général Cᵗᵉ de) GC✳ ☻, rue du Bac, 24.

Ségur d'Aguesseau (Cᵗᵉ de) C✳, rue de Rennes, 154.

Silvestre de Sacy C✳, vice-secrétaire, quai Conti, 23.

Siméon (Cᵗᵉ) C✳, quai d'Orsay, 23.

Soin GO✳, rue Labruyère, 56.

Soleau (Vᵗᵉ de) C✳, rue du Bac, 44.

Talleyrand-Périgord (Bᵒⁿ de) GO✳, rue Boissy-d'Anglas, 15.

Tarente (Macdonald duc de) O✳, boulevard Malesherbes, 52.

Taylor (Bᵒⁿ) O✳, rue de Bondy, 68.

Tuierry (Amédée) GO✳, rue de Tournon, 12.

Thiry (général de division) GO✹ 🐝 , rue Godot-de-Mauroy, 15.

Tourangin GO✹, rue Lavoisier, 22.

Tréhouart (S. Exc. l'amiral) GC✹🐝, boulevard Haussmann, 121.

Vaillant (S. Exc. le maréchal) GC✹ 🐝 , au ministère de la Maison
de l'Empereur, place du Carrousel.

Varenne (Bᵒⁿ Burignot de) C✹, rue Abbatucci, 33.

Vicence (Caulaincourt, duc de) C✹, rue Saint-Lazare, 67.

Vincent (Bᵒⁿ de) C✹, rue du Pré-aux-Clercs, 8.

Vinoy (général) GC✹, *vice-secrétaire*, rue de Clichy, 6.

Vuillefroy (de) GO✹, rue de Boulogne, 36.

Vuitry GC✹, rue de Lisbonne, 46.

Wagram (Berthier, prince de) ✹ , rue de la Rochefoucauld, 5.

Waldner de Freundstein (général Cᵗᵉ) GC✹, rue Montalivet, 3.

CORPS LÉGISLATIF.

(Rue de l'Université, 126-128.)

L'élection a pour base la population. — Il y a un député au Corps législatif à raison de 35.000 électeurs; néanmoins un député de plus est attribué à chacun des départements dans lesquels le nombre excédant des électeurs dépasse 17,500. — Les députés sont élus par le suffrage universel sans scrutin de liste; ils reçoivent une indemnité, qui est fixée à 12,500 fr. pour chaque session ordinaire, quelle qu'en soit la durée, et à 2,500 fr. par mois pendant la durée de chaque session extraordinaire; ils sont nommés pour six ans. — Le Corps législatif discute et vote les projets de loi et l'impôt.

Les comptes rendus des séances du Corps législatif, rédigés par des secrétaires-rédacteurs placés sous l'autorité du président de l'Assemblée, sont adressés chaque soir à tous les journaux. En outre, les débats de chaque séance sont reproduits par la sténographie et insérés *in extenso* dans le *Journal officiel* du lendemain. — Le procès-verbal des séances est lu à l'assemblée; il constate seulement les opérations et les votes du Corps législatif.

Les séances du Corps législatif sont publiques; mais sur la demande de cinq membres il peut se former en comité secret.

A l'ouverture de chaque session, le Corps législatif nomme son président, ses vice-présidents et ses secrétaires. Il nomme ses questeurs. Les ministres peuvent être membres du Corps législatif. L'Empereur convoque, ajourne, proroge et dissout le Corps législatif. En cas de dissolution, l'Empereur doit en convoquer un nouveau dans le délai de six mois.

A l'ouverture de la première séance, le plus âgé des membres présents occupe le fauteuil; il est assisté des quatre plus jeunes membres présents, qui remplissent les fonctions de secrétaires jusqu'à l'élection du bureau définitif.

Le président du Corps législatif en a la haute administration; il est assisté de deux questeurs.

Bureau du Corps législatif. — Session de 1870.

Président.

M. Schneider GC✳.

Vice-présidents.

MM. le Bᵒⁿ David (Jérôme) GO✳. MM. Le Roux (Alfred) GO✳.
Busson-Billault C✳. le Mⁱˢ de Talhouet C✳.

Secrétaires.

MM. Bournat O✳. MM. Peyrusse O✳.
Martel. Magnin.
Terme O✳. Josseau C✳.

Questeurs.

M. Hébert C✱.   M. le général Lebreton GO✱.

LISTE ALPHABÉTIQUE DE MM. LES DÉPUTÉS.

Abbatucci (Séverin) O✱ [Corse], rue Pasquier, 10.
Albuféra (duc d') GO✱ [Eure]. place Vendôme, 17.
Alquier (B⁰ⁿ) [Vendée]. boulevard Haussmann, 164.
Andelarre (Mⁱˢ d') O✱ [Haute-Saône], rue de Marignan, 18.
André C✱ [Charente], rue de Rivoli, 184.
André (Édouard) ✱ [Gard], rue Scribe, 13.
Arago (Emm.) [Seine], rue Pasquier, 7.
Argence O✱ [Aube], rue de la Ferme-des-Mathurins, 36.
Arjuzon (Cᵗᵉ d') O✱ [Eure], rue Montalivet, 10.
Auvray ✱ [Manche], place de la Madeleine, 21.
Ayguesvives (Cᵗᵉ d') O✱ [Haute-Garonne], r. Royale-St.-Hon., 11.
Aylies O✱ [Gers], rue d'Hauteville, 3.
Baboin [Isère], rue de l'Arcade, 15.
Bancel [Rhône], rue des Martyrs, 46.
Barante (B⁰ⁿ de) ✱ [Puy-de-Dôme], rue de Marignan, 27.
Barrillon O✱ [Oise], rue de Luxembourg, 41.
Barthélemy-Saint-Hilaire ✱ [Seine-et-Oise], rue d'Astorg, 29 b.
Bastid (Raymond) [Cantal], rue de Vaugirard, 41.
Beauchamp (de) C✱ [Vienne], boulevard Malesherbes, 69.
Beauvau (prince Marc de) O✱ [Sarthe], rue Boissy-d'Anglas, 12.
Belmontet O✱ [Tarn-et-Garonne]. rue Pigalle, 8.
Benoist (B⁰ⁿ de) O✱ [Meuse], rue Casimir-Périer, 3.
Bérard ✱ [Savoie], rue Duphot, 8.
Berger ✱ [Maine-et-Loire], rue de l'Arcade, 34.
Bethmont [Charente-Inférieure], rue des Écuries-d'Artois, 9.
Birotteau ✱ [Aude], rue Chauveau-Lagarde, 12.
Boduin [Nord], boulevard Malesherbes, 12.
Boigne (Cᵗᵉ de) ✱ [Savoie], rue Jacob, 50.
Bois-Viel ✱ [Finistère], rue de Bourgogne, 50.
Bosredon (Alexandre de) ✱ [Dordogne], rue des Saussaies, 12.
Boucaumont C✱ [Nièvre], rue de Grenelle-Saint-Germain, 18.
Bouchetal-Larocne O✱ [Loire], rue de Grammont, 2.
Boudet (Cᵗᵉ) ✱ [Dordogne], rue Godot-de-Mauroy, 1.
Bourbeau C✱ [Vienne], rue de Beaune, 7.
Bourgoing (B⁰ⁿ de) O✱ [Nièvre], avenue Marigny, 1.

BOURNAT O✻ [Bouches-du-Rhône], rue de Courty, 1.

BOUTEILLER (DE) [Moselle], rue Richelieu, 101.

BOUTELIER O✻ [Saône-et-Loire], rue Neuve-des-Mathurins, 114.

BRAME (Jules) [Nord], rue Tronchet, 25.

BUFFET ✻ [Vosges], rue de Berlin, 10.

BUISSON [Seine-Inférieure], boulevard Saint-Germain, 242.

BUQUET (Bᵒⁿ) C✻ [Meurthe], rue de Rivoli, 236.

BURIN-DESROZIERS ✻ [Puy-de-Dôme], rue d'Antin, 1.

BUSSIERRE (Bᵒⁿ Alfred DE) O✻ [Bas-Rhin], à l'hôtel des Monnaies.

BUSSON-BILLAULT C✻ [Ariége], rue de Rivoli, 176.

CALMÈTES O✻ [Pyrénées-Orientales], boulevard Saint-Michel, 4.

CALVET-ROGNIAT O✻ [Aveyron], avenue des Champs-Élysées, 93.

CAMPAIGNO (Mˡˢ DE) O✻ [Haute-Garonne], rue de la Ferme, 7.

CARRÉ-KÉRISOUET [Côtes-du-Nord], rue Jean-Goujon, 9.

CAZELLES C✻ [Hérault], place du Palais-Bourbon, 6.

CHADENET C✻ [Meuse], rue de Bellechasse, 62.

CHAGOT (Jules) O✻ [Saône-et-Loire], avenue de Messine, 7.

CHAIX-D'EST-ANGE ✻ [Gironde], rue Neuve-des-Mathurins, 86.

CHAMBRUN (Cˡᵉ DE) ✻ [Lozère], boulevard des Invalides, 35.

CHAMPAGNY (Cˡᵉ Jérôme-Paul DE) O✻ [Côtes-du-Nord], boulevard Malesherbes, 64.

CHAMPAGNY (Cˡᵉ Nap. DE) ✻ [Morbihan], rue Galilée, 58.

CHARLEMAGNE (Raoul) ✻ [Indre], rue de Luxembourg, 22.

CHARPIN-FEUGEROLLES (Cˡᵉ DE) ✻ [Loire], boulev. Haussmann, 93.

CHESNELONG ✻ [Basses-Pyrénées], rue Louis-le-Grand, 2.

CHEVANDIER DE VALDRÔME C✻ [Meurthe], au Ministère de l'intér.

CHOISEUL (Horace DE) ✻ [Seine-et-Marne], rue Bayard, 26.

CHOQUE ✻ [Nord], rue Richepance, 4.

CHRISTOPHLE ✻ [Puy-de-Dôme], rue de Mogador, 12.

COCHERY [Loiret], rue d'Aumale, 19.

COLBERT-CHABANNAIS (Mˡˢ DE) O✻ [Calvados], rue des Sᵗˢ-Pères, 60.

CORNEILLE ✻ [Seine-Inférieure], rue de Grammont, 2.

CORNUDET (Vˡᵉ DE) ✻ [Creuse], rue de Grenelle-Sᵗ-Germain, 88.

COSSERAT ✻ [Somme], rue Castellane, 13.

COSTE-FLORET ✻ [Hérault], rue de Varenne, 50.

COÜEDIC (Cˡᵉ DU) O✻ [Finistère], rue de Grenelle-Sᵗ-Germain, 71.

COULAUX O✻ [Bas-Rhin], rue Boissy-d'Anglas, 5.

CRÉMIEUX [Seine], rue Bonaparte, 1.

CREUZET O✻ [Cantal], rue de Luxembourg, 42.

DAGUILHON-PUJOL ✻ [Tarn], rond-point des Champs-Élysées, 14.

DALLOZ (Édouard) C✻ [Jura], rue Vanneau, 18.

DALMAS (DE) O✻ [Ille-et-Vilaine], rue de Rivoli, 220.

DARBLAY je une C✹ [Seine-et-Oise], rue de Rivoli, 156.

DARRACQ ✹[Landes]. rue du Pré-aux-Clercs, 3.

DARU (Cte) O✹ [Manche], rue de Lille, 75.

DAUTHEVILLE (général) GO✹ [Ardèche], rue de Suresne, 13.

DAVID (Ferdinand) O✹ [Deux-Sèvres], rue d'Anjou-St-Honoré, 14.

DAVID (B^{on}) GO✹ [Gironde], avenue des Champs-Élysées, 75.

DECHASTELUS ✹ [Loire], rue de Grammont, 2.

DEIN ✹ [Finistère], rue de l'Université. 86.

DELAMARRE C✹ [Creuse] , rue Neuve-des-Mathurins, 99.

DELAVAU O✹ [Indre], rue Taitbout, 4.

DELEBECQUE C✹ [Pas-de-Calais], rue Malesherbes, 2.

DELTHEIL O✹ [Lot]. rue de Lille, 5.

DENAT O✹ [Ariége], rue de Lille, 26.

DESCOURS (Laurent) C✹ [Rhône], boulevard Haussmann, 39.

DESEILLIGNY ✹ [Aveyron], rue Neuve-des-Mathurins, 92.

DESMAROUX DE GAULMIN (B^{on}) C✹ [Allier], rue de Verneuil, 21.

DESSAIGNES ✹ [Loir-et-Cher], boulevard Malhesherbes, 26.

DESSEAUX [Seine-Inférieure], rue Louis-le-Grand, 8.

DOLLFUS (Camille) O✹ [Lot-et-Garonne], avenue des Champs-Élysées , 33.

DOMMARTIN (B^{on} DE) ✹ [Vosges], rue de Turin, 14.

DORIAN [Loire]. rue Blanche, 12.

DOUESNEL O✹ [Calvados], rue Moncey, 16.

DRÉOLLE O✹ [Gironde]. rue du Croissant, 16.

DROUOT (Vte) O✹ [Meurthe]. rue de l'Arcade, 7.

DUGUÉ DE LA FAUCONNERIE ✹ [Orne], place de la Concorde, 8.

DUMAS ✹ [Gard]. à l'hôtel des Monnaies.

DU MIRAL C✹ [Puy-de-Dôme], rue Scribe, 7.

DUPONT (Paul) O✹ [Dordogne], rue J. J. Rousseau, 41.

DUPUY DE LÔME GO✹ [Morbihan], rue Saint-Honoré, 374.

DURAND ✹ [Pyrénées-Orientales], rue Neuve-des-Mathurins, 43.

DURFORT DE CIVRAC (Cte DE) [Maine-et-Loire], rue Grenelle-Saint-Germain. 81.

DUVERNOIS [Hautes-Alpes], rue Montmartre, 146.

ESCHASSÉRIAUX (B^{on}) O✹ [Charente-Inférieure]. rue de Suresne, 17.

ESQUIROS [Bouches-du-Rhône], rue du Faubourg-Poissonnière, 57.

ESTANCELIN [Seine-Inférieure], rue Las-Cases, 10.

ESTOURMEL (Cte D') [Somme], rue du Faubourg-Saint-Honoré, 112.

FAVRE (Jules) [Seine], rue d'Amsterdam, 87.

FAŸ DE LA TOUR-MAUBOURG (Mis DE) O✹ [Haute-Loire], rue de la Ville-l'Évêque, 22.

FERRY (Jules) [Seine], rue Saint-Honoré, 372.

FLEURY (Anselme) O✳ [Loire-Inférieure], rue Pasquier, 12.

FORCADE LA ROQUETTE (DE) GC✳ [Lot-et-Garonne], r. Moncey, 9.

FOULD (Adolphe) ✳ [Hautes-Pyrénées] , rue du Faubourg-Saint-Honoré, 129.

FOULD (Gustave) [Basses-Pyrénées], place Vendôme, 24.

FOUQUET ✳ [Eure], rue de Berlin, 38.

FOURMENT (Bᵒⁿ DE) ✳ [Somme], boulevard Haussmann, 180.

GAGNEUR [Jura], rue Gaillon, 11,.

GAMBETTA [Bouches-du-Rhône] rue Montaigne, 12.

GARNIER-PAGÈS [Seine], rue Saint-Roch, 45.

GAUDIN C✳ [Loire-Inférieure], rue Abbatucci, 50.

GAVINI ✳ [Corse], rue de la Victoire, 60.

GÉLIOT ✳ [Vosges], rue Richepance, 13.

GENTON [Gard], rue Blanche, 35.

GERMAIN ✳ [Ain], rue Murillo, 8.

GERMINY (Cᵗᵉ DE) ✳ [Calvados], avenue d'Antin, 37.

GÉVELOT ✳ [Orne], rue de Clichy, 10.

GIRAULT [Cher], boulevard de Strasbourg, 18.

GIROD DE L'AIN O✳ [Ain], boulevard Haussmann, 121.

GIROU DE BUZAREINGUES O✳ [Aveyron], rue des Vosges, 12.

GLAIS-BIZOIN [Seine], rue de Grenelle-Saint-Germain, 100. ·

GOERG [Marne], rue de Bellechasse, 10.

GORSSE (Bᵒⁿ) [Tarn], rue du 29 Juillet, 4.

GRAMMONT (Mⁱˢ DE) [Haute-Saône], rue de Lille, 121.

GRANIER DE CASSAGNAC C✳ [Gers], rue Saint-Florentin, 4.

GRÉVY [Jura], rue Saint-Armand, 8.

GROLLIER [Orne], rue de Rivoli, 166.

GUILLAUMIN O✳ [Cher], rue de Verneuil, 9.

GUILLOUTET (DE) O✳ [Landes], rue de Varenne, 88.

GUIRAUD (DE) [Aude], cité Martignac, 7.

GUISTIÈRE (DE LA) ✳ [Ille-et-Vilaine], rue Saint-Florentin, 15.

GUYOT-MONTPAYROUX [Haute-Loire], rue de Tivoli, 26.

HAENTJENS O✳ [Sarthe], avenue des Champs-Élysées, 90.

HAMOIR ✳ [Nord], rue Louis-le-Grand, 37.

HÉBERT C✳ [Aisne], au palais du Corps législatif.

HÉSECQUES (Cᵗᵉ DE) [Somme], rue de Grenelle-Saint-Germain, 89.

HOUSSARD [Indre-et-Loire], rue de Rivoli, 166.

HUET (Albert) [Saône-et-Loire], rue Blanche, 8.

JAVAL (Léopold) O✳ [Yonne], rue d'Anjou-Saint-Honoré, 4.

JOHNSTON [Gironde], avenue de l'Alma, 7.

JOLIOT ✳ [Isère], rue Jacob, 50.

JOSSEAU C✳ [Seine-et-Marne], rue de Suresne, 7.

JOURDAIN ✳ [Pas-de-Calais], rue Jacob, 22.

JOUVENCEL (DE) [Seine-et-Marne], rue Neuve-des-Mathurins, 101.

JUBINAL (Achille) O✳ [Hautes-Pyrénées], rue Boudreau, 6.

KELLER [Haut-Rhin], rue d'Assas, 14.

KÉRATRY (Cᵗᵉ DE) ✳ [Finistère], rue Taitbout, 85.

KOLB-BERNARD O✳ [Nord], rue Barbet-de-Jouy, 28.

LABAT O✳ [Basses-Pyrénées], rue de Luxembourg, 37.

LACROIX (Augustin) [Saône-et-Loire], rue Louis-le-Grand, 8.

LACROIX-SAINT-PIERRE O✳ [Drôme], boulevard Malesherbes, 68.

LADOUCETTE (Bᵒⁿ Eug. DE) O✳ [Ardennes], rue Saint-Lazare, 58.

LAFOND DE SAINT-MÛR (Bᵒⁿ) O✳ [Corrèze], rue Sainte-Anne, 69.

LAGRANGE (Cᵗᵉ Frédéric DE) O✳ [Gers], rue du Cirque, 2.

LAROCHE-JOUBERT [Charente], passage de la Madeleine, 6.

LARRIEU [Gironde], rue Royale-Saint-Honoré, 6.

LASNONIER ✳ [Deux-Sèvres], rue Pasquier, 13.

LA TOUR (Cᵗᵉ DF) O✳ [Côtes-du-Nord], rue de Grenelle-Sᵗ-Germ., 18.

LATOUR-DU-MOULIN C✳ [Doubs], rue de Suresne, 17.

LAUGIER DE CHARTROUSE (Bᵒⁿ) O✳ [Bouches-du-Rhône], place du Hâvre, 15.

LEBRETON (général) GO✳ [Eure-et-Loir], au palais du Corps législ.

LE CALVEZ ✳ [Côtes-du-Nord], rue de Beaune, 5.

LE CESNE [Seine-Inférieure], rue de Milan, 10.

LE CLERC D'OSMONVILLE O✳ [Mayenne], rue Chauveau-Lagarde, 8.

LE COMTE (Eugène) C✳ [Yonne], rue de Ponthieu, 20.

LEFÉBURE ✳ [Haut-Rhin], avenue Montaigne, 73.

LEFÈVRE-PONTALIS [Seine-et-Oise], rue Neuve-des-Mathurins, 37.

LE HON (Cᵗᵉ Léopold) O✳ [Ain], rue Lord-Byron, 1 bis.

LE JOINDRE C✳ [Moselle], rue des Saints-Pères, 52.

LE PELETIER D'AUNAY (Cᵗᵉ) C✳ [Nièvre], rue de l'Université, 74.

LERET-D'AUBIGNY O✳ [Sarthe], rue Solférino, 7.

LE ROUX (Alfred) GO✳ [Vendée], rue Saint-Honoré, 364.

LE ROUX (Charles) O✳ [Deux-Sèvres], boulevard Haussmann, 118.

LESPÉRUT (Bᵒⁿ) ✳ [Haute-Marne], rue du Cirque, 10.

LEUSSE (Cᵗᵉ DE) ✳ [Bas-Rhin], avenue de Villars, 16.

LIÉGEARD ✳ [Moselle], rue Bayard, 16.

LOUVET C✳ [Maine-et-Loire], rue de Varenne, 78.

MACKAU (Bᵒⁿ DE) ✳ [Orne], rue Roquépine, 6.

MAGNIN [Côte-d'Or], rue Mansard, 15.

MALAUSSÉNA C✳ [Alpes-Maritimes], boulevard des Capucines, 37.

MALÉZIEUX [Aisne], rue Radziwill, 31.

MANGINI (Lucien) [Rhône].

MAREY-MONGE O✳ [Côte-d'Or], rue Pasquier, 26.

MARION [Isère], boulevard Haussmann, 87.
MARNIER (duc DE) ✳ [Haute-Saône], rue Neuve-des-Mathurins, 103.
MARTEL [Pas-de-Calais], boulevard Malesherbes, 12.
MASSÉNA, duc DE RIVOLI ✳ [Alpes-Maritimes], rue Jean-Goujon, 8.
MATHIEU O✳ [Corrèze], rue Sainte-Anne, 57.
MATHIEU ✳ [Pas-de-Calais], rue d'Antin, 8.
MEGE O✳ [Puy-de-Dôme], au Ministère de l'instruction publique.
MERCIER (B⁰ⁿ) C✳ [Mayenne], avenue Montaigne, 75.
MILLET O✳ [Vaucluse], rue de l'Université, 48.
MILLON O✳ [Meuse], rue des Saussaies, 10.
MONIER DE LA SIZERANNE (Vᵗᵉ) [Drôme]. avenue d'Iéna, 70.
MONJARET DE KERJÉGU ✳ [Finistère], boulevard Malesherbes, 11 bis.
MONNERAYE (DE LA) [Morbihan]. rue de l'Université, 32.
MONTAGNAC (DE) O✳ [Ardennes], rue Richepance, 5.
MONY O✳ [Allier], place Vendôme, 16.
MORIN O✳ [Drôme], rue Saint-Lazare, 80.
MOTTEROUGE (général DE LA) GO✳ [Côtes-du-Nord], rue Saint-
    Dominique, 53.
MOUCHY (duc DE) ✳ [Oise], boulevard Courcelles, 33.
MURAT (Cᵗᵉ Joachim) O✳ [Lot], rue Boissy-d'Anglas, 25.
NESLE (Mⁱˢ DE) ✳ [Cher], rue Neuve-des-Mathurins, 74.
NOGENT SAINT-LAURENS C✳ [Loiret], rue de Verneuil, 4.
NOUALHIER ✳ [Haute-Vienne], quai Malaquais, 3.
NOUBEL O✳ [Lot-et-Garonne], rue Godot-de-Mauroy, 1.
OLLIVIER [Var], au Ministère de la justice.
ORDINAIRE [Doubs], boulevard Saint-Michel, 127.
PANARD O✳ [Vaucluse], rue de Luxembourg, 35.
PAULMIER O✳ [Calvados], boulevard Poissonnière, 25.
PELLETAN (Eugène) [Seine], rue du Cherche-Midi, 33.
PERRIER ✳ [Marne], place de la Madeleine, 30.
PETIT (Guillaume) O✳ [Eure]. rue du Pont-Neuf, 4.
PEYRUSSE O✳ [Aude], rue Duphot, 17.
PICARD [Hérault], avenue de la Grande-Armée, 80.
PICCIONI ✳ [Haute-Garonne], rue de Lafayette, 11.
PIENNES (Mⁱˢ DE) ✳ [Manche], avenue de Wagram, 139.
PIERRES (B⁰ⁿ DE) O✳ [Mayenne], quai d'Orsay, 101.
PIETTE ✳ [Aisne], boulevard Malesherbes, 20.
PINARD C✳ [Nord], boulevard Haussmann, 85.
PINART ✳ [Pas-de-Calais], rue de Paradis-Poissonnière, 17 bis.
PIRÉ DE ROSNYVINEN (Mⁱˢ DE) ✳ [Ille-et-Vilaine], r. de Montaigne, 30.
PISSARD O✳ [Haute-Savoie], rue Jacob, 50.
PLANAT [Charente], boulevard des Italiens, 32.

PLANCY (Bᵒⁿ DE) ✳ (Aube), rue du Bac, 46.
PLANCY (Vᵗᵉ DE) O✳ [Oise], rue de Londres, 27.
PLICHON O✳ [Nord], au Ministère des travaux publics.
POËZE (Cᵗᵉ DE LA) ✳ [Vendée], avenue des Champs-Élysées, 119.
PONS-PEYRUC ✳ [Var], rue Scribe, 1.
PRAX-PARIS ✳ [Tarn-et-Garonne], rue de Rennes, 66.
QUESNÉ O✳ [Seine-Inférieure], rue de Varenne, 88.
QUINEMONT (Mⁱˢ DE) O✳ [Indre-et-Loire], rue de l'Université, 32.
RAMPONT [Yonne], avenue de Breteuil, 6.
RASPAIL [Rhône], à Arcueil-Cachan (Seine).
REGUIS (colonel) GO✳ [Basses-Alpes], rue du Dauphin, 6.
REILLE (Bᵒⁿ) ✳ [Tarn], boulevard de Latour-Maubourg, 10.
REILLE (Vᵗᵉ Gustave) C✳ [Eure-et-Loir], boulevard de Latour-Maubourg, 8.
RICHARD (Maurice) [Seine-et-Oise], au Ministère des lettres, sciences et beaux-arts.
RIONDEL [Isère], rue Richelieu, 17.
ROCHEFORT [Seine], rue de Provence, 57.
ROCHEMURE (Cᵗᵉ DE) O✳ [Ardèche], boul. de Latour-Maubourg, 15.
ROLLE ✳ [Côte-d'Or], rue de l'Arcade, 20.
ROTOURS (DES) [Nord], boulevard de Latour-Maubourg, 48.
ROULLEAUX-DUGAGE GO✳ [Hérault], rue Matignon, 6.
ROUXIN O✳ [Ille-et-Vilaine], rue Richelieu, 69.
ROY DE LOULAY ✳ [Charente-Inférieure], boulev. de la Madeleine, 19.
SAINT-GERMAIN (DE) C✳ [Manche], rue de Monceau, 29.
SAINT-PAUL (DE) O✳ [Haute-Vienne], avenue Gabriel, 42.
SCHNEIDER GC✳ [Saône-et-Loire], à l'hôtel de la Présidence du Corps législatif.
SEGRIS C✳ [Maine-et-Loire], au Ministère des finances.
SÉNÉCA C✳ [Somme], rue Montalivet, 10.
SENS ✳ [Pas-de-Calais], boulevard des Capucines, 12.
SEYDOUX C✳ [Nord], rue de Clichy, 52.
SIBUET (Bᵒⁿ) O✳ [Ardennes], rue Saint-Lazare, 45.
SIMON (Joseph) ✳ [Loire-Inférieure], rue Chauveau-Lagarde, 14.
SIMON (Jules) ✳ [Gironde], place de la Madeleine, 10.
SOUBEYRAN (DE) O✳ [Vienne], place Vendôme, 19.
STEENACKERS [Haute-Marne], rue Chauveau-Lagarde, 16.
TACHARD [Haut-Rhin], rue de Lille, 97.
TALABOT C✳ [Gard], rue de Rivoli, 210.
TALHOUET (Mⁱˢ DE) C✳ [Sarthe], rue du Faub.-Saint-Honoré, 137.
TASSIN [Loir-et-Cher], rue de la Victoire, 94.
TERME ✳ [Rhône], avenue des Champs-Élysées, 47.

THIERS GO✷ [Seine], rue Notre-Dame-de-Lorette, 27.

THOINNET DE LA TURMÉLIÈRE O✷ [Loire-Inférieure], rue de Grenelle-Saint-Germain. 54.

TILLANCOURT (DE) [Aisne], rue de Bourgogne, 28.

TOURRETTE (Mⁱˢ DE LA) ✷ [Ardèche], rue Saint-Guillaume-Saint-Germain, 11.

TRON O✷ [Haute-Garonne], rue Richepance, 13.

VAST-VIMEUX (Bᵒⁿ) ✷ [Charente-Inférieure], boulevard Malesherbes, 10.

VEAUCE (Bᵒⁿ DE) O✷ [Allier], avenue des Champs-Élysées, 118.

VENDRE [Isère], rue Godot-de-Mauroy, 1.

VIELLARD-MIGEON [Haut-Rhin], rue le Pelletier, 4.

VIGNAT O✷ [Loiret], rue de la Ferme-des-Mathurins, 36.

WELLES DE LA VALETTE (Cᵗᵉ) O✷ [Dordogne], rue Vezelay, 11 *bis*.

WERLÉ C✷ [Marne], place Vendôme, 4.

WILSON [Indre-et-Loire], rue de l'Université, 17.

YVOIRE (Bᵒⁿ) [Haute-Savoie], rue de Bellechasse, 33.

ZORN DE BULACH (Bᵒⁿ DE) O✷ [Bas-Rhin], rue Boissy-d'Anglas, 5.

CONSEIL D'ÉTAT.

(Rue de Lille, 62.)

Le Conseil d'État rédige les projets de loi et en soutient la discussion devant le Sénat et le Corps législatif. — Il propose les décrets qui statuent : 1° sur les affaires administratives dont l'examen lui est déféré par des dispositions législatives ou réglementaires; 2° sur le contentieux administratif; 3° sur les conflits d'attributions entre l'autorité administrative et l'autorité judiciaire. Il est nécessairement appelé à donner son avis sur tous les décrets portant règlement d'administration publique ou qui doivent être rendus dans la forme de ces règlements. — Il connaît des affaires de haute police administrative à l'égard des fonctionnaires dont les actes sont déférés à sa connaissance par l'Empereur. — Enfin, il donne son avis sur toutes les questions qui lui sont soumises par l'Empereur ou par les ministres.

Le Conseil d'État est composé : 1° d'un ministre président, nommé par l'Empereur; 2° de quarante à cinquante conseillers d'État en service ordinaire; 3° de conseillers d'État en service ordinaire hors sections, dont le nombre ne peut excéder celui de vingt[1]; 4° de conseillers d'État en service extraordinaire, dont le nombre ne peut s'élever au delà de vingt; 5° de quarante maîtres des requêtes divisés en deux classes de vingt chacune; 6° de quatre-vingts auditeurs, divisés en deux classes de quarante chacune[2]. Un secrétaire général, ayant titre et rang de conseiller d'État, est attaché au Conseil d'État. — L'Empereur nomme et révoque les membres du Conseil d'État. — Le Conseil d'État est présidé par l'Empereur, et, en son absence, par le ministre présidant le Conseil d'État. Celui-ci préside également, lorsqu'il le juge convenable, les différentes sections administratives et l'assemblée du Conseil d'État délibérant au contentieux. — Les conseillers d'État en service ordinaire et les maîtres des requêtes ne peuvent être sénateurs ni députés au Corps législatif; leurs fonctions sont incompatibles avec toute autre fonction publique salariée; néanmoins les officiers généraux de l'armée de terre et de mer peuvent être conseillers d'État en service ordinaire; dans ce cas, ils sont, pendant toute la durée de leurs fonctions, considérés comme étant en mission hors cadre, et ils conservent leurs droits à l'ancienneté. — Les conseillers d'État en service ordinaire hors sections sont choisis parmi les personnes qui remplissent de hautes fonctions publiques. Ils prennent part aux délibérations de l'assemblée générale du Conseil d'État et y ont voix délibérative. Ils ne reçoivent, comme conseillers d'État, aucun traitement ou indemnité. — L'Empereur peut conférer le titre de conseiller d'État en service extraordinaire aux conseillers d'État en service ordinaire ou hors sections qui cessent de remplir ces fonctions. — Les conseillers d'État en service extraordinaire assistent et ont voix délibérative à celles des assemblées générales du Conseil d'État auxquelles ils ont été convoqués par un ordre spécial de l'Empereur.

Décret org. du 18 fév. 1852; Décrets des 16 mai, 18 oct. 1863 et 4 nov. 1865.

1. Un décret, en date du 15 janvier 1870, a porté provisoirement ce nombre à 21.

2. Un décret du 3 novembre 1869 décide qu'à l'avenir le nombre des auditeurs sera réduit à 48, 32 de 1re classe et 16 de 2e classe.

L'EMPEREUR.

S. A. I. le prince NAPOLÉON GC✳☻, au Palais-Royal.

Ministre présidant le Conseil d'État.

S. Exc. M. DE PARIEU GC✳, rue de Rivoli, palais du Louvre.

MM.   *Présidents des sections.*   .

ALLARD (général de division) GO✳ [guerre et marine, colonies et Algérie], boulevard Malesherbes, 9.

CORNUDET C✳ [agriculture, commerce, travaux publics et beaux-arts], rue de Rennes, 102.

LAVENAY C✳ [finances], rue du Colysée, 19.

RICHÉ C✳ [législation, justice et affaires étrangères], rue de Rivoli, 214.

GENTEUR C✳ [intérieur, instruction publique et cultes], boulevard Saint-Germain, 227.

BOULATIGNIER C✳ [contentieux], rue de Clichy, 45.

MM.   *Conseillers d'État en service ordinaire.*

FLANDIN C✳ [intérieur], rue de la Chaussée-d'Antin, 58.

QUINETTE (Bᵒⁿ) C✳ [finances], boulevard Haussmann, 109.

CHANTÉRAC (Cᵗᵉ DE) C✳ [intérieur], rue d'Amsterdam, 46.

BUSSIERRE (Bᵒⁿ Léon DE) C✳ [intérieur], rue Cambacerès, 8.

ROUGÉ (Vᵗᵉ DE) C✳ [travaux publics], rue de Babylone, 53.

GASC C✳ [législation], rue de Berlin, 14.

LESTIBOUDOIS C✳ [travaux publics], rue de la Victoire, 92.

MARTROY (Vᵗᵉ DU) O✳ [contentieux], quai Voltaire, 25.

BRÉHIER O✳ [guerre], rue d'Alger, 11.

MANCEAUX C✳ [législation], boulevard Malesherbes, 9.

BAVOUX O✳ [législation], place de Rivoli, 3.

CHASSÉRIAU O✳ [guerre], place Vendôme, 12.

ABBATUCCI O✳ [guerre], rue Caumartin, 3.

BATAILLE O✳ [finances], avenue Matignon, 15.

ROUJOUX (Bᵒⁿ DE) C✳ [guerre], rue d'Amsterdam, 82.

GOMEL O✳ [contentieux], rue des Moulins, 12.

LOYER O✳ [guerre], rue de Berlin, 38.

BESSON GO✳ [intérieur], boulevard Malesherbes, 59.

MERRUAU O✳ [intérieur], rue de Chabrol, 45.

GASLONDE O✳ [contentieux], boulevard Saint-Michel, 52.

VERNIER O✳ [travaux publics], rue Blanche, 1.

CHASSAIGNE-GOYON O✳ [législation], boulevard Haussmann, 126.

JAHAN O✳ [travaux publics], rue de Douai, 10.

BAYLE-MOUILLARD O✳ [législation], rue d'Alger, 11.

ROBERT (Charles) O✳ [intérieur], avenue de Saint-Cloud, 52, à Versailles (Seine-et-Oise).

CHAMBLAIN C✳ [guerre], avenue des Champs-Élysées, 120.

DE BOSREDON C✳ [intérieur], rue Pigalle, 21.

MIGNERET GO✳ [législation], rue des Saints-Pères, 13.

PASCALIS O✳ [contentieux], rue de l'Université, 18.

AMBERT (général Bᵒⁿ) C✳ [guerre], boulevard Malesherbes, 9.

GOUPIL O✳ [finances], rue Laffitte, 47.

L'HÔPITAL O✳ [finances], rue Louis-le-Grand, 18.

JOLIBOIS O✳ [intérieur], rue Portalis, 7.

GOUSSARD O✳ [finances], rue Basse-du-Rempart, 66.

DE VALLÉE O✳ [législation], rue de la Pompe, 153 (Passy-Paris).

SÉGUR (Ctᵉ DE) O✳ [travaux publics], rue de Bellechasse, 72.

JEANIN (Bᵒⁿ) O✳ [intérieur], rue de Grenelle-Saint-Germain, 9.

CRIGNON DE MONTIGNY ✳ [finances], rue Lavoisier, 22.

COTTIN [travaux publics], rue de la Baume, 15.

AUCOC ✳ [contentieux], rue Sainte-Anne, 51.

GÉRY C✳ [législation], rue de la Pépinière, 24.

BERTIER O✳ [travaux publics], boulevard Saint-Germain, 239.

GUIOD (général) GO✳ [guerre], rue de Lille, 5.

AUBERNON ✳ [travaux publics], boulevard de Latour-Manhourg, 8.

Conseillers d'État en service ordinaire hors sections.

MM.

BLANCHE (Alfred) C✳, secrétaire général de la Préfecture de la Seine, boulevard Malesherbes, 75.

BOUREUILLE (DE) GO✳, secrétaire général du ministère des travaux publics, au ministère des travaux publics.

FRANQUEVILLE (DE) GO✳, inspect. général des ponts et chaussées, directeur général des ponts et chaussées et des chemins de fer, place du Palais-Bourbon, 3.

GAUTIER GO✳, secrétaire général du ministère de la Maison de l'Empereur, rue Saint-Honoré, 334.

VANDAL C✳, dir. gén. des postes, hôtel des postes, r. Coq-Héron, 12.

PETETIN (Anselme) C✳, directeur de l'Impr. imp., à l'Impr. imp.

HAUDRY DE JANVRY GO✳, secrétaire général du ministère des finances, rue de Douai, 45.

GUILLEMOT C✱, directeur général de la Caisse des dépôts et consignations, rue de Lille, 56.

OZENNE O✱, secrétaire général du ministère de l'agriculture et du commerce, rue de Bellechasse, 64.

GRANDPERRET C✱, proc. gén. p. la Cour imp. de Paris, r. d'Amst., 84.

DESPREZ C✱, ministre plénipot., direct. des affaires politiques au ministère des affaires étrangères, au ministère.

Le Vte DEJEAN C✱, général de division, directeur du service du génie au ministère de la guerre, rue Saint-Lazare, 103.

GUILLOT (Léon) C✱, intendant général inspecteur, directeur de la comptabilité générale au ministère de la guerre, rue du Bac. 53.

ROY C✱, directeur général de l'enregistrement et des domaines au ministère des finances, rue des Saints-Pères. 15.

DELABRE (Jules) C✱, directeur de la comptabilité générale au ministère de la marine et des colonies, hôtel du ministère.

PIGEARD C✱, directeur des mouvements et opérations milit. de la flotte au ministère de la marine et des colonies, rue Charles-Laffite, 17 (Neuilly).

PHILIS, secrétaire général du ministère de la justice et des cultes, rue de Luxembourg, 36.

D'AURIBEAU (Guillaume) C✱, directeur général du personnel au ministère de l'intérieur, rue Roquépine, 11.

BLANC (Edmond) O✱, secrétaire général du ministère de l'intérieur, rue de l'Arcade, 34.

SAINT-RENÉ TAILLANDIER ✱, secrétaire général du ministère de l'instruction publique, hôtel du ministère.

WEISS, secrétaire général du ministère des lettres, sciences et beaux-arts, rue Servandoni, 17.

Secrétaire général du Conseil d'État.

M. DE LA NOUE-BILLAULT O✱, ayant titre et rang de conseiller d'État, rue Duphot, 18.

MM. Conseillers d'État en service extraordinaire.

CHARLEMAGNE C✱, à Chateauroux (Indre).

CUVIER C✱, sous-gouv. de la Banque de France, à la Banque.

FRÉMY GO✱, gouvern. du Crédit fonc. de France, pl. Vendôme, 19.

LAYRLE C✱, rue de l'Arcade, 16.

DELACOUR C✱, ministre plénipotentiaire.

VAÏSSE GO✱, présid. honor. à la Cour de cassat., r. François Ier, 3.

CORNUAU GO✱, préfet de Seine-et-Oise.

BENEDETTI GC✱, ambassadeur à Berlin.

Treilhard (Cte de) O✳, rue Louis-le-Grand, 18.
Pagès O✳, rue Tronchet, 13.
François O✳, rue Saint-Honoré, 370.
Argout (Cte d') ✳, rue de Grenelle-Saint-Germain, 113.
Chassiron (B^on de) O✳, rue de Douai, 9.
Sencier (Léon) GO✳, préfet du Rhône.
Faré O✳, directeur général des forêts, rue de Rivoli, 156.

MM. *Maîtres des requêtes de 1re classe.*

Berger (Léon) ✳ [intérieur], rue Saint-Pétersbourg, 53.
Bernon (B^on de) ✳ [intérieur], rue des Saints-Pères, 3.
Maupas (de) O✳ [travaux publics], rue de Varenne, 72.
Leblanc (Ernest) ✳ [travaux publics], rue du Cherche-Midi, 57.
Cardon de Sandrans (B^on de) O✳ [contentieux], quai Malaquais, 1.
Missiessy (Vte de) ✳ [guerre], rue de Poitiers, 12.
Casabianca (Vte de) ✳ [intérieur], rue de Marignan, 16.
Fouquier ✳ [intérieur], rue de Rivoli, 236.
Fortoul ✳ [finances], avenue de Villars, 15.
Boinvilliers (E.) ✳ [législation], boulevard Pereire, 94.
Marbeau ✳ [intérieur], rue Joubert, 47.
Bordet ✳ [travaux publics], rue de Monceaux, 71.
Belbeuf (Cte de) ✳ [commiss. du gouvernem.], rue de Lille, 79.
Bauchart (Ernest) ✳ [intérieur], rue de la Pelouse, 2, avenue de l'Impératrice.
Bayard ✳ [commissaire du gouvernement], rue d'Aumale, 8.
Le Roy ✳ [travaux publics], rue du Havre, 7.
Moreau (Adolphe) ✳ [travaux publics], rue Saint-Georges, 3.
Rouher (Gustave) ✳ [finances], rue Tronchet, 15.
Taigny (Edmond) ✳ [travaux publics], boulev. de Strasbourg, 19.
Perret ✳ [commissaire du gouvernement], r. Barbet-de-Jouy, 28.

Maîtres des requêtes de 2e classe.

MM.
Bartholony ✳ [finances], rue de La Rochefoucauld, 12.
Ravignan (Gustave de) ✳ [intérieur], place Vendôme, 12.
Brincard ✳ [contentieux], rue de Castellane, 4.
David ✳ [contentieux], rue Montalivet, 11.
Braun ✳ [contentieux], rue Miroménil, 71.
Hély d'Oissel ✳ [finances], rue de la Ferme-des-Mathurins, 18.
Luçay (Vte de) ✳ [finances], rue de Varenne, 90.
Meynard (de) ✳ [législation], rue d'Anjou-Saint-Honoré, 42.
Legrand (Arthur) ✳ [intérieur], rue Chauveau-Lagarde, 18.

BAULNY (DE) [contentieux], rue Godot-de-Mauroy, 24.
BOUARD (Albert) ✳ [législation], au palais du Corps législatif.
VAUFRELAND (B^{on} DE) ✳ [guerre], avenue Gabriel, 38.
MONNIER ✳ [travaux publics], avenue Percier, 10.
RAMBUTEAU (Cte DE) [contentieux], rue du Faubourg-Saint-
    Honoré, 131.
CHAUCHAT ✳ [finances], boulevard Haussmann, 121.
DARCY [travaux publics], rue de Chaillot, 70.
SAVOYE ✳ [intérieur], avenue Matignon, 11.
FRANQUEVILLE (Ch. DE) ✳ [législation], château de la Muette (Passy)
CORNUDET (Michel) ✳ [contentieux], rue de la Chaise, 24.
SALVERTE (DE), rue d'Anjou, 12.

MM.   *Auditeurs de 1re classe.*

FOULD ✳ [contentieux], rue du Faubourg-Saint-Honoré, 43.
MAGE [intérieur], rue Tronchet, 18.
LACHENAL [intérieur], rue de Richelieu, 56.
RAMOND [travaux publics], rue de Bruxelles, 15.
FRÉDY (DE) [intérieur], rue du Bac, 101.
CROUSAZ-CRÉTET (DE) [travaux publics], rue de Verneuil, 9.
LE MARCHANT [législation], rue de Marignan, 16.
BOSELLI [intérieur], rue d'Amsterdam, 31.
ROUGÉ (Jacques DE) [intérieur], rue du Bac, 3.
VAÏSSE [intérieur], rue François Ier, 3.
DUTILLEUL [intérieur], rue Cambacerès, 5.
THIERRY [travaux publics], boulevard Malesherbes, 20.
ROMEUF (B^{on} DE) [intérieur], rue Taitbout, 3.
LAMBERT (Join) [intérieur], rue de la Ferme, 22.
THIRRIA [contentieux], rue de Rivoli, 79.
COMPAIGNON DE MARCHEVILLE [intérieur], rue Tronchet, 31.
SANIAL DU FAY [contentieux], rue des Saints-Pères, 71.
GOMEL (Charles) [travaux publics], rue des Moulins, 12.
COURTE DE LA GOUPILLIÈRE [contentieux], r. du Cherche-Midi, 4 ter.
BURIN DES ROZIERS [contentieux], rue Saint-Honoré, 364.
MAYNIEL [contentieux], boulevard Malesherbes, 37.
LESTIBOUDOIS (Jules) [intérieur], rue Castellane, 8.
ROGNIAT ✳ [finances], boulevard Haussmann, 146.
LAIZER (Mis DE) [législation], rue Saint-Guillaume, 25.
NOËL DES VERGERS [intérieur], rue de Varenne, 57.
DARRIGAN [travaux publics], rue Saint-Dominique, 30.
BRINQUANT [guerre], rue de Sèze, 10.

SAZERAC DE FORGE [contentieux], rue Perronnet, 7.
MORILLOT [intérieur], rue de Varenne, 12.
BILLARD DE SAINT-LAUMER [contentieux], rue Royale-St-Honoré, 10
FOVILLE (DE) [intérieur], de Crosne, 4, à Rouen [Seine-Infér.].
AIGNEAUX (D') [législation], rue des Saints-Pères, 57.
LARTIGUE (DE) [travaux publics], à Alger.
GEFFRIER [travaux publics], rue des Saints-Pères, 14.
LADOUCETTE (DE) [contentieux], rue Saint-Lazare, 58.
REBOUL [guerre], à Constantine.
BRAME (George) [guerre], rue Tronchet, 25.
OLDEKOP [contentieux], rue de Berlin, 14.
FESTUGIÈRE [législation], rue de Calais, 13.
HAUDOS DE POSSESSE [intérieur], rue Abbatucci, 11.
CAVROIS [législation], rue de Grenelle-Saint-Germain, 18.

MM.   *Auditeurs de 2º classe.*

MATHEUS [contentieux], rue Beaujon, 18.
SAISSET-SCHNEIDER [contentieux], r. de la Chaussée-d'Antin, 43.
DESPRÉS [travaux publics], boulevard Saint-Michel, 81.
CORMERAIS [contentieux], boulevard Saint-Michel, 129.
DESMAROUX DE GAULMIN [finances], rue de Verneuil, 21.
LAVALLÉE [intérieur], rue Castellane, 3.
LE RAT DE MAGNITOT [intérieur], rue de la Ferme, 20.
VAN BAVINCHOVE [intérieur], rue de Grenelle-Saint-Germain, 9.
LUPPÉ (Vte DE) [travaux publics], rue de Bellechasse, 70.
TRUBERT [contentieux], rue Miroménil, 33.
BOULAY DE LA MEURTHE [intérieur], rue de Condé, 10.
DIDIER [contentieux], rue Miroménil, 8.
BLIN DE VARLEMONT [intérieur], rue de Verneuil, 11.
AYLIES [travaux publics], rue d'Hauteville, 3.
LENEPVEU BOUSSAROQUE DE LAFONT [contentieux], quai d'Orsay, 1.
LE VAVASSEUR DE PRÉCOURT [content.], r. Chauveau-Lagarde, 16
BARRY [contentieux], rue de Trévise, 28.
CHANALEILLES DE LA SAUMÈS (Vte DE) [législat.], r. de Chanaleillès, 2.
COLLET DESCOSTILS [législation], rue Jacob, 46.
MARGUERIE [contentieux], rue de Lille, 37.
BLÉTRY [contentieux], boulevard Haussmann, 105.
LEREFFAIT [intérieur], rue Abbatucci, 66.
ABEILLE [contentieux], rue Roquépine, 15.
LARNAC [travaux publics], rue de l'Université, 18.
DESAINS [guerre], rue d'Aumale, 14.

JAHAN [travaux publics], rue de Douai, 10.

KERGORLAY (DE) [contentieux], rue Saint-Dominique, 23.

MARIE [guerre], rue Saint-Florentin, 9.

TRÉCUL DE RENUSSON [guerre], rue de Vaugirard, 48.

MARQUES-BRAGA [finances], rue de l'Odéon, 22.

BURLET [travaux publics], rue de Rivoli, 184.

BERBIAT-SAINT-PRIX [contentieux], rue de Castellane, 10.

CHABROL [contentieux], rue Montpensier, 8.

FLANDRIN [guerre], rue de l'Abbaye, 14.

MOREL [contentieux], rue de Penthièvre, 19.

BROSSES (Cᵗᵉ DE) [contentieux], rue de l'Université, 41.

BONTHOUX [finances], rue Soufflot, 17.

JOLIBOIS (Charles) [intérieur], rue Portalis, 7.

DESMAZIÈRES-MARCHAND (Vᵗᵉ) [finances], rue de Grenelle, 123.

MAISONS SOUVERAINES

ANHALT.

Léopold-Frédéric, duc d'Anhalt, né 1er oct. 1794 ; succède à son grand-père, le duc *Léopold*-Frédéric-François d'Anhalt-Dessau, 9 août 1817, au duc *Henri* d'Anhalt-Cœthen, 23 novembre 1847, et au duc *Alexandre*-Charles d'Anhalt-Bernbourg, 19 août 1863 ; veuf 1er janvier 1850 de *Frédérique*-Wilhelmine-Louise-Amélie, fille de feu Frédéric-Louis-Charles, frère du feu roi de Prusse, Guillaume III. — Enfants :

1° Frédérique-Amélie-*Agnès*, née 24 juin 1824 ; mariée 28 avril 1853 au duc *Ernest* de Saxe-Altenbourg. (Voy. Saxe-Altenbourg.)

2° Léopold-*Frédéric*-François-Nicolas, né 29 avril 1831, *prince héréditaire*; marié 22 avril 1854 à *Antoinette*-Charlotte-Marie-Joséphine-Caroline-Frida, née 17 avril 1838, princesse de Saxe-Altenbourg. — Enfants :

1° *Léopold*-Fréd.-François-Ernest, né 18 juillet 1855.
2° Léopold-*Frédéric*-Éd.-Ch.-Alex., né 19 août 1856.
3° *Élisabeth*-Marie-Frédérique, née 7 septembre 1857.
4° *Édouard*-George-Guill.-Max., né 18 avril 1861.
5° *Aribert*-Joseph-Alexandre, né 18 juin 1864.
6° *Alexandra*-Thérèse-Marie, née 4 avril 1868.

3° *Marie*-Anne, née 14 septembre 1837 ; mariée 29 novembre 1854 à *Frédéric*-Charles, prince et neveu du roi de Prusse. (Voy. Prusse.)

Neveux et nièces du duc.

Issue du 1er mariage de feu G. orge-Bernard, frère du duc, avec *Caroline*-Auguste-Louise-Amélie, princesse de Schwarzbourg-Rudolstadt.

1° *Louise*, née 22 juin 1826.

Issus du 2e mariage de feu *George*-Bernard avec *Thérèse*-Emma d'Erdmansdorff, comtesse de Reina.

2° *François*, né 2 septembre 1832, comte de Reina.
3° *Mathilde*, née 7 octobre 1833, comtesse de Reina.
4° *Emma*, née 5 avril 1837, comtesse de Reina.
5° *Maria*, née 8 mai 1839, comtesse de Reina.
6° *Rodolphe*, né 23 octobre 1842, comte de Reina.
7° *Charles*, né 15 mai 1844, comte de Reina.

Marie-Louise-Charlotte, princesse de Hesse-Cassel, née 9 mai 1814, veuve en 1864 du prince *Frédéric*-Auguste, frère du duc. — Leurs filles :

1° *Adélaïde*-Marie, née 25 décembre 1833, mariée 23 avril 1851 au duc *Adolphe* de Nassau.

2° *Bathilde*-Amalgonde, née 25 décembre 1837 ; mariée 30 mai 1862 à *Guillaume*-Charles-Auguste, prince de Schaumbourg-Lippe.

3° *Hilda*-Charlotte, née 13 décembre 1839.

BRANCHE CADETTE D'ANHALT-BERNBOURG. (Branche éteinte.)

Frédérique-Caroline-Julienne, née 9 octobre 1811, sœur du duc *Charles* de Holstein-Sonderbourg-Glücksbourg, veuve 19 août 1863 du duc *Alexandre*-Charles d'Anhalt-Bernbourg.

Sœur du feu duc.

Wilhelmine-*Louise*, née 30 octobre 1799, veuve 27 juillet 1863 du prince *Frédéric* de Prusse.

AUTRICHE.

François-Joseph Ier (Charles), né 18 août 1830, empereur d'Autriche et roi apostolique de Hongrie, etc. ; monte sur le trône 2 décembre 1848, en vertu de l'acte d'abdication de son oncle, l'empereur Ferdinand Ier, et de l'acte de renonciation de son père l'archiduc *François-Charles*-Joseph ; marié 24 avril 1854 à *Élisabeth*-Amélie-Eugénie, née 24 décembre 1837, fille de *Maximilien*-Joseph, duc en Bavière. — Leurs enfants :

1° *Gisèle*-Louise-Marie, née 12 juillet 1856, archiduchesse.

2° *Rodolphe*-François-Charles-Joseph, né 21 août 1858, *prince héréditaire*, archiduc d'Autriche.

3° *Marie*-Mathilde-Amélie-Valérie, née 22 avril 1868, archiduchesse d'Autriche.

Frères de l'empereur.

1° †*Maximilien* Ier, empereur du Mexique, né 6 juillet 1832, décédé 19 juin 1867. Veuve : Archiduchesse *Charlotte*-Marie-Amélie, fille de feu Léopold Ier, roi des Belges, née 7 juin 1840, mariée à Bruxelles 27 juillet 1857.

2° *Charles*-Louis-Joseph-Marie, archiduc, né 30 juillet 1833 ; veuf 15 septembre 1858 de *Marguerite*, fille de Jean, roi de Saxe, remarié 16 octobre 1862 à Marie-*Annonciade*, née 24 mars 1843, fille du feu roi Ferdinand II des Deux-Siciles. — Fils :

1° *François*-Ferdinand-Charles-Louis-Joseph-Marie, né 18 décembre 1863; 2° *Othon*-François-Joseph, né 21 avril 1865.

3° *Louis*-Joseph-Antoine-Victor, archiduc, né 15 mai 1842.

Père et mère de l'empereur.

François-Charles-Joseph, né 7 déc. 1802, archiduc d'Autriche,
fils du 2° mariage de feu l'empereur François Ier; marié 4 novembre 1824 à Frédérique-*Sophie*-Dorothée-Wilhelmine, née
27 janvier 1805, fille de feu *Maximilien*-Joseph, roi de Bavière.

Oncle et tante de l'empereur, frère et sœur du père.

1° *Ferdinand I*^{er} (Charles-Léopold-Joseph-François-Marcellin),
empereur d'Autriche, né 19 avril 1793; renonce au trône en
faveur de son fils *François*-Joseph, 2 décembre 1848; marié
par procuration 12, et en personne 27 février 1831 à
Marie-Anne-Caroline-Pie, née 19 septembre 1803, fille de feu
Victor-Emmanuel Ier, roi de Sardaigne ;

2° *Marie-Clémentine*-Françoise-Joséphine, née 1er mars 1798,
archiduchesse d'Autriche; veuve 10 mars 1851 de *Léopold* des
Deux-Siciles, prince de Salerne.

Grand'mère de l'empereur, 4° épouse de feu l'emp. François Ier.

Caroline-Auguste, née 8 février 1792, fille de feu Maximilien-
Joseph, roi de Bavière; veuve 2 mars 1835 de l'empereur
François Ier.

**Cousins et cousines de l'empereur, descendants des frères décédés
de feu l'empereur François Ier, grand-père de l'empereur.**

1° Enfants de l'archiduc Ferdinand-Joseph-Baptiste (Ferdinand III, grand-duc de
Toscane). Voy. *Branche grand-ducale* de Toscane.

2° Enfants de l'archiduc Charles-Louis-Jean-Joseph-Laurent, mort le 30 avril
1847, de son mariage avec *Henriette*-Alexandrine-Frédérique-Wilhelmine, fille
de feu le prince Frédéric-Guillaume de Nassau-Weilbourg.

1° *Albert*-Frédéric-Rodolphe, né 3 août 1817; veuf en avril 1864
de *Hildegarde*-Louise, née 10 juin 1825, fille de feu Louis Ier,
roi de Bavière. — Leur fille : *Marie-Thérèse-Anne*, née
15 juillet 1845, mariée 7 février 1865 au duc *Philippe* de
Wurtemberg.

2° *Charles-Ferdinand*, né 29 juillet 1818; marié 18 avril 1854 à
Françoise-*Élisabeth*, fille de l'archiduc Joseph, palatin. — Leurs
enfants : 1° *Frédéric*-Marie-Albert-Guill.-Charles, né 4 juin
1856; 2° *Marie*-Christine, née 21 juillet 1858; 3° *Charles*-
Étienne, né 5 septembre 1860; 4° *Eugène*-Ferdinand-Pie, né
21 mai 1863.

3° Marie-*Caroline*-Louise-Christine, née 10 septembre 182? ; mariée 21 février 1852 à l'archiduc *Reinier*-Ferdinand-Marie-Jean, né 11 janvier 1827.

4° *Guillaume*-François-Charles, né 21 avril 1827.

3ª Enfants de l'archiduc *Joseph-Antoine-Jean*, palatin de Hongrie, etc., de son troisième mariage avec Marie-Dorothée, fille de Louis-Frédéric, duc de Wurtemberg.

1° Françoise-Marie-*Élisabeth*, née 17 janvier 1831; veuve 15 déc. 1849 de *Ferdinand*, duc de Modène; remariée 18 avril 1854 à l'archiduc *Charles-Ferdinand*.

2° *Joseph*-Charles-Louis, né 2 mars 1833, marié 12 mai 1864 à la princesse *Clotilde* de Saxe-Cobourg-Gotha. — Fille : *Marie*-Clémentine-Dorothée-Amélie, née 14 juin 1867.

3° *Marie*-Henriette-Anne, née 23 août 1836, mariée par procuration 10 août 1853, et en personne le 22 du même mois, à Léopold II, roi des Belges. (Voy. BELGIQUE.)

4ª Enfants issus du mariage de l'archiduc Reinier, mort 16 janvier 1853, et de feu Marie-Élisabeth-Charlotte-Joséphine, princesse de Sardaigne.

1° *Léopold*-Louis-Marie-François-Jules-Eustache-Gérard, né 6 juin 1823.

2° *Ernest*-Charles-Félix-Marie-Reinier-Godefroy-Cyriaque, né 8 août 1824.

3° *Sigismond*-Léopold-Marie-Reinier-Ambroise-Valentin, né 7 janvier 1826.

4° *Reinier*-Ferdinand-Marie-Jean-François-Ignace, né 11 janv. 1827; marié 21 fév. 1852 à *Marie-Caroline*-Louise-Christine, fille de feu l'archiduc Charles.

5° *Henri*-Antoine-Marie-Reinier-Charles-Grégoire, né 9 mai 1828; marié 4 février 1868 à Léopoldine Hofmann.

BRANCHE GRAND-DUCALE DE TOSCANE.

FERDINAND IV (Salvator-Marie-Joseph-Jean-Baptiste-François-Louis-Gonzague-Raphaël-Reinier-Janvier), né 10 juin 1835, archiduc d'Autriche ; succède à son père le grand-duc Léopold II, par suite de l'acte d'abdication du 21 juillet 1859; veuf le 10 février 1859 d'*Anne*-Marie, princesse royale de Saxe, remarié le 12 janvier 1868 à *Alice*-Marie-Caroline-Ferdinande-Rachel-Jeanne-Philomène, née le 27 décembre 1849, fille de feu le duc Charles III de Parme. — Fille du 1er mariage :

Marie-*Antoinette*-Léopolda, née 10 janvier 1858.

Frères et sœurs du grand-duc, issus du second mariage du grand-duc Léopold II avec Marie-Antoinette des Deux-Siciles.

1° Marie-*Isabelle*-Annonciade-Jeanne-Joséphine-Umilta-Apollonia-Filomena-Virginie-Gabrielle, née 21 mai 1834, archiduchesse d'Autriche; mariée 10 avril 1850 à *François-de-Paule*-Louis-Emmanuel, comte de Trapani, fils du feu roi *François I*^{er} des Deux-Siciles.

2° *Charles - Salvator* - Marie - Joseph - Jean - Baptiste - Philippe-Jacques-Janvier-Louis-Gonzague-Reinier, archiduc d'Autriche, né 30 avril 1839; marié 20 septembre 1861 à *Marie-Immaculée*, fille de feu Ferdinand II, roi des Deux-Siciles. — Leurs enfants: 1° Marie-*Thérèse*, née 18 septembre 1862; 2° *Léopold*, né 15 octobre 1863; 3° *François*-Sauveur-Marie-Joseph, né 21 août 1866; 4° Caroline-Marie-Immaculée, née 5 septembre 1869.

3° *Marie-Louise*-Annonciade-Anne-Jeanne-Josèphe-Antoinette-Filomena-Apollonia-Tommasa, née 31 octobre 1845, archiduchesse d'Autriche, mariée 31 mai 1865 au prince Charles d'Isembourg.

4° *Louis*-Salvator-Marie-Joseph-Jean - Baptiste - Dominique - Reinier-Ferdinand-Charles-Zanobi-Antonin, né 4 août 1847, archiduc d'Autriche.

5° *Jean-Népomucène*-Marie-Annonciade-Joseph-Jean-Baptiste-Ferdinand-Balthazar-Louis-Gonzague-Pierre-Alexandre-Zanobi-Antonin, né 25 novembre 1852, archiduc d'Autriche.

Mère du grand-duc.

Marie-*Antoinette*, née 19 décembre 1814, fille de feu *François I*^{er}, roi des Deux-Siciles; mariée 7 juin 1833 à Léopold II, grand-duc de Toscane; veuve 29 janvier 1870.

BRANCHE DUCALE DE MODÈNE.

François V (Ferdinand-Géminien), né 1er juin 1819, archiduc d'Autriche; succède à son père le duc *François IV*, 21 janvier 1846; marié 30 mars 1842 à

Adelgonde-Auguste-Charlotte-Caroline-Élise-Amélie-Sophie-Marie-Louise, née 19 mars 1823, fille de feu *Louis I*^{er}, roi de Bavière.

Sœurs du duc.

1° *Marie-Thérèse*-Béatrix-Gaëtane, née 14 juillet 1817, archiduchesse d'Autriche; mariée 7 novembre 1846 à *Henri*-Charles-

Ferdinand-Marie-Dieudonné *d'Artois*, duc de Bordeaux, aujourd'hui comte de Chambord.

2° *Marie-Béatrix*-Anne-Françoise, née 13 février 1824; mariée 6 février 1847 à *Jean-Charles*-Marie-Isidore de Bourbon, infant d'Espagne.

Nièce du duc.

Marie-Thérèse-Dorothée-Henriette, née 2 juillet 1849, archiduchesse d'Autriche, fille de feu *Ferdinand*-Charles-Victor, frère du duc François, et de Françoise-Marie-*Élisabeth*, archiduchesse d'Autriche; mariée 20 février 1868 au prince Louis de Bavière.

BADE.

Frédéric (Guillaume-Louis), né 9 septembre 1826, grand-duc de Bade, duc de Zæhringen, fils de feu le grand-duc *Léopold*; succède à son père, à la place de son frère *Louis*, 24 avril 1852, avec le titre de régent; prend le titre de grand-duc 2 septembre 1856: marié 20 septembre 1856 à

Louise-Marie-Élisabeth, née 3 décembre 1838, fille du roi de Prusse. — Enfants:

1° *Frédéric-Guillaume*-Louis-Auguste, né 9 juillet 1857, *grand-duc héréditaire.*

2° Sophie-Marie-*Victoria*, née 7 août 1862.

3° *Louis-Guillaume*-Charles-Frédéric-Berthold, né 12 juin 1865.

Frères et sœurs du grand-duc.

1° *Alexandrine*-Louise-Amélie-Frédérique-Élisabeth-Sophie, née 6 décembre 1820, margrave de Bade; mariée 3 mai 1842 au duc régnant de Saxe-Cobourg-Gotha.

2° Louis-*Guillaume*-Auguste, né 18 décembre 1829, margrave de Bade; marié 11 févr. 1863 à *Marie*, duchesse de Leuchtenberg. — Enfants: 1° Sophie-*Marie*-Louise-Joséphine-Amélie, née 26 juillet 1865; 2° *Maximilien*-Alexandre-Frédéric-Guillaume, né 10 juillet 1867.

3° *Charles*-Frédéric-Gustave-Guillaume-Maximilien, né 9 mars 1832, margrave de Bade.

4° *Marie*-Amélie, née 20 novembre 1834, margrave de Bade; mariée 11 septembre 1858 à *Ernest*, prince de Linange.

5° *Cécile*-Auguste (*Olga-Feodorowna*), née 20 septembre 1839, margrave de Bade; mariée 28 août 1857 au grand-duc *Michel*-Nicolaïewitch, frère de l'empereur de Russie.

Oncle du grand-duc, frère du père.

Maximilien-Frédéric-Jean-Ernest, né 8 décembre 1796, margrave de Bade.

Cousines du grand-duc.

Issues du mariage de feu Louis-*Guillaume*-Auguste, frère aîné du père, avec *Élisabeth*-Alexandrine-Constance de Wurtemberg.

1° *Sophie*-Paul.-Henr.-Marie-Am.-Louise, née 7 août 1834, mariée 9 nov. 1858 au prince Günther-Woldemar de Lippe.

2° *Pauline*-Sophie-Élisabeth-Marie, née 18 décembre 1835.

3° *Léopoldine*-Wilh.-Paul.-Am.-Maximil., née 22 févr. 1837, mariée 24 septembre 1862 au prince Hermann de Hohenlohe-Langenburg.

Enfants issus du mariage de feu *Charles*-Louis-Frédéric, grand-duc de Bade, avec feu *Stéphanie*-Louise-Adrienne-Napoléon, fille adoptive de Napoléon Ier, empereur des Français.

1° *Joséphine*-Frédérique-Louise, née 21 octobre 1813, margrave de Bade; mariée 21 octobre 1834 à *Charles-Antoine*, prince de Hohenzollern-Sigmaringen. (Voy. Prusse.)

2° *Marie*-Amélie-Élisabeth-Caroline, née 11 octobre 1817, margrave de Bade; veuve 15 juillet 1863 de *Guillaume*-Alexandre-Antoine-Archibald, duc de Hamilton, marquis de Douglas et de Clydesdale.

BAVIÈRE.

Louis II (Othon-Frédéric-Guillaume), né 25 août 1845, roi de Bavière; succède à son père le feu roi Maximilien II, 10 mars 1864.

Frère du roi.

Othon-Guillaume-Luitpold-Adalbert-Waldemar, né 27 avril 1848.

Mère du roi.

Frédérique-Françoise-Auguste-*Marie*-Hedwige, née 15 octobre 1825, fille du feu prince Frédéric-Guillaume-Charles, oncle du roi de Prusse; veuve, 10 mars 1864, du feu roi *Maximilien II.*

Oncles et tantes du roi.

1° † *Othon Ier*, roi de Grèce, né 1er juin 1815, décédé 26 juillet 1867. — Veuve:

Marie-Frédérique-*Amélie*, fille de feu Paul-Frédéric-*Auguste*, grand-duc d'Oldenbourg, née 21 décembre 1818, mariée 22 novembre 1836.

2° *Luitpold*-Charles-Joseph-Guillaume-Louis, né 12 mars 1821, veuf 26 avril 1864 de *Auguste* - Ferdinande-Louise - Marie ; fille de feu Léopold II, grand-duc de Toscane. — Enfants :

   1° *Louis*-Léopold-Joseph-Marie, né 7 janvier 1845, marié en février 1868 à Marie-Thérèse-*Dorothée*-Henriette, archiduchesse d'Autriche-Este. — De ce mariage : *Robert*-Marie-Luitpold-Ferdinand, né 18 mai 1869.

   2° *Léopold*-Maximilien-Joseph, né 9 février 1846.

   3° *Thérèse*-Charlotte-Marianne-Auguste, née 12 nov. 1850.

   4° François-Joseph-*Arnoulphe*-Adalbert, né 6 juillet 1852.

3° *Adelgonde*-Auguste-Charlotte-Caroline-Élisabeth - Amélie-Marie-Sophie-Louise, née 19 mars 1823; mariée 30 mars 1842 à *François V*, archiduc d'Autriche Este, duc de Modène.

4° *Alexandra*-Amélie, née 26 août 1826.

5° *Adalbert*-Guillaume-George-Louis, né 19 juillet 1828; marié 25 août 1856 à *Amélie*-Philippine, fille de l'infant d'Espagne *François-de-Paule*. — Enfants : 1° *Louis*-Ferdinand-Marie, né 28 octobre 1859; 2° *Alphonse*-François-d'Assise, né 24 janvier 1862; 3° *Marie*-Isabelle-Louise-Amélie, née 31 août 1863; 4° Elvire-Alexandra-Marie-Cécile-Claire-Eugénie, née 22 décembre 1868.

Grand-oncle et grand'tantes du roi, frère et sœurs du roi Louis Ier, grand-père du roi.

Enfants du 1er mariage du feu roi Maximilien-Joseph avec la princesse Wilhelmine-Auguste, fille de George, prince de Hesse-Darmstadt.

1° *Caroline*-Auguste, née 8 février 1792, impératrice douairière d'Autriche.

2° *Charles*-Théodore-Maximilien-Auguste, né 7 juillet 1795.

Filles du 2e mariage du feu roi Maximilien-Joseph avec la princesse Frédérique-Wilhelmine-*Caroline*, fille de feu Charles-Louis, prince héréditaire de Bade.

3° *Élisabeth*-Louise, née 13 novembre 1801, veuve de Frédéric-Guillaume IV, roi de Prusse.

4° *Amélie*-Auguste, née 13 novembre 1801, reine de Saxe.

5° *Sophie*-Dorothée-Wilhelmine, née 27 janvier 1805, épouse de *François-Charles*, archiduc d'Autriche.

6° *Marie*-Léopoldine-Anne-Wilhelmine, née 27 janvier 1805, reine douairière de Saxe.

7° *Louise*-Wilhelmine, née 30 août 1808, épouse du duc *Maximilien-Joseph*, duc en Bavière.

Branche ducale.

Ci-devant Palatine de Deux-Ponts-Birkenfeld.

Maximilien-Joseph, duc en Bavière, né 4 décembre 1808; marié 9 septembre 1828 à

Louise-Wilhelmine, née 30 août 1808; grand'tante du roi de Bavière. — Leurs enfants:

1° Louis-Guillaume, né 21 juin 1831.

2° Caroline-Thérèse-Hélène, née 4 avril 1834, veuve 26 juin 1867 du prince héréditaire de Tour et Taxis.

3° Élisabeth-Amélie-Eugénie, née 24 décembre 1837; mariée à François-Joseph Ier, empereur d'Autriche. (Voy. Autriche.)

4° Charles-Théodore, né 9 août 1839; veuf 9 mars 1867 de Sophie-Marie-Frédérique, fille du roi de Saxe.—Leur fille: Amélie-Marie, née 24 décembre 1865.

5° Marie-Sophie-Amélie, née 4 octobre 1841; mariée 3 février 1859 au roi François II (Deux-Siciles).

6° Mathilde-Ludovique, née 30 septembre 1843; mariée 5 juin 1861 à Louis-Marie, comte de Trani, frère de François II, roi des Deux-Siciles.

7° Sophie-Charlotte-Auguste, née 22 février 1847; mariée 28 septembre 1868 à Ferdinand-Philippe-Marie d'Orléans; duc d'Alençon, second fils du duc de Nemours.

8° Maximilien-Emmanuel, né 7 décembre 1849.

BELGIQUE.

Léopold II (Louis-Philippe-Marie-Victor), né 9 avril 1835; succède à son père, le feu roi Léopold Ier, 10 décembre 1865; prêta serment 17 décembre suivant; marié par procuration 10 et en personne 22 août 1853, à

Marie-Henriette-Anne, archiduchesse d'Autriche, née 23 août 1836, fille de feu l'archiduc Joseph, palatin de Hongrie. — Leurs enfants:

1° Louise-Marie-Amélie, née 18 février 1858.

2° Stéphanie-Clotilde-Louise-Hermine, duchesse de Saxe, née 21 mai 1864.

Frère et sœur du roi.

1° Philippe-Eugène-Ferdinand-Marie-Clément-Baudouin-Léopold-George, comte de Flandre, né 24 mars 1837, marié 25 mars 1867 à Marie-Louise-Alexandrine-Caroline, fille de Charles-Antoine, prince de Hohenzollern-Sigmaringen. De ce mariage:

Baudouin - Léopold - Philippe - Marie - Charles - Antoine - Joseph - Louis, né 3 juin 1869.

2° Marie-*Charlotte*-Amélie-Auguste-Victoire-Clémentine-Léopoldine, née 7 juin 1840 ; veuve 19 juin 1867 de *Ferdinand*-Maximilien, archiduc d'Autriche, empereur du Mexique.

BRÉSIL.

DOM PEDRO II D'ALCANTARA (Jean - Charles - Léopold - Salvador - Bibiano - Xavier da Paula - Léocadio - Michel - Gabriel - Raphaël - Gonzaga), né 2 décembre 1825 ; empereur du Brésil (sous tutelle) 7 avril 1831, par l'abdication de feu dom Pedro Ier, son père ; prend lui - même les rênes du gouvernement, 23 juillet 1840 ; marié par procuration 30 mai 1843, et en personne 4 septembre suivant, à

Thérèse-Christine-Marie, née 14 mars 1822, fille de feu François Ier, roi des Deux-Siciles. — Leurs filles :

1° *Isabelle*-Christine-Léopoldine, née 29 juillet 1846, *princesse impériale ;* mariée, 18 octobre 1864, au prince *Louis d'Orléans*, comte d'Eu, fils du duc de Nemours.

2° *Léopoldine*-Thérèse-Françoise-Caroline, née 13 juillet 1847 ; mariée, 15 décembre 1864, à *Auguste*-Louis-Marie-Eudes, prince de Saxe-Cobourg-Gotha. (Voy. SAXE-COBOURG-GOTHA.)

Sœurs de l'empereur.

(Du 1er mariage de feu l'empereur dom Pedro Ier avec Léopoldine-Caroline-Joséphine, archiduchesse d'Autriche.)

1° *Januaria*, née 11 mars 1821 ; mariée, 28 avril 1844, à *Louis*, prince des Deux-Siciles, comte d'Aquila, frère de feu le roi Ferdinand II des Deux-Siciles.

2° *Françoise*, née 2 août 1824 ; mariée, 1er mai 1843, à *François* d'Orléans, prince de Joinville.

Belle-mère de l'empereur.

Amélie-Auguste-Eugénie-Napoléone, fille du prince Eugène de Beauharnais, duc de Leuchtenberg, née 31 juillet 1812, veuve 24 septembre 1834 de dom Pedro Ier, empereur du Brésil.

BRUNSWICK.

GUILLAUME (Auguste-Louis-Maximilien-Frédéric), né 25 avril 1806, duc de Brunswick ; règne depuis le 25 avril 1831, à la place de son frère *Charles*, par suite d'arrangements de famille et sur la demande de la diète germanique.

Frère aîné du duc.

Charles-Frédéric-Auguste-Guillaume, né 30 octobre 1804; ayant succédé, le 16 juin 1815, à son père, le feu duc Frédéric-Guillaume, sous la tutelle de feu George IV, alors prince régent et depuis roi de la Grande-Bretagne et d'Irlande; prend les rênes du gouvernement le 30 octobre 1823; quitte le duché par suite des troubles du 7 septembre 1830.

DANEMARK.
MAISON ROYALE DE DANEMARK.

CHRISTIAN IX, né 8 avril 1818, roi de Danemark, fils du duc Frédéric-*Guillaume*-Paul de Schleswig-Holstein-Sonderbourg-Glücksbourg, succède au feu roi *Frédéric VII,* le 15 novembre 1863, en vertu du traité de Londres du 8 mai 1852, ratifié les 19 mai et 19 juin suivants, et de la loi sur la succession au trône du 31 juillet 1853; marié, 26 mai 1842, à

Louise-Wilhelmine-Frédérique-Caroline-Auguste-Julie, née 7 sept. 1817, fille de *Guillaume,* landgrave de la Hesse-Électorale.
— Leurs enfants :

1° Christian-*Frédéric*-Guillaume-Charles, *prince royal*, né 3 juin 1843; marié 28 juillet 1869 à *Louise*-Joséphine-Eugénie, née 31 octobre 1851, fille do Charles XV, roi de Suède et de Norwége.

2° *Alexandra*-Caroline-Marie-Charlotte-Louise-Julie, née 1er déc. 1844, mariée, 10 mars 1863, au prince *de Galles*. (Voy. GRANDE-BRETAGNE.)

3° (Christian-*Guillaume*-Ferdinand-Adolphe-) George Ier, né 24 décembre 1845; roi des Hellènes. (Voy. GRÈCE.)

4° *Marie*-Dagmar, née 26 novembre 1847, mariée 9 novembre 1866 à Alexandre-Alexandrowitch, grand-duc héritier de Russie. (Voy. RUSSIE.)

5° *Thyra*-Amélie-Caroline-Charlotte-Anne, née 29 sept. 1853.

6° *Waldemar,* né 27 octobre 1858.

Reine douairière et belle-mère du feu roi Frédéric VII.

Caroline-Amélie, née 28 juin 1796, fille de feu Frédéric-Christian, duc de Schleswig-Holstein-Sonderbourg-Augustenbourg; veuve 20 janvier 1848 du roi Christian VIII.

Cousines du feu roi Frédéric VII.

1° *Caroline*, princesse de Danemark, née 28 octobre 1793, fille du feu roi Frédéric VI, veuve 29 juin 1863 de Frédéric-*Ferdinand*, oncle du feu roi Frédéric VII.

2° *Wilhelmine*-Marie, née 18 janvier 1808, mariée au roi Fré-

déric VII, alors prince royal de Danemark ; séparée en septembre
1837 ; remariée 19 mai 1838 à *Charles*, duc de Schleswig-
Holstein-Sonderbourg-Glücksbourg. (Voy. plus bas.)

FAMILLE DU ROI.

Frères et sœurs du roi.

1° *Frédérique*-Caroline-Julienne, née 9 octobre 1811, duchesse
d'Anhalt-Bernbourg.

2° CHARLES, né 30 septembre 1813, duc de Schleswig-Holstein-
Sonderbourg-Glücksbourg, succède à son père le duc Guillaume,
17 février 1831 ; marié 19 mai 1838 à *Wilhelmine*-Marie, née
18 janvier 1808, fille du feu roi de Danemark, Frédéric VI.
(Voy. plus haut.)

3° *Frédéric*, né 23 octobre 1814 ; marié 16 octobre 1841 à *Adélaïde*-Christine-Julienne-Charlotte, née 9 mars 1821, princesse
de Lippe-Schaumbourg ; divorcé en 1848. — Leurs enfants :
1° Marie-Caroline-*Auguste*-Ida-Louise, née 27 février 1844 ;
2° *Frédéric*-Ferdinand-George, né 12 octobre 1855 ; 3° *Louise*-
Caroline-Julienne, née 6 janvier 1858 : 4° *Marie*-Wilhelmine-
Louise-Ida-Frédérique-Mathilde-Hermine, née 31 août 1859 ;
5° *Albert* Christian-Adolphe-Charles-Eugène, né 15 mars 1863.

4° *Guillaume*, né 10 avril 1816.

5° *Louise*, née 18 novembre 1820, abbesse d'Itzehoe.

6° *Jules*, né 14 octobre 1824.

7° *Jean*, né 5 décembre 1825.

SCHLESWIG-HOLSTEIN-SONDERBOURG-AUGUSTENBOURG.

FRÉDÉRIC (Chrétien-Auguste), né 6 juillet 1829 ; succède à son
père par suite de la renonciation de ce prince en sa faveur ; marié
11 septembre 1856 à *Adélaïde*-Victoire, princesse de Hohenlohe-Langenbourg, née 20 juillet 1835.

De ce mariage :

1° *Auguste*-*Victoire*-Frédérique-Louise-Amélie, etc., née
22 octobre 1858.

2° Victoire-Frédérique-Auguste-Marie-*Caroline-Mathilde*, née
25 janvier 1860.

3° *Ernest-Gonthier*, né 11 août 1863, prince héréditaire.

4° Féodora-*Louise*-*Sophie*-Adélaïde-Henriette-Amélie, née
8 avril 1866.

Frère et sœurs du duc.

1° Caroline-*Amélie*, née 15 janvier 1826.

2° Frédéric-*Chrétien*-Charles-Auguste, né 22 janvier 1831; marié 5 juillet 1866 à *Hélène*-Auguste-Victoria, née 25 mai 1846, fille de la reine Victoria. (Voy. GRANDE-BRETAGNE ET IRLANDE.)

3° Caroline-Christine-Auguste-Émilie-*Henriette*-Élisabeth, née .22 août 1833.

Père du duc.

Chrétien (Charles-Frédéric-Auguste), né 19 juillet 1798, duc de Schleswig-Holstein-Sonderbourg-Augustenbourg; veuf 11 mars 1867 de *Louise*-Sophie, née 22 septembre 1796, fille du comte Daneskiold-Samsoë.

Oncle et tante du duc.

1° *Caroline*-Amélie, née 28 juin 1796, veuve du roi de Danemark Chrétien VIII.

2° † *Frédéric*-Émile-Auguste, né 23 août 1800, décédé 2 juillet 1865; veuf, 10 septembre 1858, de *Henriette*, comtesse de Daneskiold-Samsoë. *De leur mariage:*

Frédéric-Christian-Charles-Auguste, né 16 novembre 1830.

Cousin et cousines du duc.

Enfants du feu prince Frédéric-Charles-*Émile*, grand-oncle du duc.

1° *Charlotte*-Louise-Dorothée-Joséphine, née 24 janvier 1803.

2° *Pauline*-Victoire-Anne-Wilhelmine, née 9 février 1804.

8° Henri-Ch·rles-*Woldemar*, né 13 octobre 1810.

4° *Amélie*-Éléonore-Sophie-Caroline, née 9 janvier 1813.

ESPAGNE.

Le maréchal *Serrano*, duc de la Torre, régent du royaume.

ÉTATS ROMAINS.

PIE IX (Mastaï-Ferretti), né à Sinigaglia 13 mai 1792; évêque d'Imola 17 décembre 1832; cardinal 23 décembre 1839; élu pape à Rome 16 juin 1846, couronné le 21.

FRANCE.

(Voy. page XLVII.)

GRANDE-BRETAGNE ET IRLANDE.

VICTORIA Iʳᵉ (Alexandrine), née 24 mai 1819; reine de la Grande-Bretagne et d'Irlande; fille de feu *Édouard*-Auguste, duc de

Kern et Strathern, frère des rois George IV et Guillaume IV;
succède à ce dernier, 20 juin 1837; veuve 14 décembre 1861
du prince François-*Albert*-Auguste-Charles-Emmanuel, duc de
Saxe-Cobourg-Gotha. — Leurs enfants :

1° *Victoria*-Adélaïde-Marie-Louise, née 21 novembre 1840,
princesse royale; mariée 25 janvier 1858 à *Frédéric-Guillaume*-Nicolas-Charles, prince royal de Prusse.

2° *Albert*-Édouard, né 9 novembre 1841; *prince de Galles*,
marié 10 mars 1863 à *Alexandra*, fille de *Christian IX*, roi
de Danemark. — Enfants : 1° *Albert - Victor*-Christian-
Edouard, né 8 janvier 1864; 2° George-Frédéric-Ernest-Al-
bert, né 3 juin 1865; 3° *Louise*-Victoria-Alexandra-Dagmar,
née 20 février 1867; 4° *Victoria*-Alexandra-Olga, née 6 juillet 1868 : 5°....., née 26 novembre 1869.

3° *Alice*-Maud-Mary, née 25 avril 1843, mariée 1er juillet
1860 au prince *Louis* de Hesse-Darmstadt.

4° *Alfred*-Ernest-Albert, né 6 août 1844.

5° *Hélène*-Auguste-Victoria, née 25 mai 1846; mariée 5 juillet
1866 à *Frédéric - Christian*, prince de Schleswig-Holstein-
Sonderbourg-Augustenbourg. (Voy. DANEMARK.)

6° *Louise*-Caroline-Alberte, née 18 mars 1848.

7° *Arthur*-William-Patrick-Albert, né 1er mai 1850.

8° *Léopold*-George-Duncan-Albert, né 7 avril 1853.

9° *Béatrice*-Marie-Victoria-Théodore, née 14 avril 1857.

Tante de la reine.

Auguste-Wilhelmine-Louise, née 25 juillet 1797, fille de feu
Frédéric, landgrave de la Hesse-Électorale; veuve 8 juillet 1850
d'*Adolphe - Frédéric,* duc de Cambridge. — Leurs enfants :
1° *George*-Frédéric-Guillaume-Charles, né 26 mars 1819, duc
de Cambridge; 2° *Auguste*-Caroline-Charlotte-Élisabeth-Marie-
Sophie-Louise, née 19 juillet 1822; mariée 28 juin 1843 à
Frédéric-Guillaume, grand-duc héréditaire de Mecklembourg-
Strélitz; 3° *Marie*-Adélaïde-Wilhelm.-Élis., née 27 nov. 1833,
mariée 12 juin 1866 à François de Teck, prince de Wurtemberg.

MAISON ROYALE DE HANOVRE.
Cousin de la reine.

George-Frédéric-Alexandre-Charles-Ernest-Auguste, né 27 mai
1819, prince de la Grande-Bretagne et d'Irlande, duc de Cum-
berland, duc de Brunswick et Lunebourg; succède, 18 novembre
1851, à son père le feu roi *Ernest-Auguste*, fils de George III,
roi de la Grande-Bretagne; marié 18 février 1843 à

Marie-Alexandrine, née 14 avril 1818, fille de feu Joseph, duc de Saxe-Altenbourg. — Leurs enfants:

1° *Ernest-Auguste*-Guillaume-Adolphe-George-Frédéric, né 21 septembre 1845.

2° *Frédérique*-Sophie-Marie-Henriette-Amélie-Thérèse, née 9 janvier 1848.

3° *Marie*-Ernestine-Joséphine-Adolphine-Henriette-Thérèse-Élisabeth-Alexandrine, née 3 décembre 1849.

GRÈCE.

GEORGE Ier, né 24 décembre 1845, roi des Hellènes, élu 30 mars 1863; accepte la couronne 6 juin; marié 27 octobre 1867 à *Olga*-Constantinowna; née 3 septembre 1851, fille du grand-duc Constantin, frère de l'empereur de Russie, Alexandre II. (Voy. DANEMARK.)

De ce mariage :

1° Constantin, duc de Sparte, né 2 août 1868.
2° *George*, comte de Corfou, né 24 juin 1869.

HAWAÏ (ROYAUME DE — ÎLES SANDWICH).

LOTH KAMÉHAMÉHA V, né 11 décembre 1830, succède à son frère, le feu roi Kaméhaméha IV, le 30 novembre 1863.

HESSE.

I. LIGNE CADETTE RÉGNANTE.

1. *Branche grand-ducale.*

LOUIS III, né 9 juin 1806, grand-duc, co-régent depuis le 5 mars 1848; succède à son père, feu le grand-duc Louis II, 16 juin 1848; veuf 25 mai 1862 de *Mathilde*-Caroline-Frédérique-Wilhelmine-Charlotte, fille de feu Louis, roi de Bavière.

Frères et sœur du grand-duc.

1° *Charles*-Guillaume-Louis, né 23 avril 1809; marié 22 octobre 1836 à Marie-*Élisabeth*-Caroline-Victoire, née 18 juin 1815, fille du prince Guillaume, oncle du roi de Prusse. — Enfants: 1° Frédéric-Guillaume-*Louis*-Charles, né 12 septembre 1837, marié, 1er juillet 1862, à la princesse *Alice*-Maud-Marie, née 25 avril 1843, fille de la reine de la Grande-Bretagne. — De ce mariage: a) *Victoria-Alberta*-Élisabeth, née 5 avril 1863; b)*Élisabeth*-Alexandra-Louise, née 1er novembre 1864; c) *Irène*-Marie-Louise-Anne, née 11 juillet 1866; d)*Ernest-Louis*-Charles-Albert-Guillaume, né 25 novembre 1868.

2° *Henri*-Louis-Guillaume-Adalbert-Waldemar-Alexandre, né 28 novembre 1838.

3° *Guillaume*-Louis-Frédéric-George, né 16 novembre 1845.

2° *Alexandre*-Louis-Chrétien-George-Frédéric-Émile, né 15 juillet 1823 ; marié 28 octobre 1851 à *Julie*, née 12 novembre 1825, princesse de Battenberg. — Enfants (princes et princesses de Battenberg) : 1° *Marie*-Caroline, née 15 juillet 1852 ; 2° *Louis*-Alexandre, né 24 mai 1854 ; 3° *Alexandre*-Joseph, né 5 avril 1857 ; 4° *Henri*-Maurice, né 5 octobre 1858 ; 5° François-Joseph, né 24 septembre 1861.

3° Maximilienne-Wilhelmine-Auguste-Sophie-*Marie* (*Marie-Alexandrowna*), née 8 août 1824 ; mariée 28 avril 1841 à *Alexandre II*, empereur de Russie. (Voy. Russie.)

2. Ligne cadette de Hesse-Hombourg.

Sœur de feu le dernier landgrave Ferdinand.

Auguste-Frédérique, née 28 novembre 1776, veuve de Frédéric-Louis, prince héréditaire de Mecklembourg-Schwérin.

Fille de feu le landgrave *Gustave*-Adolphe-Frédéric.

Caroline-Amélie-Élisabeth, née 19 mars 1819 ; veuve 8 novembre 1859 de Henri XX, prince de Reuss-Greiz.

II. LIGNE AÎNÉE, NON RÉGNANTE.

1. Branche électorale.

*Frédéric-Guillaume I*er, né 20 août 1802, succède, 20 novembre 1847, à son père l'électeur Guillaume II ; marié à *Gertrude*, princesse de Hanau, comtesse de Schaumbourg, née 18 mai 1806.

Sœur de l'électeur.

Marie-Fréderique-Wilhelmine-Chrétienne, née 6 septembre 1804 ; mariée 23 mars 1825 à *Bernard*, duc régnant de Saxe-Meiningen-Hildburghausen.

Cousins et cousines de l'électeur.

(Issus du feu landgrave *Frédéric*, grand-oncle de l'électeur.)

1 † *Guillaume*, né 24 décembre 1787, décédé 5 septembre 1867, marié 10 novembre 1810 à Louise-*Charlotte*, fille de Frédéric, et décédée 28 mars 1864. — De ce mariage :

1ᵇ *Marie*-Louise-Charlotte, née 9 mai 1814 ; veuve de Frédéric-Auguste, prince d'Anhalt-Dessau.

2ᵇ *Louise*-Wilhelmine-Fréd.-Carol.-Aug.-Julie, née 7 sept.

1817, mariée 26 mai 1842 à Chrétien IX, roi de Danemark. (Voy. DANEMARK.)

3° *Frédéric*-Guillaume-George-Adolphe, né 26 novemb. 1820;
veuf 10 août 1844 de *A'exandra*-Nicolaïewna, 3° fille
de l'empereur Nicolas Ier; remarié 26 mai 1853 à Marie-
Anne-Frédérique, née 17 mai 1836, fille du prince *Charles*
de Prusse. — Enfants du 2° mariage : *a)* Frédéric-*Guillaume*-Nicolas-Charles, né 15 octobre 1854. — *b)* Élisabeth - Charlotte - Alexandrine, née 13 juin 1861. —
c) *Alexandre*-Frédéric-Guillaume, né 25 janvier 1863. —
d) *Frédéric-Charles*-Louis-Constantin, né 1er mai 1868.

4° *Auguste*-Frédérique-Marie-Caroline-Julie, née 30 oct. 1823.

2° *Frédéric-Guillaume*, né 24 avril 1790, 2° fils du landgrave
Frédéric.

3° *George*-Charles, né 14 janvier 1793.

4° *Louise*-Caroline-Marie-Frédérique, née 9 avril 1794; veuve
19 août 1859 du comte Von der Decken.

5° *Marie*-Wilhelmine-Frédérique, née 21 janvier 1796, veuve
6 sept. 1860, du grand-duc *George* de Mecklembourg-Strélitz.

6°*Auguste*-Wilhelmine-Louise, née 25 juill. 1797; veuve 8 juill.
1850 de *Adolphe*-Frédéric, duc de Cambridge.

2. *Branches cadettes.*

1° HESSE-PHILIPPSTHAL.

ÉRNEST (Eugène-Charles), né 20 décembre 1846, succède à son
père, le landgrave Charles, à la mort de celui-ci, 12 févr. 1868.

Frère du landgrave.

Charles-Alexandre, né 3 février 1853.

Mère du landgrave.

Marie- Alexandrine - Auguste - Louise - Eugénie - Mathilde, née
25 mars 1818, fille du duc Eugène de Wurtemberg, veuve
12 février 1868 du landgrave Charles.

Cousine du landgrave.

Marie-Caroline, née 14 janvier 1793, fille de feu le landgrave
Louis, frère du grand-père du landgrave actuel.

2° HESSE-PHILIPPSTHAL-BARCHFELD.

ALÉXIS (Guillaume-Ernest), né 13 septembre 1829, landgrave de
Hesse-Philippsthal-Barchfeld, succède à son père le prince
Charles, 17 juillet 1854; marié 27 juin 1854 à

Marie-*Louise*-Anne, née 1er mars 1829, fille du prince *Charles*
de Prusse, divorcée 6 mars 1861.

Sœur consanguine du landgrave.

Issue du 1er mariage du feu landgrave *Charles* avec Auguste-Charlotte-Frédé-
rique-Sophie-Amélie, princesse de Hohenlohe-Ingelfingen.

Berthe-Marie-Wilhelmine-Caroline-Louise, née 26 octobre 1818 ;
mariée 27 juin 1839, à *Louis*, prince de Bentheim-Bentheim
et de Bentheim-Steinfurt.

Frère du landgrave.

Issu du 2e mariage du feu landgrave *Charles* avec Sophie-*Caroline*-Pauline,
princesse de Bentheim-Steinfurt.

Guillaume-Frédéric-Ernest, né 3 octobre 1831 ; marié 27 décembre 1857 à *Marie*-Auguste, princesse de Hanau, née
22 août 1839. — Enfants : 1° *Frédéric-Guillaume*, né 2 nov.
1858 ; 2° *Charles*-Guillaume, né 18 mai 1861 ; 3° *Sophie*-
Gertrude-Auguste-Bertha-Élisabeth, né 8 juin 1864.

Mère du landgrave.

Sophie-Caroline-Pauline, née 6 janvier 1794, veuve 17 juillet
1854 du landgrave *Charles*.

3° HESSE-ROTENBOURG.

Sœur de feu le landgrave Victor-Amédée.

Léopoldine-Clotilde, née 12 sept. 1787 ; veuve 12 août 1844 du
prince Charles-Auguste de Hohenlohe-Waldenbourg-Bartenstein.

ITALIE.

VICTOR-EMMANUEL II (Marie-Albert-Eugène-Ferdinand-Thomas),
né 14 mars 1820, roi d'Italie en vertu de la loi du 17 mars
1861 ; succède, comme roi de Sardaigne, 23 mars 1849, à son
père feu le roi *Charles-Albert,* en vertu de l'abdication de
celui-ci ; veuf 20 janvier 1855 de Marie-*Adélaïde*-Françoise-
Reinière-Élisabeth-Clotilde, née 3 juin 1822, archiduchesse
d'Autriche, fille de feu l'archiduc Reinier. — Leurs enfants :
1° *Clotilde*-Marie-Thérèse-Louise, née 2 mars 1843 ; mariée
30 janvier 1859 au prince *Napoléon*-Joseph.
2° *Humbert*-Reinier-Charles-Emmanuel-Jean-Marie-Ferdinand-
Eugène, prince de Piémont, né 14 mars 1844, *prince royal
héréditaire ;* marié 22 avril 1868 à sa cousine *Marguerite*-
Marie-Thérèse-Jeanne, fille du duc de Gênes. De ce mariage :
Victor-Emmanuel-Ferdinand, prince de Naples, né 11 nov. 1869.

3° *Amédée*-Ferdinand-Marie, né 30 mai 1845, duc d'Aoste; marié
30 mai 1867 à Marie, princesse della Cisterna.—De ce mariage:
Emmanuel-Philibert-Victor-Eugène-Genova-Joseph-Marie, né
13 janvier 1869.

4° *Marie*-Pie, née 16 octobre 1847; mariée 27 septembre 1862
au roi de Portugal.

Belle-sœur du roi.

Marie-*Élisabeth*-Maximilienne, née 4 février 1830, fille du roi de
Saxe; veuve 10 février 1855 de *Ferdinand*-Marie-Albert-
Philibert, duc de Gênes. — Enfants :

1° Marie-*Marguerite*-Thérèse-Jeanne, née 20 novembre 1851;
mariée 22 avril 1868 au prince Humbert. (Voy. ci-dessus.)

2° *Thomas*-Albert-Victor, né 6 février 1854, duc de Gênes.

Cousines du roi.

Filles du feu roi de Sardaigne *Victor-Emmanuel* et de feu *Marie-Thérèse-Jeanne-
Josèphe*, fille de feu Ferdinand, archiduc d'Autriche, duc de Modène.

1° Marie-*Thérèse*-Ferdinande-Félicité-Gaëtane-Pie, née 19 sept.
1803; mariée 15 août 1820 à *Charles II*, duc de Parme.

2° Marie-*Anne*-Richarde-Caroline-Marguerite-Pie, née 19 sept.
1803; mariée 27 février 1831 à *Ferdinand I*ᵉʳ, empereur
d'Autriche, qui a abdiqué. (Voy. Autriche.)

Branche de Savoie-Carignan.

Cousin et cousine du roi.

Enfants de feu *Joseph*, chevalier de Savoie, fils du prince *Eugène-Marie-Louis*,
frère du grand-père du roi.

1° *Marie*-Victoire-Louise-Philiberte, née 29 septembre 1814;
veuve 4 décembre 1860 du prince *Léopold* des Deux-Siciles,
comte de Syracuse.

2° *Eugène*-Emmanuel-Joseph-Marie-Paul-François-Antoine de
Savoie, né 14 avril 1816, déclaré prince de Savoie-Carignan
par décret royal du 28 avril 1834.

LIECHTENSTEIN.

Jean II (Marie-François-Placide), né 5 octobre 1840, prince de
Liechtenstein, duc de Troppau et Jægerndorf, succède à son
père le prince *Aloys*-Joseph, 12 novembre 1858.

Frère et sœur du prince.

1° *Marie*-Joséphine, née 20 septembre 1834; mariée 29 octobre
1860 au comte Ferdinand de Trautmansdorff.

3.

2° *Caroline*-Joséphine, née 27 février 1836; mariée 3 juin 1855 au prince de Schœnbourg-Hartenstein.

3° *Sophie*-Marie-Gabrielle-Pie, née 11 juillet 1837; mariée 4 mai 1863 au prince Charles de Lœwenstein-Werthheim-Rochefort.

4° *Aloïse*, née 13 août 1838; mariée 22 mai 1864 au comte Henri de Fünfkirchen.

5° *Ida*, née 11 octobre 1839; mariée 4 juin 1857 à Adolphe-Joseph, prince héréditaire de Schwartzenberg.

6° Marie-*Henriette*, née 6 juin 1843; mariée 26 avril 1865 à son cousin, prince Alfred de Liechtenstein.

7° *Anne*, née 27 février 1846; mariée 22 mai 1864 au prince George de Lobkowitz..

8° *Thérèse*-Marie-Joséphine-Marthe, née 28 juillet 1850.

9° *François-de-Paule*-Marie-Charles-Augustin, né 28 août 1853.

Mère du prince.

Françoise-de-Paule, née 8 août 1813, fille du comte François-Joseph de Kinsky; veuve 12 novembre 1858.

LIPPE.

Léopold (Paul-Frédéric-Émile), né 1er septembre 1821, prince de Lippe; succède à son père le prince Paul-Alexandre-*Léopold*, 1er janvier 1851; marié 17 avril 1852 à

Élisabeth, née 1er octobre 1833, fille d'*Albert*, prince de Schwarzbourg-Rudolstadt.

Frères et sœurs du prince.

Christine-*Louise*-Auguste-Charlotte, née 9 novembre 1822, abbesse de Cappel et Lemgo.

Gunther-Frédéric-*Woldemar*, né 18 avril 1824; marié 9 novembre 1858 à *Sophie*, fille du feu margrave Guillaume de Bade.

Marie-Caroline-*Frédérique*, née 1er décembre 1825.

Émile-*Hermann*, né 4 juillet 1829.

Charles-*Alexandre*, né 16 janvier 1831.

Caroline-*Pauline*, née 2 octobre 1834.

LUXEMBOURG (grand-duché de).

Guillaume III, roi des Pays-Bas, prince d'Orange-Nassau, grand-duc de Luxembourg, 21 mars 1849. (Voy. Pays-Bas.)

MECKLEMBOURG-SCHWÉRIN.

Frédéric-François, né 28 février 1823, grand-duc; succède à son père Paul-Frédéric (né 15 septembre 1800), 7 mars 1842; a épousé 3 novembre 1849 :

1° *Auguste*-Mathilde (née 26 mai 1822) de Reuss-Schleiz-Kœst-ritz; veuf 3 mars 1862; — 12 mai 1864:

2° *Anne*-Marie-Wilhelmine-Mathilde de Hesse-Darmstadt (née 25 mai 1843); — veuf 16 avril 1865; — et 4 juillet 1868:

3° *Marie*-Caroline-Auguste, née 29 janvier 1850, princesse de Schwarzbourg-Rudolstadt.

Enfants du 1er lit :

1° *Frédéric-François*-Paul-Nicolas-Ernest-Henri, grand-duc héréditaire, né 19 mars 1851.

2° *Paul-Frédéric*-Guillaume-Henri, né 19 septembre 1852.

3° *Marie*-Alexandrine-Élisabeth-Éléonore, née 14 mai 1854.

4° *Jean*-Albert-Ernest-Constantin, né 8 décembre 1857.

Enfant du 2e lit :

5° *Anne*-Mathilde-Élisabeth-Alexandrine, née 7 avril 1865.

Enfant du 3e lit :

6° Élisabeth-Alexandrine-Mathilde-Augustine, née 10 août 1869.

Les princes portent le titre de duc.

Frère du grand-duc.

Frédéric-*Guillaume*-Nicolas, né 5 mars 1827, a épousé 9 décembre 1865 :

Frédérique-Wilhelmine-Louise-Élisabeth-*Alexandrine*, née 1er février 1842, fille du prince Frédéric-Albert de Prusse.

Mère du grand-duc.

Frédérique-Wilhelmine-*Alexandrine*-Marie-Hélène, née 23 février 1803, fille de feu *Frédéric-Guillaume III* de Prusse; mariée 25 mai 1822, veuve 7 mars 1842.

Grand'mère, 3e épouse du feu prince Frédéric-Louis.

Auguste-Frédérique, née le 28 novembre 1776, fille de feu le landgrave Frédéric-Louis de Hesse-Hombourg, mariée 3 avril 1818, veuve 29 novembre 1819.

MECKLEMBOURG-STRÉLITZ.

Frédéric-Guillaume (Charles-George-Ernest-Adolphe-Gustave), né 17 octobre 1819, grand-duc; succède à son père le grand-duc George, 6 septembre 1860; marié 28 juin 1843 à

Auguste-Caroline-Charlotte-Élisabeth-Marie-Sophie-Louise, née 19 juillet 1822. fille de feu Adolphe-Frédéric, duc de Cambridge. — Leur fils :

George-*Adolphe-Frédéric*-Auguste-Victor-Ernest, *grand-duc héréditaire*, né 22 juillet 1848.

Frère et sœur du grand-duc.

1° *Caroline*-Charlotte-Marianne, née 10 janvier 1821; mariée 10 juin 1841 au feu roi *Frédéric* VII de Danemark; séparée 30 septembre 1846.

2° *George*-Auguste-Ernest-Adolphe-Charles-Louis, né 11 janv. 1824; marié 16 février 1851 à *Catherine*-Michaïlowna, née 28 août 1827, fille de feu Michel, grand-duc de Russie. — Enfants : 1° Hélène-Marie-Alexandra-Élisabeth-Auguste-Catherine, née 16 janvier 1857; 2° George-*Alexandre*-Michel, né 6 juin 1859; 3° Charles-*Michel*-Guillaume, né 17 juin 1863.

·Mère du grand-duc.

Marie-Wilhelmine-Frédérique, née 21 janvier 1796, fille du feu landgrave Frédéric de Hesse-Cassel; veuve 6 septembre 1860 du grand-duc George.

MONACO.

CHARLES III (Honoré-Grimaldi), né 8 décembre 1818, prince de Monaco; succède à son père, le prince *Florestan*, 20 juin 1856; veuf en février 1864 de Antoinette-Ghislaine, comtesse de Mérode. — Fils :

Albert-Honoré-Charles, né 13 novembre 1848, prince héréditaire, duc de Valentinois; marié 21 septembre 1869 à *Marie*-Victoire, née 11 décembre 1850, fille de la princesse Marie de Bade. (Voy. BADE.)

Sœur du prince.

Florestine-Gabrielle-Antoinette, née 22 octobre 1833, mariée 15 février 1863 à Frédéric-*Guillaume*-Alexandre-Ferdinand, duc de Wurtemberg, veuve 16 juillet 1869.

Mère du prince.

Marie-Louise-*Caroline*-Gabrielle, née 18 juillet 1793; veuve 20 juin 1856 du prince *Florestan* Ier.

OLDENBOURG.

(Ligne collatérale de Holstein.)

PIERRE (Nicolas-Frédéric), né 8 juillet 1827, grand-duc d'Oldenbourg; duc de Schleswig-Holstein, prince de Lubeck et de Birkenfeld; succède à son père feu le grand-duc *Auguste*-Paul-Frédéric, 28 février 1853; marié 10 février 1852 à *Élisabeth*-Pauline-Alexandrine, née 26 mars 1826, princesse de Saxe-Altenbourg. — Leurs fils :

1° Frédéric-*Auguste*, né 16 nov. 1852, *grand-duc héréditaire*.
2° *George*-Louis, né 27 juin 1855.

Frère et sœurs du grand-duc.

1° Issues du 1ᵉʳ mariage du feu grand-duc Auguste avec Adélaïde, princesse d'Anhalt-Bernbourg-Schaumbourg.

1° Marie-Frédérique-*Amélie*, née 21 décembre 1818; veuve, 26 juillet 1867, d'*Othon*, ancien roi de Grèce. (Voy. Bavière.)

2° Élisabeth-Marie-*Frédérique*, née 8 juin 1820, duchesse d'Oldenbourg; mariée 16 avril 1855 au baron Maximilien de Washington.

2° Issu du 3ᵉ mariage du feu grand-duc Auguste avec la grande-duchesse Cécile, fille de feu Gustave IV, roi de Suède.

3° Antoine-Gunther-Frédéric-*Elimar*, né 23 janvier 1844, duc d'Oldenbourg.

Cousin du grand-duc.

Issu du mariage du feu prince Pierre-Frédéric-George, frère du grand-duc Auguste, avec Catherine-Pawlowna, depuis reine de Wurtemberg.

Constantin-Frédéric-*Pierre*, né 26 août 1812; marié 23 avril 1837, à *Thérèse*-Wilhelmine-Frédérique-Isabelle-Charlotte, née 17 avril 1815, fille du feu duc *Guillaume* de Nassau. — Enfants : 1° *Alexandra*-Petrowna, ci-devant *Alexandra*-Frédérique-Wilhelmine, née 2 juin 1838; mariée 6 février 1856 à *Nicolas*-Nicolaïewitch, grand-duc de Russie (voy. Russie); 2° *Nicolas*-Frédéric-Auguste, né 9 mai 1840, marié en 1863 à Marie, comtesse d'Osternbourg, née 8 juillet 1845. De ce mariage : *a*) *Alexandra*, comtesse d'Osternbourg, née 7 juin 1864; *b*) *Olga*, comtesse d'Osternbourg, née ... mai 1868; 3° *Alexandre*-Frédéric-Constantin, né 2 juin 1844, marié à la princesse *Eugénie*-Maximilianowna, née 1ᵉʳ avril 1845, fille de feu le duc Maximilien de Leuchtenberg; 4° *George*-Frédéric-Alexandre, né 17 avril 1848; 5° *Constantin*-Frédéric-Pierre, né 9 mai 1850; 6° *Thérèse*-Frédérique-Olga, née 30 mars 1852.

PAYS-BAS.

Guillaume III (Alexandre-Paul-Frédéric-Louis), né 19 février 1817, roi des Pays-Bas, prince d'Orange-Nassau, grand-duc de Luxembourg, duc de Limbourg; succède à son père, le roi Guillaume II, 12 mai 1849; marié 18 juin 1839 à
Sophie-Frédérique-Mathilde, née 17 juin 1818, fille de feu Guillaume Iᵉʳ, roi de Wurtemberg. — Leurs enfants :
1° *Guillaume*-Nicolas-Alexandre-Charles-Henri-Frédéric, prince *d'Orange*, né 4 septembre 1840.

2° Guillaume-*Alexandre*-Charles-Henri-Frédéric, né 25 août
  1851.

Frère et sœur du roi.

1° Guillaume-Frédéric-*Henri*, né 13 juin 1820; marié 19 mai 1853
  à *Amélie*-Maria da Gloria-Auguste, née 20 mai 1830, princesse de Saxe-Weimar-Eisenach.
2° Wilhelmine-Marie-*Sophie*-Louise, née 8 avril 1824; mariée
  8 octobre 1842 à *Charles*, né 24 juin 1818, grand-duc de Saxe-
  Weimar-Eisenach. (Voy. SAXE-WEIMAR.)

Oncle et tante du roi.

1° Guillaume-*Frédéric*-Charles, né 28 février 1797; marié 21 mai
  1825 à *Louise*-Auguste-Wilhelmine-Amélie, née 1ᵉʳ fév. 1808,
  fille de feu Frédéric-Guillaume III, roi de Prusse. — Leurs
  enfants : 1° Wilhelmine-Frédérique-Alexandrine-Anne-*Louise*,
  née 5 août 1828; mariée 19 juin 1850 à *Charles XV*, roi de
  Suède (voy. SUÈDE); 2° Wilhelmine-Frédérique-Anne-Élisabeth-
  Marie, née 5 juillet 1841.
2° Wilhelmine-Frédérique-Louise-Charlotte-*Marianne*, née 9 mai
  1810, mariée au prince Albert de Prusse, divorcée 28 mars 1849.

Branche de Nassau.

Adolphe-Guillaume-Auguste-Charles-Frédéric, né 24 juillet 1817;
  succède, 20 août 1839, à son père le duc Guillaume-George,
  veuf 28 janvier 1845 de *Élisabeth*-Michaïlowna, grande-
  duchesse de Russie, deuxième fille de feu le grand-duc
  Michel Pawlowitch; remarié 23 avril 1851 à *Adélaïde*-Marie,
  née 25 décembre 1833, fille de *Frédéric*-Auguste, prince
  d'Anhalt-Dessau. — Enfants du 2ᵉ mariage :
1° *Guillaume*-Alexandre, né 22 avril 1852, *prince héréditaire.*
2° *François-Joseph*-Guillaume, né 30 janvier 1859.
3° *Hilda*-Charlotte-Wilhelmine, née 5 novembre 1864.

Frère et sœurs du duc.

Du 1ᵉʳ mariage du père avec Charlotte-Louise-Frédérique-Amélie, fille du feu
duc Frédéric de Saxe-Altenbourg.

1° *Thérèse*-Wilhelmine-Frédérique-Isabelle, née 17 avril 1815,
  mariée 23 avril 1837 à Constantin-Frédéric-*Pierre*, prince
  d'Oldenbourg. (Voy. OLDENBOURG.)
2° *Marie*-Wilhelmine-Frédérique-Élisabeth, née 29 janvier 1825;
  mariée 20 juin 1842 à Guillaume-*Hermann*-Charles, prince
  de Wied.

Du 2e mariage du père avec Pauline-Frédérique-Marie, fille du prince Paul de Wurtemberg.

3° *Hélène*-Wilhelmine-Henriette-Pauline-Marianne, née 12 août 1831; mariée 26 septembre 1853 à George-Victor, prince régnant de Waldeck et Pyrmont.

4° *Nicolas*-Guillaume, né 20 septembre 1832.

5° *Sophie*-Wilhelmine-Marianne-Henriette, née 9 juillet 1836; mariée 6 juin 1857 à *Oscar*-Frédéric, duc d'Ostrogothie, frère du roi de Suède. (Voy. SUÈDE.)

PERSE.

NASSER-ED-DINE, Schah, né en 1830; succède, le 10 septembre 1848, à son père Mahommed-Schah.

Muzafer-Eddine-Mirza, héritier du trône.

PORTUGAL.

DOM LUIZ Ier (Philippe-Maria-Fernando-Pedro DE ALCANTARA), né 31 octobre 1838, roi de Portugal et des Algarves; succède à son frère Dom Pedro V, 11 novembre 1861; mariée, par procuration, 27 septembre, et en personne, 6 octobre 1862, à *Marie*-Pie, née 16 octobre 1847, fille de Victor-Emmanuel II, roi d'Italie. — De ce mariage :

1° Dom *Carlos-Fernando, prince royal*, né 28 sept. 1863.

2° *Alphonse*-Henri-Napoléon, né 31 juill. 1865, duc d'Oporto.

Frère et sœurs du roi.

1° Dona *Maria-Anna*-Fernanda-Leopoldina-Michaela-Gabriela-Carlota *de Alcantara*, née 21 juillet 1843; mariée, 11 mai 1859, à Frédéric-Auguste-*George*, fils du roi de Saxe.

2° Dona *Antonia*-Maria-Ferdanha-Michaela-Gabriela *de Alcantara*, née 17 février 1845; mariée 12 septembre 1861 à *Léopold, prince héréditaire* de Hohenzollern-Sigmaringen.

3° Dom *Augusto*-Maria-Fernando-Carlos-Miguel-Gabriel-Rafaël *de Alcantara*, duc de Coïmbre, né 4 novembre 1847.

Père du roi.

S. M. le roi Dom *Fernando*-Augusto-Antonio, né 29 octobre 1816, duc de Saxe-Cobourg-Gotha; veuve de la reine Dona Maria II, 15 novembre 1853.

(Oncle et tantes du roi. Voy. Brésil.)

Grand'tantes du roi, filles du feu roi Jean VI.

1° Marie-*Thérèse*, née 29 avril 1793, veuve 1° de dom *Pierre*-Charles, infant d'Espagne, 2° de dom *Charles*-Marie-Isidore, infant d'Espagne.

2° Dona Isabelle-*Marie*, née 4 juillet 1801, ex-régent de Portugal.

PRUSSE.

Guillaume Ier (Frédéric-Louis), né 22 mars 1797, roi de Prusse; succède à son frère, le feu roi Frédéric-Guillaume IV, 2 janvier 1861; marié 11 juin 1829 à

Marie-Louise-*Augusta*-Catherine, née 30 septembre 1811, fille de feu *Charles-Frédéric*, grand-duc de Saxe-Weimar. — Leurs enfants :

1° *Frédéric-Guillaume*-Nicolas-Charles, né 18 octobre 1831, *prince royal;* marié 25 janvier 1858 à

Victoire-Adélaïde-Marie-Louise, née 21 novembre 1840, princesse royale de la Grande-Bretagne et d'Irlande, et duchesse de Saxe. — Enfants : *a) Frédéric-Guillaume*-Victor-Albert, né 27 janvier 1859; *b)* Victoire-Élisabeth-Auguste-*Charlotte*, née 24 juillet 1860; *c)* Albert-Guillaume-*Henri*, né 14 août 1862; *d)* Frédérique-Amélie-Guillemette-*Victoria*, née 12 août 1866; *e)* Joachim-Frédéric-Ernest-*Waldemar*, né 10 février 1868.

2° *Louise*-Marie-Élisabeth, née 3 décembre 1838; mariée 20 septembre 1856 à *Frédéric*-Guillaume-Louis, grand-duc de Bade. (Voy. Bade.)

Frères et sœurs du roi.

1° Frédéric-*Charles*-Alexandre, né 29 juin 1801; marié 26 mai 1827 à *Marie*-Louise-Alexandrine, née 3 février 1808, fille de feu Charles-Frédéric, grand-duc de Saxe-Weimar. — Leurs enfants :

1° *Frédéric-Charles*-Nicolas, né 20 mars 1828; marié 29 nov. 1854 à *Marie*-Anne, née 14 sept. 1837, fille de Léopold, duc d'Anhalt. — Enfants : *a) Marie*-Elisabeth-Louise-Frédérique, née 14 sept. 1855; *b)* *Élisabeth*-Anne, née 8 fév. 1857; *c)* Louise-Marguerite-*Agnès*, née 25 juillet 1860; *d)* Joachim-Charles-Guillaume-*Frédéric-Léopold*, né 14 nov. 1865.

2° Marie-*Louise*-Anne, née 1er mars 1829; mariée 27 juin 1854 à *Alexis*-Guillaume-Ernest, prince de Hesse-Philippsthal-Barchfeld;

3° Marie-*Anne*-Frédérique, née 17 mai 1836; mariée 26 mai 1853 à Frédéric-*Guillaume*, prince de Hesse-Cassel.

2° Frédérique-Wilhelmine-*Alexandrine*-Marie-Hélène, née 23 février 1803; veuve de Paul-Frédéric, grand-duc de Mecklembourg-Schwérin.

3° *Louise*-Auguste-Wilhelmine-Amélie, née 1er février 1808, mariée 21 mai 1825 à Guillaume-Frédéric-Charles, prince des Pays-Bas.

4° Frédéric-Henri-*Albert*, né 4 octobre 1809; marié 14 septembre 1830 à Wilhelmine-Frédérique-Louise-Charlotte-*Marianne*, née 9 mai 1810, fille de feu Guillaume 1er, roi des Pays-Bas (divorcé 28 mars 1849). — Leurs enfants : 1° Frédéric-Guillaume-Nicolas-*Albert*, né 8 mai 1837; 2° Frédérique-Wilhelmine-Louise-Élisabeth-*Alexandrine*, née 1er février 1842; mariée 9 décembre 1865 au duc Guillaume de Mecklembourg-Schwérin.

Reine douairière, belle-sœur du roi.

Élisabeth-Louise, née 13 novembre 1801, fille de feu Maximilien-Joseph, roi de Bavière; veuve 2 janvier 1861 du roi Frédéric-Guillaume IV.

Cousins germains et cousines germaines du roi.

1° Wilhelmine-*Louise*, née 30 octobre 1799, fille de feu *Alexis*-Frédéric-Chrétien, duc d'Anhalt-Bernbourg, veuve 27 juillet 1863 de *Frédéric*-Guillaume-Louis, fils du feu prince Frédéric-Louis-Charles, oncle du roi.

   1° Frédéric-Guillaume-Louis-*Alexandre*, né 21 juin 1820.

   2° Frédéric-Guillaume-*George*-Ernest, né 12 février 1826.

2° Henri-Guillaume-*Adalbert*, né 29 octobre 1811; fils du feu prince Guillaume, oncle du roi.

3° Marie-*Élisabeth*-Caroline-Victoire, née 18 juin 1815; mariée 22 octobre 1836 à Charles, deuxième fils de feu Louis II, grand-duc de Hesse-Darmstadt.

4° Frédérique-Françoise-Auguste-*Marie*-Hedwige, née 15 octobre 1825, veuve de feu Maximilien II, roi de Bavière.

MAISON PRINCIÈRE DE HOHENZOLLERN.

Hohenzollern-Sigmaringen.

Charles-Antoine-Frédéric-Meinrad, né 7 sept. 1811, prince de Hohenzollern-Sigmaringen, abdique 7 décembre 1849 le gou-

vernement de la principauté en faveur du roi de Prusse ; marié
21 oct. 1831 à *Joséphine*-Frédérique-Louise, née 21 octobre
1813, fille de feu Charles-Louis-Frédéric, grand-duc de Bade.
— Leurs enfants :

1° *Léopold*-Étienne-Charles-Antoine, né 22 septembre 1835 ;
marié 12 septembre 1861 à *Antonia*, sœur du roi de Portugal.
— Fils : *a*) *Guillaume*-Auguste-Charles-Ferdinand-Pedro-Be-
noît, né 7 janvier 1864 ; *b*) Ferdinand-Victor-Albert-Meinrad,
né 24 août 1865 ; *c*) *Charles-Antoine*-Frédéric-Guillaume-
Louis, né 1er septembre 1868.

2° *Charles*-Eitel-Frédéric, né 20 avril 1839, élu prince des Principautés-Unies de Moldavie et de Valachie, 20 avril 1866 ;
marié 15 novembre 1869 à *Élisabeth*, princesse de Wied.

3° *Frédéric*-Eugène-Jean, né 25 juin 1843.

4° *Marie*-Louise-Alexandrine-Caroline, née 17 novembre 1845 ;
mariée 25 mars 1867 à *Philippe*, comte de Flandres. (Voy.
BELGIQUE.)

REUSS.

Branche aînée : REUSS-GREIZ.

HENRI XXII, né 28 mars 1846, prince de Reuss-Greiz, succède
à son père feu le prince Henri **XX**, 9 novembre 1859, sous la
tutelle de sa mère ; prend les rênes du gouvernement 28 mars
1867.

Mère du prince.

Caroline-Amélie-Élisabeth, née 19 mars 1819, fille de feu *Gustave*,
landgrave de Hesse-Hombourg, veuve du feu prince Henri XX.

Sœurs du prince.

Chrétienne-*Hermine*-Amélie-Louise-Henriette, née 25 déc. 1840 ;
mariée 29 avril 1862 à Hugues, prince de Schœnbourg-Wal-
denbourg.

Marie-Henriette-Auguste, née 19 mars 1855.

Branche cadette : REUSS-SCHLEIZ.

HENRI XIV, né 28 mai 1832, prince de Reuss-Schleiz, succède
à son père, le prince Henri LXVII, 11 juillet 1867 ; marié
6 février 1858 à

Pauline-Louise-*Agnès*, fille de feu Eugène, duc de Wurtemberg.
— Leurs enfants :

1° *Henri XXVII*, né 10 novembre 1858.

2° *Élisabeth*-Adélaïde-Hélène, née 27 octobre 1859.

Sœur du prince.

Anne-Caroline-Louise-Adélaïde, née 16 décembre 1822; mariée 7 mars 1843 au prince Adolphe de Bentheim-Tecklenburg.

Mère du prince.

Sophie-*Adélaïde*-Henriette, née 28 mai 1800, fille de feu Henri LI, prince de Reuss-Lobenstein-Ebersdorf, veuve 11 juillet 1867 du feu prince Henri LXVII.

RUSSIE.

ALEXANDRE II NICOLAÏEWITCH, né 29 (17) avril 1818; empereur de toutes les Russies; succède à son père, l'empereur Nicolas Ier, 2 mars 1855; marié 28 avril 1841 à

Marie - Alexandrowna (Maximilienne - Wilhelmine - Auguste-Sophie-*Marie*), née 8 août 1824, fille de feu Louis II, grand-duc de Hesse. — Leurs enfants :

1° *Alexandre*-Alexandrowitch, césaréwitch, *grand-duc héritier*; né 10 mars (26 février) 1845; marié 9 novembre (29 octobre) 1866 à la césarowna grande-duchesse Marie-Féodorowna (Marie-Sophie-Frédérique-*Dagmar*), née 14 novembre 1847, fille de Christian IX, roi de Danemark. — Enfants : *a*) *Nicolas*-Alexandrowitch, grand-duc, né 6 (18) mai 1868; *b*) *Alexandre*-Alexandrowitch, grand-duc, né 7 juin (26 mai) 1869.

2° *Wladimir*-Alexandrowitch, né 22 (10) avril 1847, grand-duc.

3° *Alexis*-Alexandrowitch, né 14 (2) janvier 1850, grand-duc.

4° *Marie*-Alexandrowna, née 17 (5) oct. 1853, grande-duchesse.

5° *Serge*-Alexandrowitch, né 11 mai (29 avril) 1857, grand-duc.

6° *Paul*-Alexandrowitch, né 3 oct. (21 sept.) 1860, grand-duc.

Frères et sœurs de l'empereur.

1° *Marie*-Nicolaïewna, née 18 (6) août 1819, grande-duchesse; veuve 1er nov. (19 oct.) 1852 de *Maximilien*-Joseph-Eugène-Auguste, duc de Leuchtenberg. — Enfants: 1° *Marie*, née 4 octobre 1841, mariée 10 février 1863 au prince *Guillaume* de Bade; 2° *Nicolas*, né 4 août 1843, duc de Leuchtenberg; 3° *Eugénie*, née 1er avril 1845; 4° *Eugène*, né 8 février 1847; 5° *Serge*, né 20 décembre 1849; 6° *George*, né 28 février 1852.

2° *Olga*-Nicolaïewna, née 11 sept. (30 août) 1822, grande-duchesse; mariée 13 (1er) juillet 1846 à *Charles*-Frédéric-Alexandre, né 6 mars 1823, roi de Wurtemberg.

3° *Constantin*-Nicolaïewitch, né 21 (9) sept. 1827, grand-duc; marié 11 sept. (30 août) 1848 à *Alexandra*-Josefowna (*Alexandra*-

Frédérique-Henriette-Pauline), née 20 juillet 1830, fille du duc
feu *Joseph* de Saxe-Alteñbourg.—Enfants: 1° *Nicolas*-Constan-
tinowitch, né 14 (2) février 1850; 2° *Olga*-Constantinowna,
née 3 sept. (22 août) 1851, grande-duchesse, mariée 27 (15) octobre 1867 à George Ier, roi des Hellènes; 3° *Vera*-Constan-
tinowna, née 16 (4) février 1854, grande-duchesse; 4° *Constantin*-Constantinowitch, né 22 (10) août 1858, grand-duc;
5° *Dmitri*-Constantinowitch, né 13 (1er) juin 1860, grand-duc;
6° *Wiatcheslaw*-Constantinowitch, né 12 juill. 1862, grand-duc.
4° *Nicolas*-Nicolaïewitch, né 8 août (27 juillet) 1831, grand-duc ;
marié 6 février (26 janv.) 1856 à *Alexandra*-Petrowna (Wilhel-
mine-Frédérique) d'Uldenbourg. — Fils : 1° *Nicolas*-Nicolaïe-
witch, né 18 (6) novembre 1856, grand-duc; 2° *Pierre*-Nico-
laïewitch, né 22 (10) janvier 1864.
5° *Michel*-Nicolaïewitch, né 25 (13) oct. 1832, grand-duc; marié
28 (16) août 1857 à *Olga*-Féodorowna(*Cécile*-Auguste), princesse
de Bade. — Enfants : 1° *Nicolas*-Michaïlowitch, né 26 avril 1859,
grand-duc; 2° *Anastasie*-Michaïlowna, née 28 juillet 1860,
grande-duchesse; 3° *Michel*-Michaïlowitch, né 16 octobre 1861,
grand-duc: 4° *George*-Michaïlowitch, né 23 août 1863, grand-
duc; 5° *Alexandre*-Michaïlowitch, né 13 avril 1866, grand-duc;
6° *Serge*-Michaïlowitch, grand-duc; né 7 oct. (25 sept.) 1869.

Tante de l'empereur.

Hélène-Pawlowna (Frédérique-*Charlotte*-Marie), née 9 janvier
1807 (28 décembre 1806), fille de feu le prince *Paul,* frère de
Guillaume, roi de Wurtemberg ; veuve 9 septembre (28 août)
1849 du grand-duc *Michel*-Pawlowitch, fils de l'empereur
Paul Ier. —Leur fille : *Catherine*-Michaïlowna, née 28 (16)
août 1827, grande-duchesse; mariée 16 (4) février 1851 à
George-Auguste-Charles-Louis, deuxième fils de *George,* duc de
Mecklembourg-Strélitz.

SAXE (ROYAUME DE).

JEAN (Népomucène-Marie-Joseph), né 12 décembre 1801, roi de
Saxe; succède à son frère, le feu roi *Frédéric-Auguste;* marié
par procuration, 10 novembre 1822, et en personne le 21, à
Amélie-Auguste, née 13 novembre 1801, fille du 2e mariage du
feu roi de Bavière, *Maximilien*-Joseph. — Leurs enfants :
1° Frédéric-Auguste-*Albert,* né 23 avril 1828, *prince royal;*
marié 18 juin 1853 à la princesse *Carola* de Wasa, née
5 août 1833, fille de *Gustave,* prince de Wasa.

2° Marie-*Élisabeth*-Maximilienne, née 4 février 1830; veuve 10 février 1855 de *Ferdinand*, duc de Gênes. (Voy. ITALIE.)

3° Fréderic-Auguste-*George*, né 8 août 1832, marié 11 mai 1859 à *Marie-Anne*, sœur du roi de Portugal. — Leurs enfants : *a) Mäthilde*-Marie-Auguste-Victoria, née 19 mars 1863; *b) Frédéric-Auguste*-Jean-Louis, né 25 mai 1865; *c) Marie*-Josèphe-Louise-Marguerite; née 31 mai 1867; *d) Jean-George*-Pie-Charles-Léopold, né 11 juillet 1869.

Reine douairière.

Marie-Anne-Léopoldine-Anne-Wilhelmine, née 27 janvier 1805, fille du feu roi de Bavière *Maximilien-Joseph*; veuve 9 août 1854 du roi *Frédéric-Auguste*.

Sœur du roi.

Issue du 1er mariage du duc *Maximilien-Marie-Joseph* avec *Caroline-Marie-Thérèse* de Parme.

Marie-*Amélie*-Frédérique-Auguste, née 10 août 1794.

SAXE-ALTENBOURG.

(Ci-devant Hildburghausen.)

ERNEST (Frédéric-Paul-George-Nicolas), né 16 septembre 1826; succède, 3 août 1853, à son père, le duc George-Charles-Frédéric; marié 28 avril 1853 à

Frédérique-Amélie-*Agnès*, née 24 juin 1824, fille du duc Léopold-Frédéric d'Anhalt-Dessau. — Leur fille :

Marie-Frédérique-Léopoldine-Georgine-A., etc., née 2 août 1854.

Frère du duc.

Maurice-François-Frédéric-Constantin-Alexandre-Henri-Auguste, etc., né 24 octobre 1829; marié 15 oct. 1862 à la princesse *Auguste* de Saxe-Meiningen. — De ce mariage :

1° *Marie-Anne*, née 12 mars 1854. ·

2° *Élisabeth*-Auguste-Marie-Agnès, née 25 janvier 1865.

3° *Marguerite*-Marie-Agnès-Adélaïde-Caroline-Frédérique, née 22 mars 1867.

Oncle et tante du duc.

Frédéric-Guillaume-Charles-Joseph-Louis-George, né 4 oct. 1801.

Louise-Caroline, née 3 décembre 1822, fille de feu Henri XIX, prince de Reuss-Greiz; veuve, 16 mai 1852, de Édouard-Charles-Guillaume-Chrétien, oncle du duc; remariée 27 déc, 1854 au prince Henri IV de Reuss-Schleiz-Kœstritz.

4

Cousin et cousines du duc.

1° Enfants issus du mariage du feu duc régnant Joseph avec la feue duchesse Amélie-Wilhelmine-Philippine de Wurtemberg.

1° Alexandrine-*Marie*-Wilhelmine-Catherine-Charlotte, etc., née 14 avril 1818, reine de Hanovre.

2° Henriette-Frédérique-*Thérèse*-Élisabeth, née 9 octobre 1823.

3° *Élisabeth*-Pauline-Alexandrine, née 26 mars 1826, grande-duchesse d'Oldenbourg.

4° *Alexandra*-Frédérique-Henriette-Pauline, etc. (Alexandra-Josefowna), née 18 juillet 1830; mariée 11 septembre 1848 à Constantin, grand-duc de Russie.

2° Enfants issus du 1er mariage du feu prince Édouard de Saxe-Altenbourg avec Amélie-Antoinette-Caroline-Adrienne de Hohenzollern-Sigmaringen.

1° *Thérèse*-Amélie-Caroline-Joséphine-Antoinette, née 21 déc. 1836, mariée 16 avril 1864 au duc de Dalécarlie, frère du roi de Suède.

2° *Antoinette*-Charlotte-Marie-Joséphine-Caroline-Frida, née 17 avril 1838; mariée 22 avril 1854 à Léopold-Frédéric-François-Nicolas, prince héréditaire d'Anhalt-Dessau.

3° Enfants du 2° mariage du feu prince Édouard avec la princesse *Louise-Caroline* de Reuss-Schleiz.

3° *Albert*-Henri-Joseph-Charles, né 14 avril 1843.

4° *Marie*-Gasparine-Amélie-Antoinette, etc., née 28 juin 1845; mariée, 12 juin 1869, à *Charles*-Gunther, prince héréditaire de Schwarzburg-Sondershausen.

SAXE-COBOURG-GOTHA.

ERNEST II (Auguste-Charles-Jean-Léopold-Alexandre-Édouard), né 21 juin 1818; succède à son père, le duc *Ernest I*er, 29 janvier 1844; marié 3 mai 1842 à

Alexandrine-Louise-Amélie-Frédérique-Élisabeth-Sophie, née 6 décembre 1820, fille de feu Léopold, grand-duc de Bade.

Frère du duc.

† *Albert*-François-Auguste-Charles-Emmanuel, duc de Saxe-Cobourg-Gotha, né 26 août 1819; mort 14 décembre 1861, marié à Victoria I, reine de la Grande-Bretagne et de l'Irlande. (Voy. GRANDE-BRETAGNE.)

Cousins du duc.

1° Issus du mariage du feu duc Ferdinand, oncle du duc, avec Marie-*Antoinette*-Gabrielle, fille de François-Joseph, prince de Kohary.

1° *Ferdinand*-Auguste-François-Antoine, né 29 oct. 1816; veuf 15 nov. 1853 de dona Maria II, reine de Portugal. (Voy. PORTUGAL.)

2° *Auguste*-Louis-Victor, né 13 juin 1818; marié 20 avril 1843 à Marie-*Clémentine*-Caroline-Léopoldine-Clotilde *d'Orléans*, née 3 juin 1817, fille de feu Louis-Philippe Ier, roi des Français. — Enfants : 1° *Philippe*-Ferdinand-Marie-Auguste-Raphaël, né 28 mars 1844; 2° *Auguste*-Louis-Marie-Eudes, né 9 août 1845; marié 15 décembre 1864 à la princesse *Léopoldine* du Brésil. Leurs enfants : a) *Pedro*-*Augusto*, né 19 mars 1866; b) *Augusto*-Leopoldo-Felippe-Maria, né 6 décembre 1867; c) Jose-Fernando-Francisco-Maria-Miguel-Gabriel-Raphael-Gonzaga, né 21 mai 1869; 3° Marie-Adélaïde-Amélie-*Clotilde*, née 8 juillet 1846; mariée 12 mai 1864 à Joseph-Charles-Louis, archiduc d'Autriche (voy. Autriche.); 4° Marie-Louise-Françoise-*Amélie*, née 23 octobre 1848; 5° *Ferdinand*-Maximilien-Charles-Léopold-Marie, né 26 février 1861.

3° *Léopold*-François-Jules, né 31 janvier 1824.

2° Enfants de feu Léopold Ier, roi des Belges, oncle du duc régnant, Voy. Belgique.

SAXE-MEININGEN ET HILDBURGHAUSEN.

George, né 2 avril 1826, duc de Saxe-Meiningen-Hildburghausen; succède à son père le duc Erich-Freund-*Bernard* qui abdique le 20 sept. 1866; veuf 30 mars 1855 de Frédérique-Louise-Wilhelmine-*Charlotte*, fille du prince *Albert* de Prusse; remarié 23 octobre 1858 à

Féodora, fille du prince de Hohenlohe-Langenbourg. — Enfants du 1er mariage :

1° *Bernard*-Frédéric-Guillaume-Albert-George, né 1er av. 1851.

2° *Marie*-Élisabeth, née 23 septembre 1853.

Du 2e mariage :

1° *Ernest*-Bernard-Victor-George, né 27 septembre 1859;

2° *Frédéric*-Jean-Bernard-Armand-Henri-Maurice, né 12 octobre 1861.

Père et mère du duc.

Bernard-Erich-Freund, né 17 décembre 1800, duc de Saxe-Meiningen, ayant succédé, par convention du 12 novembre 1826, aux principautés de Hildburghausen, Saalfeld, etc.; marié 23 mars 1825 à *Marie*-Frédérique-Wilhelmine-Christine, née 6 septembre 1804, fille de feu Guillaume II, électeur de Hesse.

Sœur du duc.

Auguste-Louise-Adélaïde-Caroline-Ida, née 6 août 1843; mariée 15 octobre 1862 au prince *Maurice* de Saxe-Altenbourg. (Voy. plus haut.)

SAXE-WEIMAR-EISENACH.

CHARLES (Alexandre-Auguste-Jean), né 24 juin 1818 ; succède à
son père, le grand-duc Charles-Frédéric, 8 juillet 1853 ;
marié 8 octobre 1842 à

Wilhelmine-Marie-*Sophie*-Louise, née 8 avril 1824, fille de feu
Guillaume II, roi des Pays-Bas. — Leurs enfants :

1° *Charles-Auguste*-Guillaume-Nicolas-Alexandre-Michel-
Bernard-Henri-Frédéric-Étienne, *prince héréditaire*, né
31 juillet 1844.

2° *Marie*-Alexandrine-Anne-Sophie-Auguste-Hélène, née
20 janvier 1849.

3° *Élisabeth*-Sibylle-Marie-Dorothée-Louise-Anne-Amélie, née
28 février 1854.

Sœurs du grand-duc.

1° *Marie*-Louise-Alexandrine, née 3 février 1808; mariée 26 mai
1827 au prince *Charles* de Prusse.

2° Marie-Louise-*Auguste*-Catherine, née 30 septembre 1811 ;
mariée 11 juin 1829 à Guillaume Ier, roi de Prusse.

Cousins et cousine du grand-duc.
Enfants de feu Charles-Bernard, oncle du grand-duc.

1° Guillaume-Auguste-*Édouard*, né 11 octobre 1823; mariée
morganatiquement, 27 novembre 1851, à lady *Auguste* Gor-
don Lennox, fille du duc de Richmond.

2° *Hermann*-Bernard-George, né 4 août 1825 ; marié 17 juin
1851 à *Auguste*-Wilhelmine-Henriette, fille du feu roi Guillaume Ier de Wurtemberg. — Enfants : *a*) *Pauline*-Ida-Marie-
Olga-Henriette-Catherine, née 25 juillet 1852 ; *b*) *Guillaume*-
Charles-Bernard-Hermann, né 31 décembre 1853 ; *c*) *Bernard*-Guillaume-George-Hermann, né 10 octobre 1855 ;
d) *Alexandre*-Guillaume-Bernard-Charles-Hermann, né 22
juin 1857 ; *e*) *Ernest*-Charles-Guillaume, né 9 août 1859;
f) Olga-Marie-Ida-Sophie-Pauline-Augusta, née 4 octobre 1869.

3° Frédéric-*Gustave*-Charles, né 28 juin 1827.

4° *Amélie*-Maria-da-Gloria-Auguste, née 20 mai 1830; mariée
19 mai 1853 à Guillaume-Frédéric-*Henri*, prince des Pays-
Bas. (Voy. PAYS-BAS.)

SCHAUMBOURG-LIPPE.

ADOLPHE (George), né 1er août 1817, prince souverain de Schaum-
bourg-Lippe, succède à son père, feu le prince *George*, 21 novembre 1860; marié 25 octobre 1844 à

Hermine, née 29 septembre 1827, fille de feu *George*-Frédéric-Henri, prince souverain de Waldeck. — Leurs enfants :

1° *Hermine*, née 5 octobre 1845.

2° Étienne-Albert-*George, prince héréditaire,* né 10 oct. 1846.

3° Pierre-*Hermann*, né 19 mai 1848.

4° *Ida*-Mathilde-Adélaïde, née 28 juillet 1852.

5° *Othon*-Henri, né 13 septembre 1854.

6° *Adolphe*-Guillaume-Victor, né 20 juillet 1859.

Frère et sœurs du prince.

1° *Mathilde* - Augustine-Wilhelmine-Caroline, née 11 septembre 1818; mariée 15 juillet 1843, à *Eugène*-Guillaume-Alexandre-Erdmann, duc de Wurtemberg.

2° *Adélaïde*-Christine-Julienne-Charlotte, née 9 mars 1821; mariée 16 octobre 1841 à *Frédéric,* prince de Schleswig-Holstein-Sonderbourg-Glücksbourg.

3° *Ida*-Marie-Auguste-Frédérique, née 26 mai 1824.

4° *Guillaume*-Charles-Auguste, né 12 déc. 1834; marié 30 mai 1862 à la princesse *Bathilde*-Amalgunde d'Anhalt-Dessau.—Leurs enfants :

   1° *Charlotte*-Marie-Ida-Louise-Hermine-Mathilde, née 10 octobre 1864.

   2° *François* - Joseph - Léopold-Adolphe-Guillaume, né 8 octobre 1865.

   3° Frédéric-George-Guillaume-Bruno, né 30 janvier 1868.

5° *Élisabeth*-Wilhelmine-Augustine-Marie, née 5 mars 1841.

SCHWARZBOURG.

SCHWARZBOURG-RUDOLSTADT.

George (Albert), né 23 novembre 1838, prince de Schwarzbourg-Rudolstadt, succède à son père Albert en novembre 1869.

Sœur du prince.

Élisabeth, née 1er octobre 1833, mariée 17 avril 1852 à *Léopold,* prince régnant de Lippe.

Enfants du deuxième mariage du prince Fréderic-Gunther (né 6 novembre 1793, décédé 28 juin 1867) avec Hélène, fille adoptive de Guillaume, prince d'Anhalt-Dessau.

1° *Hélène*, née 2 juin 1860,   } jumeaux.

2° *Gunther*-Sizzo, né 3 juin 1860, }

Cousin du feu prince Albert.

François-Frédéric-*Adolphe*, né 27 septembre 1801, fils de feu
Charles-Gunther, oncle du prince; marié 27 septembre 1847
à *Mathilde*, née 18 novembre 1826, princesse de Schœnbourg-
Waldenbourg. — Enfants : 1° *Marie*-Caroline-Auguste, née
29 janvier 1850, mariée 4 juillet 1868 à Frédéric-François,
grand-duc de Mecklembourg-Schwérin; 2° *Gunther-Victor*, né
21 août 1852; 2° *Thecla*, née 12 août 1859.

SCHWARZBOURG-SONDERSHAUSEN.

GUNTHER (Frédéric-Charles), prince de Schwarzbourg-Sonders-
hausen, né 24 sept. 1801; succède à son père, qui résigne
3 sept. 1835; veuf 29 mars 1833 de *Marie*-Caroline-Irène,
princesse de Schwarzbourg-Rudolstadt; remarié 29 mai 1835 à
Frédérique-Alexandrine-Marie-*Mathilde*-Catherine-Charlotte-
Eugénie-Louise, née 3 juillet 1814, fille du prince-Auguste de
Hohenlohe-Œhringen; divorcée 5 mai 1852.
Enfants du premier mariage :
1° *Élisabeth*-Caroline-Louise, née 22 mars 1829.
2° *Charles*-Gunther, né 7 août 1830, prince héréditaire; marié 12 juin 1869 à *Marie*-Gasparine, duchesse de Saxe-
   Altenbourg, née 28 juin 1845.
3° Gunther-*Léopold*, né 2 juillet 1832.
   Enfants du second mariage :
4° *Marie*-Pauline-Caroline-Louise-Wilhelmine-Auguste, née
   14 juin 1837.
5° Gunther-Frédéric-Charles-Auguste-*Hugues*, né 13 avril 1839.

Tante du prince.

Guntherine-Frédérique-Charlotte-Albertine, née 24 juillet 1791;
veuve 16 novembre 1842 de Jean-*Charles*-Gunther, oncle du
prince. — Sa fille : *Charlotte*-Frédérique-Amélie-Albertine,
née 7 septembre 1816, mariée en 1854 au baron de Jud, veuve
13 janvier 1864.

SUÈDE ET NORWÉGE.

CHARLES XV (Louis-Eugène), né 3 mai 1826, roi de Suède et de
Norwége; succède à son père, feu le roi Oscar Ier, 8 juillet
1859; marié 19 juin 1850 à
Wilhelmine-Frédérique-Alexandrine-Anne-*Louise*, née 5 août.
— Leur fille :
Louise-Joséphine-Eugénie, née 31 octobre 1851; mariée

28 juillet 1869 à Christian-*Frédéric*-Guillaume-Charles, prince royal de Danemark.

Frères et sœur du roi.

1° *Oscar*-Frédéric, né 21 janvier 1829, duc d'Ostrogothie; marié 6 juin 1857 à *Sophie*, princesse de Nassau, née 9 juill.1836. — Enfants: 1° Oscar-*Gustave*-Adolphe, né 16 juin 1858, duc de Wermelande; 2° *Oscar*-Charles-Auguste, né 15 novembre 1859, duc de Gottlande; 3° Oscar-*Charles*-Guillaume, né 27 février 1861, duc de Westrogothie; 4° *Eugéne*-Napoléon-Nicolas, duc de Néricie, né 1er août 1865.

2° Charlotte-*Eugénie*-Auguste-Amélie-Albertine, née 24 avr. 1830.

3° Nicolas-*Auguste*, né 24 août 1831, duc de Dalécarlie; marié 16 avril 1864 à *Thérèse*-Amélie-Caroline, née 21 décembre 1836, princesse de Saxe-Altenbourg.

Mère du roi.

Joséphine-Maximilienne-Eugénie, née 14 mars 1807, fille du feu prince *Eugène de Beauharnais*, duc de Leuchtenberg, veuve 8 juillet 1859 du feu roi Oscar Ier.

TURQUIE.

Sultan ABDUL-AZIZ-KHAN, né 15 Chaaban 1245 (9 février 1830), succède à son frère, sultan Abdul-Medjid-Khan, le 17 Zilhedjé 1277 (25 juin 1861). — Princes et princesse :

1° *Youssouf-Izzedin*-Effendi, né 21 Seffer 1274 (9 oct. 1857).

2° Sultane *Salihe*, née 13 Safer 1279 (10 août 1862).

3° *Mahmoud-Djemil*-Eddin-Effendi, né 24 Djémaziel-Ackir 1279 (20 novembre 1862).

4° *Mechmed-Selim*, né 28 Djémad el Awwel 1283 (8 oct. 1866).

5° *Abdul-Medjid*, né 6 Rebi el Awwel 1285 (27 juin 1868).

Sœur du sultan.

Sultane *Aadilé*, née 15 Chewal 1241 (23 mai 1826); mariée 12 juin 1845 à *Mehemed-Ali-Pacha*.

Neveux et nièces du sultan, enfants du feu sultan Abdul-Medjid.

1° Mehemmed-*Murad*-Effendi, né 25 Redjeb 1256 (21 sept. 1840).

2° Sultane *Fatimé*, née 7 Chaaban 1256 (1er nov. 1840); veuve 30 octobre 1858 d'Ali-Ghalib-Pacha, 3e fils de Réchid-Pacha; remariée 24 mars 1859 à Mehemed-*Noury*-Pacha, Mouchir.

3° Sultane *Réfigé*, née 25 Zilhédjé 1257 (6 février 1842); mariée 21 juillet 1857 à Ethem-Pacha, fils de Méhémed-Ali-Pacha.

4° *Abdul-Hamid*-Effendi, né 16 Chaaban 1258 (22 sept. 1842).

5° Sultane *Djemilé*, née 21 Redjeb 1259 (18 août 1843); mariée 3 juin 1858 à Mahmoud-Gelal-Eddin-Pacha, fils d'Admed-Feti-Pacha.

6° *Mehemmed-Réchad*-Effendi, né 21 Chewal 1260 (3 nov. 1844).

7° *Ahmed-Kiémal-Eddin*-Effendi, né 14 Chaaban 1264 (3 déc. 1847).

8° Sultane *Béhidjé*, née 26 Ramajan 1264 (16 juillet 1848).

9° *Mehemmed-Burhan-Eddin*-Effendi, né 1er Redjeb 1265 (23 mai 1849).

10° *Nour-Eddin*-Effendi, né 10 Djémaziul-Evel 1268 (14 avril 1851).

11° Sultane *Senihé*, née 10 Seffer 1268 (21 novembre 1851).

12° Sultane *Féhimé*, née 7 Djémaziul-Evel 1271 (26 janv. 1855).

13° Sultane *Chéhimé*, née 29 Mouharem 1273 (1er mars 1855).

14° *Soliman*-Effendi, né 23 Mouharem 1277 (11 août 1860).

WALDECK.

GEORGE V (Victor), né 14 janvier 1831, prince souverain de Waldeck et Pyrmont; succède à son père, le prince *George*-Fréderic-Henri, 15 mai 1845, sous la tutelle de sa mère; prend lui-même les rênes du gouvernement 17 août 1852; marié 26 sept. 1853 à *Hélène*-Wilhelmine-Henriette-Pauline-Marie-Anne, née 12 août 1831, sœur du duc *Adolphe* de Nassau. — Leurs enfants :

1° *Pauline*-Emma-Augustine-Herminie, née 19 octobre 1855.

2° *Georgine*-Henriette-Marie, née 23 mai 1857.

3° Adélaïde-*Emma*-Thérèse-Wilhelmine, née 2 août 1858.

4° *Hélène*-Frédérique-Augustine, née 17 février 1861.

5° *Frédéric*-Adolphe-Hermann, né 20 janvier 1865, *prince héréditaire*.

Sœurs du prince.

1° *Auguste*-Amélie-Ida, née 21 juill. 1824, mariée 15 juin 1848 à Alfred, comte de Stolberg-Stolberg.

2° *Hermine*, née 29 septembre 1827, mariée 25 octobre 1844 à *Adolphe*-George, prince de Schaumbourg-Lippe. (Voy. SCHAUM-BOURG-LIPPE.)

Oncle et tante du prince.

Hermann-Othon-Chrétien, né 12 octobre 1809 ; marié 2 septembre 1833 à *Agnès*, comtesse de Teleki-Szek.

Amélie-Henriette-Julie, née 4 avril 1814, fille de Charles, comte de Lippe-Biesterfeld ; veuve 19 juillet 1846 de *Charles*-Chrétien, oncle du prince. — Fils : 1° *Albert*-George-Bernard-Charles, né 11 décembre 1841, marié morganatiquement, 2 juin 1864, à *Dora* Gage, comtesse de Rhoden ; 2° *Erich*-George-Hermann-Constantin, né 20 décembre 1842 ; 3° *Henri*-Charles-Auguste-Hermann, né 20 mai 1844.

Branche cadette des comtes de Waldeck.

ADALBERT (Guillaume-Charles), né 19 février 1833 ; succède à son père Charles, comte de Waldeck-Pyrmont et Limbourg-Gaildorf, 21 janvier 1849, marié 3 août 1858 à *Agnès*, fille du prince Alexandre de Sayn-Wittgenstein-Hohenstein. — Enfants : 1° *Hélène*, née 12 mai 1859 ; 2° *Adalbert*, né 6 janvier 1863 ; 3° *Hermann*, né 16 mars 1864 ; 4° Albert-Louis-François-Chrétien, né 15 octobre 1867.

Frère et sœur du comte.

1° Caroline-*Mechtilde*-Emma-Charlotte-Chrétienne-Louise, née 23 juin 1826, veuve 28 octobre 1864 de *Charles*-Antoine-Ferdinand, comte de Bentinck.

2° *Richard*-Casimir-Alexandre-Charles-Louis-Henri, né 26 décembre 1835.

WURTEMBERG.

CHARLES Ier (Frédéric-Alexandre), né 6 mars 1823, roi de Wurtemberg, fils du roi *Guillaume I*^{er} et de la reine *Pauline*-Thérèse-Louise, succède à son père 25 juin 1864 ; marié 13 juillet 1846 à *Olga*-Nicolaïewna, née 11 septembre (30 août) 1822, fille de feu Nicolas Ier, empereur de Russie.

Sœurs du roi.

a. Issues du 1er mariage du père avec *Catherine*-Paulowna, fille du feu empereur Paul Ier de Russie.

1° *Marie*-Frédérique-Charlotte, née 30 octobre 1816 ; veuve en 1865 d'*Alfred*-Charles-François, comte de Neipperg.

2° *Sophie*-Frédérique-Mathilde, née 17 juin 1818, reine des Pays-Bas. (Voy. PAYS-BAS.)

b. Issues du 2° mariage du père avec la reine-mère *Pauline*-Thérèse-Louise.

3° *Catherine*-Frédérique-Charlotte, née 24 août 1821 ; veuve 9 mai 1870 de son cousin *Frédéric*-Charles-Auguste, prince de Wurtemberg. (Voy. plus bas.)

4° *Auguste*-Wilhelmine-Henriette, née 4 octobre 1826 ; mariée 17 juin 1851 à *Hermann*-Bernard-George , prince de Saxe-Weimar. (Voy. SAXE-WEIMAR.)

- Mère du roi.

Pauline-Thérèse-Louise, reine-mère, née 4 septembre 1800, fille de feu Louis-Frédéric-*Alexandre,* duc de Wurtemberg, veuve 25 juin 1864.

Cousins et cousine du roi.

Enfants de feu *Paul-Charles-Frédéric-Auguste*, prince de Wurtemberg, frère du feu roi Guillaume Ier.

1° Frédérique-*Charlotte*-Marie (Hélène-Pawlowna), née 9 janvier 1807; veuve 28 août 1849 du grand-duc Michel de Russie.

2° † *Frédéric*-Charles-Auguste, né 21 février 1808 ; décédé 9 mai 1870. — Veuve : *Catherine*-Frédérique-Charlotte de Wurtemberg, fille du feu roi Guillaume Ier. —Fils : *Guillaume*-Charles-Paul-Henri-Frédéric, né 25 février 1848.

3° Frédéric-*Auguste*-Éberhard , né 24 janvier 1813.

Descendants des grands-oncles du roi.

1° Enfants du feu duc *Louis,* grand-oncle du roi.

(De son mariage avec Henriette, née duchesse de Nassau.)

1° *Pauline*-Thérèse-Louise, la reine-mère. (Voy. ci-dessus.)

2° *Alexandre*-Paul-Louis-Constantin, né 9 septembre 1804, duc de Wurtemberg; veuf 1er octobre 1841 de *Claudine,* comtesse de Hohenstein, née comtesse Rhéday de Kiss-Rhède.

2° Descendance du feu duc *Eugène*-Fréderic-Henri, grand-oncle du roi.

A. Enfants du 1er mariage du feu duc *Eugène*-Paul-Louis , fils du duc *Eugène*-Frédéric-Werner, avec *Mathilde* , princesse de Waldeck-Pyrmont.

1° *Marie*-Alexandrine-Auguste-Louise-Eugénie-Mathilde , née 25 mars 1818, duchesse de Wurtemberg; veuve de *Charles* de Hesse-Philippsthal. (Voy. HESSE.)

2° *Eugène* - Guillaume - Alexandre - Erdmann , né 25 décembre 1820, duc de Wurtemberg; marié 15 juillet 1843 à *Mathilde*-Auguste-Wilhelmine, née 11 septembre 1818, fille de feu George , prince de Schaumbourg - Lippe. — Enfants : *a*) *Wilhelmine*-Eugénie-Auguste-Ida , née 11 juillet 1844 , duchesse de Wurtemberg, mariée 8 mai 1868 au duc Nicolas (voy. ci-dessous); *b*) Guillaume-*Eugène*-Auguste-George, né 20 août 1846, duc de Wurtemberg; *c*) *Pauline*-Mathilde-Ida , née 11 avril 1854, duchesse de Wurtemberg.

De son 2ᵉ mariage avec la princesse *Hélène* de Hohenlohe-Langenbourg.

1° *Guillaume*-Nicolas, né 20 juillet 1828, duc de Wurtemberg.

2° Alexandrine-*Mathilde*, née 16 décembre 1829, duchesse de Wurtemberg.

3° *Nicolas*, né 1ᵉʳ mars 1833, duc de Wurtemberg, marié 8 mai 1868 à la duchesse Wilhelmine. (Voy. ci-haut.)

4° Pauline-*Louise*-Agnès, née 13 octobre 1835, duchesse de Wurtemberg; mariée 6 février 1858 à Henri XIV, prince régnant de Reuss-Schleiz.

B. Veuve du duc Frédéric-*Paul*-Guillaume, 2ᵉ fils du duc *Eugène*-Frédéric-Henri.

Marie-*Sophie*-Dorothée-Caroline, née 4 mars 1800, princesse de Tour et Taxis. Son fils :

Guillaume-Ferdinand-*Maximilien*-Charles, né 3 septembre 1828, duc de Wurtemberg.

3° Descendance du feu duc Guillaume, oncle du feu roi Guillaume Iᵉʳ avec la comtesse de Tundersfeld.

Enfants issus du fils aîné, feu le comte Frédéric-Chrétien-*Alexandre*.

1° Guillaume-Paul-Alexandre-Ferdinand-Frédéric-Henri-Joseph-Ladislas-*Éberhard*, né 25 mai 1833, comte de Wurtemberg.

2° *Wilhelmine*-Pauline-Joséphine-Henriette-Marie-Hélène-Sophie-Alexandrine, née 24 juillet 1834, comtesse de Wurtemberg.

3° *Pauline*-Wilhelmine-Françoise-Xaverine-Joséphine-Marie, née 8 août 1836, comtesse de Wurtemberg, mariée 25 avril 1857 à Maximilien-Henri-Adam de Wuthenau.

4° Guillaume-Paul-Frédéric-Henri-Ladislas-Joseph-Léopold-Marie-*Charles-Alexandre*, né 29 mars 1839, comte de Wurtemberg.

† Frédéric-*Guillaume*-Alexandre-Ferdinand, né 6 juillet 1810, comte de Wurtemberg, duc d'Urach; veuf 1ᵉʳ avril 1857 de *Théodolinde*-Louise-Eugénie-Napoléone, fille du feu prince *Eugène de Beauharnais*, duc de Leuchtenberg; marié 15 février 1863 à la princesse *Florestine* de Monaco; décédé le 16 juillet 1869. — Enfants du 1ᵉʳ mariage :

1° *Auguste-Eugénie*-Wilhelmine-Marie-Pauline, née 27 décembre 1842, comtesse de Wurtemberg, princesse d'Urach, mariée en 1865 à Rodolphe, comte d'Enzenberg.

2° *Mathilde*-Auguste-Pauline-Wilhelmine-Théodolinde, née 14 janv. 1854, comtesse de Wurtemberg, princesse d'Urach.

Du 2ᵉ mariage :

3° *Guillaume*, né 3 mars 1864.

4° *Charles*-Joseph, né 15 février 1865.

4° Fils de feu Alexandre-Frédéric-Charles, duc de Wurtemberg, et de feue Antoinette-Ernestine-Amélie, fille de feu le duc François de Saxe-Cobourg-Gotha.

1° Frédéric-Guillaume-*Alexandre*, né 20 décembre 1804, duc de Wurtemberg; veuf 2 janvier 1839 de *Marie*-Christine-Caroline-Adélaïde-Françoise-Léopoldine *d'Orléans*, fille de feu Louis-Philippe Iᵉʳ, roi des Français (mort comte de Neuilly) et de la reine *Marie-Amélie*. — Leur fils :
Philippe-Alexandre-Marie-Ernest, né 30 juillet 1838, duc de Wurtemberg; marié 7 février 1865 à *Marie-Thérèse*, fille de l'archiduc *Albert* d'Autriche. — De ce mariage : 1° *Albert*-Marie-Alexandre-Philippe-Joseph, duc de Wurtemberg, né 23 décembre 1865, et 2° *Marie*-Amélie-Hildegarde-Philippine-Thérèse-Joséphine, duchesse de Wurtemberg, né 24 décembre 1865, jumeaux.

CONFÉDÉRATIONS ET RÉPUBLIQUES.

BOLIVIE.

S. Exc. Don Melgarejo, président, juin 1865.

CENTRE-AMÉRIQUE.

GUATEMALA.

S. Exc. le maréchal de camp Don Vincente Cerna, président, réélu 17 janvier 1869.

SAN SALVADOR.

S. Exc. le Dr Dueñas, président, réélu en 1868 pour quatre ans.

HONDURAS.

S. Exc. le général José Maria Medina, président, réélu en 1869.
M. Crescencio Gomez, vice-président.

COSTA-RICA.

S. Exc. Don Jesus Ximenes, président, élu en 1868.

NICARAGUA.

S. Exc. Don Fernando Guzman, président, élu le 1er mars 1867.

CHILI (RÉPUBLIQUE DU).

S. Exc. Don José Joaquin Perez, président, élu le 18 septembre 1866.

CONFÉDÉRATION ARGENTINE.

S. Exc. M. Domingo F. Sarmiento, président, élu 12 octobre 1868.
M. Adolfo Alsina, vice-président, élu le même jour.

ÉQUATEUR.

S. Exc. M. Gabriel Garcia Moreno, président, élu le 10 août 1868.

ÉTATS-UNIS DE COLOMBIE.

S. Exc. le général Salgar, président.

ÉTATS-UNIS D'AMÉRIQUE.

S. Exc. M. le général U. S. Grant, président, élu le 4 mars 1869.
M. Schuyler Colfax, vice-président, élu le même jour.

HAÏTI.

N., président.

LIBÉRIA.

S. Exc. M. Jacques-Spriggs Payne, président, élu en janvier 1868.

PARAGUAY.

N...., président.
N...., vice-président.

PÉROU.

S. Exc. M. le colonel Don José Balta, président.

SAN MARINO (RÉPUBLIQUE DE).

M. Innocenzo Bonelli, capitaine régent.
M. Giacomo Berti, *idem.*

SANTO DOMINGO (RÉPUBLIQUE DOMINICAINE).

S. Exc. le général Baez, président, 1868.
M. Francisco Antonio Gomez, vice-président.

SUISSE.

M. Dubs, président du Conseil fédéral.
M. Schenk, vice-président.

URUGUAY.

S. Exc. M. le général Battle, président.

VENEZUELA.

S. Exc. Don J. Ruperto Monagas, président.
M. Guillemo-Tell Villegas, 1er vice-président.
M. le docteur Ramon Montilla Troanes, 2e vice-président.

CABINETS ÉTRANGERS.

(Royaume-Uni de la Grande-Bretagne et d'Irlande.)

Le très-hon. W. E. GLADSTONE, premier lord de la trésorerie.

Le très-hon. ROBERT LOWE, chancelier de l'échiquier.

Le Cᵗᵉ DE CLARENDON, ministre des affaires étrangères.

Le très-hon. H. A. BRUCE, ministre de l'intérieur.

Le Cᵗᵉ DE GRANVILLE, ministre des colonies.

Le très-hon. S. CARDWELL, ministre de la guerre.

Le duc D'ARGYLL, ministre des Indes.

Le très-hon. H. CHILDERS, premier lord de l'amirauté.

Lord HATHERLEY, lord chancelier.

Le Cᵗᵉ DE GREY ET RIPON, président du Conseil.

Le Cᵗᵉ DE KIMBERLEY, lord du sceau privé.

Le Mⁱˢ DE HARTINGTON, directeur général des postes.

Le très-hon. JOHN BRIGHT, ministre du commerce.

Le très-hon. C. FORTESCUE, secrétaire en chef pour l'Irlande.

Le très-hon. G. GOSCHEN, président de l'assistance publique.

Le très-hon. ACTON SME AYRTON, ministre des travaux publics.

Lord DUFFERIN, chancelier du duché de Lancaster.

M. G. GLYN, secrétaire de la trésorerie.

Lord JOHN HAY, secrétaire de l'amirauté.

M. A. OTWAY, sous-secrétaire d'État aux affaires étrangères.

Le très-hon. W. MONSELL, sous-secrétaire d'État aux colonies.

AUTRICHE.

Ministère des affaires communes.

M. le Cᵗᵉ DE BEUST, chancelier de l'Empire, président du Conseil et ministre de la Maison impériale et des affaires étrangères.

M. Melchior DE LONYAY, ministre des finances.

M. le Bᵒⁿ DE KUHN, lieut.-général, min. de la guerre et de la marine.

Ministère cisleithan.

M. le Chᵉʳ DE HASNER, président du Conseil.

M. le général WAGNER, ministre de la défense du pays.

M. DE PLENER, ministre du commerce et des travaux publics.

M. DE GISKRA, ministre de l'intérieur.

M. HERBST, ministre de la justice.

M. Brestl, ministre des finances.

M. le Ch^{er} Stremeyer, ministre de l'instr. publique et des cultes.

M. le Ch^{er} Banhans, ministre de l'agriculture.

Ministère hongrois.

M. le Cte Jules Andrassy, président du Conseil et ministre de la défense nationale.

M. le Cte Georges Festetics, ministre à la cour de S. M. impériale et royale apostolique.

M. Rajner, ministre de l'intérieur.

M. Kerkapoli, ministre des finances.

M. Balthazar de Horvath, ministre de la justice.

M. le Bon Joseph d'Eötsvös, ministre de l'instruction publique.

M. Slavvy, ministre du commerce, de l'industrie et de l'agriculture.

M. Étienne de Gorove, ministre des travaux publics et des communications.

BADE.

M. Jolly, président du Conseil, ministre d'État et de l'intérieur.

M. le lieutenant-général de Beyer, ministre de la guerre.

M. de Freydorf, président du ministère de la Maison grand-ducale et des affaires étrangères.

M. de Dusch, président du ministère du commerce.

M. Ellstætter, président du ministère des finances.

M. Obkircher, président du ministère de la justice.

M. Nusslin, conseiller d'État, président du consistoire supérieur évangélique, membre du Conseil, sans portefeuille.

BAVIÈRE.

M. le Cte de Bray, ministre d'État de la Maison du roi et des affaires étrangères.

M. de Lutz, ministre de la justice et des cultes.

M. de Braun, ministre de l'intérieur.

M. de Pfretzschner, ministre des finances.

M. de Schloer, ministre du commerce et des travaux publics.

M. le Bon de Prantkh, ministre de la guerre.

BELGIQUE.

M. Bara, ministre de la justice.

M. Frère-Orban, ministre des finances.

M. Van der Stichelen, ministre des affaires étrangères.

M. le lieutenant-général Renard, ministre de la guerre.

M. Pirmez, ministre de l'intérieur.

M. Jamar, ministre des travaux publics.

BOLIVIE.

M. Mariano Donato Muñoz, ministre d'État et des affaires étrangères.

M. José Sanjinez, ministre de la justice, de l'instruction publique et de l'intérieur.

M. le général Seb. Agreda, ministre de la guerre.

M. Miguel Maria Aguirre, ministre des finances.

BRÉSIL.

M. le Vte d'Itaborahy, sénateur, président du Conseil, ministre des finances.

M. Paulino José Soares de Souza, ministre de l'intérieur.

M. Joaquin Octavio Nebiat, député, ministre de la justice.

M. le Bon de Murityba, sénateur, ministre de la guerre.

M. le Bon de Cotejepe, sénateur, ministre de la marine.

M. Diego Velho Cavalcanti de Albuquerque, ministre des travaux publics, de l'agriculture et du commerce.

M. José Maria da Silva Paranhas, ministre des affaires étrangères.

CENTRE-AMÉRIQUE.

GUATEMALA.

M. Manuel Echeverria, min. de la justice, du culte et de l'intérieur.

M. Pedro de Aycinena, ministre de l'extérieur.

M. Manuel Cerezo, ministre des finances et de la guerre.

SALVADOR (RÉPUBLIQUE DE).

M. Arbizu, ministre des affaires étrangères.

M. J. J. Bonilla, ministre d'État et de l'intérieur, et par intérim ministre de la guerre et de la marine.

HONDURAS.

M. Francisco Alvarado, ministre des affaires étrangères et de l'intérieur.

M. Jos. Inestroza, ministre de la guerre et de la marine.

M. Pedro Alvarado, ministre des finances.

COSTA-RICA.

M. le docteur Aniceto Ximenès, ministre unique.

NICARAGUA.

Don Thomas AYON, ministre des relations extérieures.
Don SAENZ, ministre des finances et de la justice.
Don Geronimo PEREZ, ministre de l'intérieur et de l'instr. publ.
M. N., ministre de la guerre.

CHILI (RÉPUBLIQUE DU).

M. L. AMUNATEGUI, ministre de l'intérieur et des affaires étrangères.
M. J. BLEST GANA, ministre de la justice, du culte et de l'instruction publique.
M. Alejandro REYES, ministre des finances.
M. Francisco ECHAURREN, ministre de la guerre et de la marine.

CONFÉDÉRATION ARGENTINE.

M. Mariano VARELA, ministre des affaires étrangères.
M. Nicolas AVELLANEDA, ministre de la justice, de l'instruction publique et des cultes.
M. Dalmacio VELEZ SAROFIELO, ministre de l'intérieur.
M. le colonel Martin GAINZA, ministre de la guerre et de la marine.
M. José Benjamin GOROSTIAGA, ministre des finances.

CONFÉDÉRATION DE L'ALLEMAGNE DU NORD.

S. M. le roi de Prusse est investi de la présidence de la Confédération en vertu de l'article 18 de la Constitution fédérale.

Puissances composant la Confédération du Nord :

ANHALT.

M. le conseiller intime actuel Dr J. DE LARISCH, président, ministre des affaires étrangères, de la justice, des cultes et de l'instruction publique.
M. le lieutenant-général STOCKMAR (affaires militaires).
M STEINKOPF, président du département des finances.
M. HAGEMANN, conseiller d'État, chef du département de l'intérieur.

BRÊME. (Ville libre.)

MM. A. DUCKWITZ et J. D. MEIER, bourgmestres.
M. A. DUCKWITZ, président du sénat, chef du département des affaires étrangères.

BRUNSWICK.

M. Charles-Ferdinand DE CAMPE, ministre d'État.
M. J. C. W. SCHULTZ, conseiller intime.
M. ZIMMERMANN, conseiller intime.

HAMBOURG. (Ville libre.)

MM. le Dr KIRCHENPAUER et le Dr N. F. HALLER, bourgmestres.
M. le Dr C. H. MERCK, chargé du départ. des affaires étrangères.

HESSE. (Grand-duché de.)

(Voy. page CXXI.)

LIPPE.

M. HELDMANN, ministre d'État, chef du cabinet et président du gouvernement.

LUBECK. (Ville libre.)

M. le Dr Th. CURTIUS, bourgmestre.
M. le Dr W. PLESSING, sénateur, chargé du département des affaires étrangères.

MECKLEMBOURG-SCHWERIN.

M. le Cte DE BASSEWITZ-SCHWISSEL, président du ministère d'État, ministre des affaires étrangères.
M. le Dr BUCHKA, conseiller d'État, chargé du ministère de la justice.
M. DE MÜLLER, conseiller d'État, chargé du ministère des finances.
M. le Dr WETZELL, cons. d'État, chargé du ministère de l'intérieur.

MECKLEMBOURG-STRÉLITZ.

M. le Bon DE HAMMERSTEIN, ministre d'État.

OLDENBOURG.

M. DE RŒSSING, ministre de la Maison du grand-duc et des affaires étrangères, de la justice, du culte et de l'instruction publique.
M. le lieutenant-général Cte DE WEDEL, ministre des affaires militaires.
M. ZEDELIUS, conseiller privé, ministre des finances.
M. le Bon DE BERG, ministre de l'intérieur.

PRUSSE.

(Voy. page CXXXIII.)

REUSS-GREIZ. (Branche aînée.)

M. Richard DE GELDERN-CRISPENDORF, président du cabinet-ministère de la chambre des finances.
M. le Dr Hughes HERRMANN, président du gouvernement et du consistoire.

REUSS-SCHLEIZ. (Branche cadette.)

M. le Dʳ DE HARBOU, ministre d'État, de la Maison du prince, des finances, du culte et de l'instruction publique et, par intérim, chef du département de la justice.

M. le Dʳ DE BEULWITZ, chef du département de l'intérieur.

SAXE (Royaume de).

(Voy. page CXXXIV.)

SAXE-ALTENBOURG.

M. le Bᵒⁿ DE GERSTENBERG-ZECH, président du Conseil, ministre des affaires de la Maison ducale, des affaires extérieures, des affaires militaires, des affaires ecclésiastiques, de l'instruction et de l'intérieur.

M. Charles Th. SONNENKALB, conseiller d'État, chargé du département des finances.

SAXE-COBOURG-GOTHA.

M. le Bᵒⁿ DE SEEBACH, ministre d'État.

MM. le Bᵒⁿ DE PAWEL-RAMMINGEN et DE SCHWENDLER, conseillers intimes et chambellans.

MM. BRAUN et BRUCKNER, conseillers d'État.

MM. SAMWER et ROSEL, conseillers ministériels.

SAXE-MEININGEN.

M. le Bᵒⁿ Ant. Ferd. DE KROSIGK, conseiller privé actuel, ministre d'État, de l'extérieur et de la Maison ducale.

M. le Dʳ d'UTTENHOVEN, conseiller privé actuel et chambellan, ministre de la justice, du culte et de l'instruction publique.

M. GISEKE, conseiller d'État, ministre de l'intérieur.

M. le Dʳ WAGNER, conseiller d'État, ministre des finances.

SAXE-WEIMAR-EISENACH.

M. DE WATZDORF, ministre d'État, président du Conseil, chef du département de la Maison grand-ducale, des affaires étrangères et de l'intérieur et du département de la justice.

M. Gustave THON, conseiller intime, chef du département des finances.

M. G. Théodore STICHLING, conseiller d'État intime et chef du département du culte.

SCHAUMBOURG-LIPPE.

M. le Bᵒⁿ DE LAUER-MÜNCHHOFEN, président du gouvernement, de la chambre des fiefs et du sénat de justice.

SCHWARZBOURG-RUDOLSTADT.

M. J. H. DE BERTRAB, conseiller intime actuel et chef du ministère.

SCHWARZBOURG-SONDERSHAUSEN.

M. G. A. DE KEYSER, conseiller privé actuel, ministre d'État, des affaires étrangères et de l'intérieur.

WALDECK.

Par suite d'un traité d'accession conclu le 18 juillet 1867, l'administration des principautés de Waldeck et de Pyrmont a été transmise à la Prusse le 1ᵉʳ janvier 1868.

DANEMARK.

M. HOLSTEIN-HOLSTEINBORG, président du Conseil.
M. ROSENVERN-LEHN, ministre des affaires étrangères.
M. le colonel DE HAFFNER, ministre de la guerre.
M. N...., ministre de la marine.
M. FONNESBECH, ministre de l'intérieur.
M. KRIEGER, ministre de la justice.
M. FENGER, ministre des finances.
M. HALL, ministre des cultes et de l'instruction publique.

ÉQUATEUR.

M. le Dʳ Francesco Javier SALAZAR, ministre de l'intérieur et des affaires étrangères.
M. José Maria Boquirizo NOBOA, ministre des finances.
M. le général Secundino DARQUEA, ministre de la guerre et de la marine.

ESPAGNE.

M. le maréchal PRIM, comte de REUS, président du Conseil et ministre de la guerre.
M. Praxedes Mateo SAGASTA, ministre d'État et des affaires étrangères.
M. le brigadier BÉRANGER, ministre de la marine.
M. Nicolas Maria RIVERO, ministre de l'intérieur.
M. Laureano FIGUEROLA, ministre des finances.

M. José DE ECHEGARAY, ministre des travaux publics.

M. Eugenio Montero RIOS, ministre de la justice.

M. BECERRA, ministre des colonies.

M. Manuel BECERRA, ministre d'outre-mer.

M. Sigismond MORET Y PRENDERGAST, ministre des colonies.

ÉTATS ROMAINS.

S. Em. le cardinal Giac. ANTONELLI, secrétaire d'État, ministre des affaires étrangères, président du Conseil des ministres.

Mgr. FERRARI, trésorier général de la chambre apostolique et ministre des finances.

Mgr. NEGRONI, ministre de l'intérieur.

M. le général KANZLER, proministe des armes.

S. Exc. le cardinal BERARDI, proministe du commerce, des beaux-arts et des travaux publics.

Mgr. Laurent RANDI, ministre de la police.

ÉTATS-UNIS DE COLOMBIE.

(ANCIENNE CONFÉDÉRATION GRENADINE.)

M. Felipe ZAPATA, ministre de l'intérieur et des affaires étrangères.

M. Salvador CAMACHO-ROLDAN, ministre des finances.

M. RAPHAEL NUÑEZ, ministre de la guerre et de la marine.

M. Julian FRUJILLO, ministre du trésor et du crédit national.

ÉTATS-UNIS D'AMÉRIQUE.

M. Hamilton FISH, secrétaire d'État.

M. George S. BOUTWELL, secrétaire du trésor.

M. le major-général W. W. BELKNAP, secrétaire de la guerre.

M. G. ROBESON, secrétaire de la marine.

M. I. D. COX, secrétaire de l'intérieur.

M. E. Rockwood HOAR, procureur général.

M. A. J. CRESWELL, directeur des postes.

GRÈCE.

M. Thrasybule ZAIMIS, président du Conseil, ministre de l'intérieur.

M. S. VALAORITIS, ministre des affaires étrangères.

M. AVIERINOS, ministre des cultes et de l'instruction publique.

M. Théodore P. DELYANNIS, ministre des finances.

M BULGARIS, ministre de la guerre.

M. P. TOMBAIS, ministre de la marine.

M. SATAVAS, ministre de la justice.

HAÏTI.

M. N...., secrétaire d'État de la guerre et de la marine.

M. N...., secrétaire d'État de la police générale.

M. N...., secrétaire d'État des relations extérieures, des finances et du commerce.

M. N...., secrétaire d'État de la justice, de l'instruction publique et des cultes.

M. N...., secrétaire d'État de l'intérieur et de l'agriculture.

HAWAII (ROYAUME. — ILES SANDWICH).

M. H. C. HARRIS, ministre des affaires étrangères et de la guerre.

M. Ferd. W. HUTCHISON, ministre de l'intérieur et de l'instruction publique.

M. J. Mott SMITH, ministre des finances.

M. E. H. ALLEN, ministre de la justice.

HESSE (grand-duché de).

M. le Bᵒⁿ DE DALWIGK, conseiller intime, président du conseil des ministres, ministre de la Maison grand-ducale, des affaires étrangères et de l'intérieur.

M. le Bᵒⁿ DE LINDELOF, ministre de la justice, président du Conseil d'État.

M. le Bᵒⁿ DE SCHENK DE SCHWEINSBERG, ministre des finances.

M. le colonel DOBNSEIFF, président du ministère de la guerre.

ITALIE.

M. le commandeur LANZA, président du Conseil, ministre de l'intérieur.

M. le Chᵉʳ VISCONTI VENOSTA, ministre des affaires étrangères.

M. le commandeur RAELI, ministre de grâce et de justice.

M. le commandeur SELLA, ministre des finances.

M. le général GOVONE, ministre de la guerre.

M. le contre-amiral ACTON, ministre de la marine.

M. CORRENTI, ministre de l'instruction publique.

M. CASTAGNOLA, ministre de l'agriculture, de l'industrie et du commerce.

M. GADDA, ministre des travaux publics.

LIECHTENSTEIN.

M. Antoine SEIST, conseiller et chef de la chancellerie à Vienne.

M. Ch. HAUS DE HAUSEN, conseiller et chef de l'administ. à Vaduz.

LUXEMBOURG (Grand-duché de).

S. A. R. le prince HENRI des Pays-Bas, lieutenant du roi, représentant du roi grand-duc.

———

M. E. Servais, ministre d'État, président du gouvernement, chargé de la direction générale des affaires étrangères.

M. Thilges, directeur général des affaires communales.

M. Vannerus, directeur général de la justice.

M. de Colnet d'Huart, directeur général des finances.

M. G. Ulveling, conseiller secrétaire général du gouvernement.

PAYS-BAS.

M. Roest van Limbourg, ministre des affaires étrangères.

M. Lilaar, ministre de la justice et, par intérim, du culte cathol.

M. Fock, ministre de l'intérieur.

M. Brocx, ministre de la marine.

M. Van Bosse, ministre des finances et, par intérim, des cultes réformés.

M. le lieutenant-général Van Mulken, ministre de la guerre.

M. de Waal, ministre des colonies.

PÉROU.

M. le colonel Jean Francisco Balta, secrétaire d'État au département de la guerre et de la marine.

M. Mariano Dorado, secrét. d'État au départ. des affaires étrang.

M. le colonel Francisco de Paula Secada, secrétaire d'État au département de l'intérieur, de la police et des travaux publics.

M. Mariano Felipe Pas Soldan, secrétaire d'État au département de la justice, de l'instr. publ. et des affaires ecclésiastiques.

M. Pierola, secrétaire d'État au département des finances et du commerce, président du conseil.

PERSE.

S. A. I. Firouze-Mirza, ministre de la guerre.

S. Exc. Mirza-Yousseuf, ministre des finances.

S. Exc. Mirza-Saïd-Khan, ministre des affaires étrangères.

S. A. I. le prince Ali-Kouli-Mirza, Étéza-do-Saltané, ministre de l'instruction publique, du commerce et des arts et métiers.

S. Exc. Julam-Hussein-Khan, ministre de la justice.

S. Exc. Ferrukh-Khan, ministre de la Maison du Schah.

S. Exc. J. Abdul-Ali-Khan, ministre des pensions de retraite et des legs pieux.

PORTUGAL.

M. le duc DE SALDANHA, président du conseil, ministre de la guerre, chargé du portefeuille des affaires étrangères.

M. Rodrigues SAMPAYO, ministre de l'intérieur.

M. Dias FERREIRA, ministre des finances et de la justice.

M. le Cᵗᵉ DE PEDICHE, ministre des travaux publics.

M. D'ACOSTA, ministre de la marine et des colonies.

PRUSSE.

M. le Cᵗᵉ DE BISMARCK-SCHŒNHAUSEN GC✷, président du Conseil et ministre des affaires étrangères.

M. DE CAMPHAUSEN, ministre des finances.

M. le général DE ROON GC✷, ministre de la guerre et de la marine.

M. DE MÜHLER, ministre des affaires ecclésiastiques, de l'instruction et des affaires médicales.

M. DE SELCHOW, ministre de l'agriculture.

M. le Cᵗᵉ EULENBURG, ministre de l'intérieur.

M. le Dʳ LÉONHARDT, ministre de la justice.

M. le Cᵗᵉ DE ITZENPLITZ, ministre du commerce et des travaux publ.

M. le Bᵒⁿ DE SCHLEINITZ GC✷, ministre de la Maison du roi.

M. DELBRUCK, président de la chancellerie de la Confédération de l'Allemagne du Nord, ministre d'État.

RUSSIE.

M. le prince GORTCHACOW, chancelier de l'empire, ministre des affaires étrangères.

M. le prince Paul GAGARINE, conseiller privé actuel, président du Conseil de l'empire.

M. l'aide de camp général Cᵗᵉ D'ADLERBERG, ministre de la Maison de l'empereur.

M. TIMACHEFF, conseiller privé, ministre de l'intérieur.

M. l'aide de camp général MILUTINE, ministre de la guerre.

M. le Cᵗᵉ PAHLEN, conseiller privé, ministre de la justice.

M. Cᵗᵉ DMITRI TOLSTOY, cons. privé, min. de l'instruction publique.

M. DE REITERN, conseiller privé, ministre des finances.

M. le général Cᵗᵉ BOBRINSKOY, ministre des voies de communication et des édifices publics.

M. TATARINOW, conseiller privé, contrôleur de l'empire.

M. le lieutenant-général ZELENOY, directeur en chef du département des apanages, ministre des domaines.

M. l'aide de camp général, vice-amiral KRABBE, chargé de la direction du ministère de la marine.

4.

SAN MARINO (RÉPUBLIQUE DE).

M. J. Bonelli, secrétaire d'État de l'intérieur.

M. Dominique Fattori, secrétaire d'État des affaires étrangères et des finances.

M. Fred. Venturini, commissaire de la loi.

M. Gaëtan Belluzzi, commandant supérieur de la milice.

SANTO DOMINGO (RÉPUBLIQUE DOMINICAINE).

M. Félix Maria Delmonte, ministre de la justice et de l'instruction publique.

M. Ricardo Curiel, ministre des finances et du commerce.

M. José Hungria, ministre de la guerre et de la marine.

M. Manuel Maria Gautier, ministre de l'intérieur, de la police et des affaires étrangères.

SAXE (ROYAUME DE).

M. le Dr de Falkenstein, ministre des cultes et de l'instruction publique, président du Conseil.

M. le Bon de Friesen, ministre des finances et des affaires étrang.

M. le Dr Schneider, ministre de la justice.

M. le lieutenant-général de Fabrice, ministre de la guerre.

M. de Nostitz-Wallwitz, ministre de l'intérieur.

SUÈDE ET NORWÉGE.

SUÈDE.

Le Conseil d'État de la Suède se compose de deux ministres d'État et de huit conseillers d'État, dont cinq à portefeuille.

M. le Bon de Geer, ministre d'État de la justice.

M. le Cte de Wachtmeister, ministre d'État des affaires étrangères.

M. le Bon d'Ugglas, chef du département des finances.

M. le général-major Abelin, chef du département de la guerre.

M. le Bon Leijonhufered, chef du département de la marine.

M. Carlson, chef du département des affaires ecclésiastiques.

M. d'Adlercreutz, chef du département de l'intérieur.

M. le conseiller d'État Berg, sans portefeuille.

M. le conseiller d'État Ehrenheim, sans portefeuille.

M. le conseiller d'État Bredberg, sans portefeuille.

NORWÉGE.

Le gouvernement du royaume de Norwége se compose du ministère d'État et de neuf conseillers d'État. Une partie de ce ministère, savoir, le ministre d'État et deux conseillers d'État qui changent tous les ans, réside auprès du roi à Stockholm; les autres sept sont chacun chef d'un département et composent la régence à Christiania.

S. Exc. M. SIBBERN, ministre d'État.

M. le conseiller d'État STANG, chef du département de la Révision.

M. le conseiller d'État RIDDERVOLD, chef du département des cultes et de l'instruction publique.

M. le conseiller d'État BRETTEVILLE, chef du départ. de l'intérieur.

M. le conseiller d'État BROCH, chef du départ. de la marine et des postes.

M. le conseiller d'État MANTHEY, chef du départ. des finances.

M. IRGENS, chef du département de l'armée.

M. FALSEN, chef du département de la justice.

M. HELLIESEN, conseiller d'État.

M. MELDAHL, *idem.*

M. AALL, secrétaire d'État.

SUISSE (CONSEIL FÉDÉRAL).

M. DUBS, président de la Confédération pour 1869, chef du département politique.

M. SCHENK, vice-président, chef du département de l'intérieur.

M. WELTI, chef du département militaire.

M. KNUSEL, chef du département de justice et police.

M. le Dr G. NÆFF, chef du département du commerce et des péages.

M. CHALLET-VENEL, chef du département des postes.

M. CÉRÉSOLE, chef du département des finances.

M. le Dr J. U. SCHIESS, chancelier.

TURQUIE.

AALI pacha, grand visir et ministre des affaires étrangères.

HASSAN effendi, cheikh-ul-islam.

MOUSTAPHA-NAILI pacha, } ministres sans portefeuille.
MOUHAMMED pacha,

KIAMIL pacha, président du Conseil d'État.

EUMER-HUSSAM effendi, } anciens grands muftis et membres
MOHAMMED-REFYK effendi, } du conseil des ministres.

HUSSEÏN pacha, ministre de la guerre..

OMER pacha, généralissime et membre du conseil des ministres.

RÏZA pacha, ministre sans portefeuille.

RUSCHDI pacha, ministre de l'intérieur et de la liste civile.

Mahmoud pacha, ministre de la marine.
Djvedet pacha, ministre, président de la cour suprême de justice.
Sadyq pacha, ministre des finances, ⎫
Mohammed-Nouri pacha,   ⎬ ministres sans portefeuille.
Ethem pacha,   ⎪
Mahmoud pacha,   ⎭
Safvet pacha, ministre de l'instruction publique.
Kabouli pacha, ministre du commerce et de l'agriculture.
Halil pacha, grand-maître de l'artillerie.
Kouachick pacha, ministre des Vakoufs.
Kiani pacha, grand-douanier.
Davoud pacha, ministre des travaux publics.
Kusni pacha, ministre de la police.
Sami pacha,   ⎫
Cherif-Ali pacha,   ⎬ membres du conseil des ministres.
Moustafa-Izzet effendi,⎭
Mumtaz effendi, ministre de la justice.
Hussein bey, membre du conseil des ministres.

URUGUAY (république orientale de l').

Don A. Rodriguez, ministre des affaires étrangères.
Le colonel don Candido J. Bustamente, ministre de l'intérieur.
Don A. Magariños Cervantes, ministre des finances.
Le colonel Don Candido J. Bustamente, ministre de la guerre et
    de la marine par intérim.

VENEZUELA.

M. J. P. Rojas Paul, ministre des affaires étrangères.
M. J. Antonio Guardio, ministre des finances.
M. Perez, ministre des travaux publics.
M. Nicomedez Ramirez, ministre de la guerre.
M. Gonzales Delgado, ministre de l'intérieur.

WURTEMBERG.

M. de Mittnacht, ministre de la justice.
M. le Bon de Varnbüler, ministre de la Maison du roi et des
    affaires étrangères.
M. N., président du Conseil privé.
M. le conseiller d'État Scheurlen, ministre de l'intérieur.
M. N., ministre des affaires ecclés. et de l'instruction publique.
M. le quartier-maître-général de Luccow, ministre de la guerre.
M. de Renner, ministre des finances.
M. le Bon d'Egloffstein, chef du cabinet du roi.

LISTE CHRONOLOGIQUE
DES MINISTRES DES AFFAIRES ÉTRANGÈRES,

DEPUIS LE 1er JANVIER 1589,

époque de la création, par le roi Henri III,

DES QUATRE CHARGES DE SECRÉTAIRES D'ÉTAT A DÉPARTEMENT.

DATE de la NOMINATION.	MINISTRES DES AFFAIRES ÉTRANGÈRES.	DATE de la CESSATION des fonctions.
1er janvier 1589.	1. RÉVOL (Louis de), intendant de l'armée de Provence, mort en 1594.	17 septemb. 1594.
17 septemb. 1594.	2. VILLEROI (Nicolas de Neufville, de), ambassadeur, grand-trésorier de l'ordre du Saint-Esprit, mort en 1617.	1617.
1617.	3. PUYSIEUX (Pierre-Brûlart, vicomte de), ambassadeur, mort en 1640.	4 février 1624.
1626.	4. PHÉLYPPEAUX D'HERBAUT (Reymond), seigneur de la Vrillière, secrétaire d'État, mort en 1629.	2 mai 1629.
2 mai 1629.	5. BOUTHILLIER (Claude), seigneur de Pons et de Fossigny, secrét. d'État, mort en 1651.	1632.
1632.	6. BOUTHILLIER (Léon), comte de Chavigny et de Buzançais, secrét. d'État, mort en 1652.	1643.
1643.	7. LOMÉNIE-BRIENNE (Henri-Auguste de), seigneur de la Ville-aux-Clercs, secrétaire d'État, mort en 1666.	3 avr. 1663.

DATE de la NOMINATION.	MINISTRES DES AFFAIRES ÉTRANGÈRES.	DATE de la CESSATION des fonctions.
3 avr. 1663.	8. LIONNE (Hugues de), marquis de Fresne, seigneur de Berny, ambassadeur, mort en 1671.	1er sept. 1671.
1er sept. 1671.	9. POMPONNE (Simon Arnauld, marquis de), ambassad., mort en 1699.	novembre 1679.
novembre 1679.	10. CROISSY (Charles Colbert, marquis de), ambassadeur, mort en 1696.	28 juillet 1696.
28 juillet 1696.	11. TORCY (Jean-Bapt. Colbert, marquis de), secrét. d'État, membre du conseil de régence, mort en 1746.	24 sept. 1718.
24 septemb. 1718.	12. DUBOIS (Guillaume), cardinal, archevêque de Cambrai, premier ministre, mort en 1723.	20 février 1723.
20 février 1723.	13. MORVILLE (Charles-Jean-Baptiste de Fleurian d'Armenonville, comte de), secrét. d'État, mort en 1750.	19 août 1727.
19 août 1727.	14. CHAUVELIN (Germain-Louis de), garde des sceaux, mort en 1762.	22 février 1737.
22 février 1737.	15. AMELOT DE CHAILLOU (Jean-Jacq.), secrétaire d'État, membre de l'Académie française, mort en 1749.	26 avril 1744.
26 avril 1744.	16. ARGENSON (Réné-Louis de Voyer de Paulmy, marquis d'), conseiller d'État, intendant du Hainaut, mort en 1757.	3 janvier 1747.
3 janvier 1747.	17. PUYSIEUX (Louis-Brûlart de Sillery, marquis de), ambassadeur, mort en 1771.	11 sept. 1751.

DATE de la NOMINATION.	MINISTRES DES AFFAIRES ÉTRANGÈRES.	DATE de la CESSATION des fonctions.
11 septemb. 1751.	18. SAINT-CONTEST (François-Domin. de), intendant de Bourgogne, mort en 1754.	24 juillet 1754.
24 juillet 1754.	19. ROUILLÉ (Antoine-Louis de), comte de Jouy, ministre de la marine, mort en 1761.	25 juin 1757.
25 juin 1757.	20. BERNIS (François-Joach. de Pierres, comte de), cardinal, membre de l'Académie française, ambassadeur, mort en 1794.	1758.
1758.	21. CHOISEUL-STAINVILLE (Étienne-François, duc de), ambassadeur, mort en 1785.	1761.
13 octobre 1761.	22. PRASLIN (César-Gabr. de Choiseul, duc de), ambassad., mort en 1766.	5 avr. 1766.
5 avril 1766.	» Le duc DE CHOISEUL-STAINVILLE, pour la 2e fois.	24 septemb. 1770.
24 septemb. 1770.	23. SAINT-FLORENTIN (Louis-Phélyp-peaux, comte de), ministre de la Maison du roi, chargé du portefeuille des affaires étrang., mort en 1777.	6 juin 1771.
6 juin 1771.	24. AIGUILLON (Emmanuel-Armand de Vignerod du Plessis-Richelieu, duc d'), gouverneur de Bretagne, mort en 1780.	21 juillet 1774.
21 juillet 1774.	25. VERGENNES (Charl. Gravier, comte de), ambassadeur, mort en 1787.	13 février 1787.

DATE de la NOMINATION.	MINISTRES DES AFFAIRES ÉTRANGÈRES.	DATE de la CESSATION des fonctions.
13 février 1787.	26. MONTMORIN-SAINT-HEREM (Armand-Marc, comte de), ambassadeur, mort en 1792.	20 novemb. 1791.
20 novemb. 1791.	27. LESSART (Claude-Valdec de), ministre de l'intérieur, mort en 1792.	10 mars 1792.
10 mars 1792.	28. DUMOURIEZ (Charles-François), général de division, mort en 1823.	17 juin 1792.
17 juin 1792.	29. CHAMBONAS (Scipion-Louis-Jos. de La Garde, marquis de), lieutenant du roi en Languedoc, mort en 1807.	1er août 1792.
1er août 1792.	30. SAINTE-CROIX (Louis-Claude Bigot de), ministre plénipotentiaire, mort en 1803.	10 août 1792.
11 août 1792.	31. LEBRUN (Pierre-Martial), publiciste, mort en 1793.	21 juin 1793.

La *Convention nationale,* par divers décrets, établit 24 comités dont les membres, pris dans son sein, étaient chargés de la direction des affaires ressortissant à chacun des anciens ministères supprimés par ces mêmes décrets.

Par suite de cette organisation, les *Relations extérieures* furent successivement confiées à cinq commissaires (DE FORGUES, HERMANN, BUCHOT, MIOT et COLCHEN), du 21 juin 1793 au 6 novembre 1795, époque à laquelle le *Directoire,* succédant à la *Convention,* supprima les 24 comités, rétablit

DATE de la NOMINATION.	MINISTRES DES AFFAIRES ÉTRANGÈRES.	DATE de la CESSATION des fonctions.
	les ministères et confia celui des *Relations extérieures* au ministre plénipotentiaire Charles DE LACROIX, qui recommence la série des ministres.	
6 novemb. 1795.	32. LACROIX (Charles-Constant de), ministre plénipotentiaire, mort en 1805.	19 juillet 1797.
19 juillet 1797.	33. TALLEYRAND-PÉRIGORD (Charl. Maurice de), ancien député à l'Assemblée constituante, mort en 1838.	19 juillet 1799.
20 juillet 1799.	34. REINHARD (Charles-Fréderic), min. plénipotentiaire, mort en 1837.	21 novemb. 1799.
22 novemb. 1799.	» TALLEYRAND-PÉRIGORD (Charl. Maurice de), pour la 2e fois.	17 juin 1807.
8 août 1807.	35. CHAMPAGNY (Jean-Baptiste Nompère comte de), duc de Cadore, ambassadeur, mort en 1834.	16 avril 1811.
17 avril 1811.	36. MARET (Hugues-Bernard), duc de Bassano, ambassadeur, ministre secrétaire d'État, mort en 1839.	19 novembre. 1813.
20 novemb. 1813.	37. CAULAINCOURT (Arm.-Augustin-Louis de), duc de Vicence, général de division, ambassadeur, mort en 1827.	2 avril 1814.
	Le 3 avril 1814, le *Gouvernement provisoire* nomme *Commissaire aux affaires étrangères* le comte DE BUSSIÈRE (Mathurin Laforét), qui en a rempli les fonctions jusqu'au 13 mai suivant,	

DATE de la NOMINATION.	MINISTRES DES AFFAIRES ÉTRANGÈRES.	DATE de la CESSATION des fonctions.
.	date de l'ordonnance royale qui confia le *ministère des affaires étrangères* au prince DE TALLEYRAND.	
13 mai 1814.	» TALLEYRAND-PÉRIGORD (Charl. Maurice de), prince de Bénévent, pour la 3ᵉ fois.	10septemb. 1814.
11septemb. 1814.	38. JAUCOURT (François, marquis de), pair de France, mort en 1852.	20 mars 1815.
21 mars 1815.	» CAULAINCOURT (duc de Vicence), pour la 2ᵉ fois.	22 juin 1815.
23 juin 1815.	39. BIGNON (Pierre-Édouard, baron), ministre plénipotent., mort en 1841.	7 juillet 1815.
8 juillet 1815.	» TALLEYRAND-PÉRIGORD (Charl. Maurice de), prince de Bénévent, président du Conseil, pour la 4ᵉ fois.	23septemb. 1816.
24 sept. 1816.	40. RICHELIEU (Armand-Emmanuel Du Plessis, duc de), pair de France, président du Conseil, mort en 1822.	28 décemb. 1818.
29 décemb. 1818.	41. DESSOLLES (Charles-Louis, marquis), général de division, pair de France, président du Conseil, mort en 1828.	18 novemb. 1819.
19 novemb. 1819.	42. PASQUIER (Étienne-Denis, baron), pair de France, mort 5 juill. 1862.	13 décemb. 1821.
14 décemb. 1821.	43. MONTMORENCY (Mathieu-Jean-Félicité, vicomte de), pair de France, mort en 1826.	27 décemb. 1822.

DATE de la NOMINATION.	MINISTRES DES AFFAIRES ÉTRANGÈRES.	DATE de la CESSATION des fonctions.
28 décemb. 1822.	44. CHATEAUBRIAND (François-Réné, vicomte de), ambassadeur, pair de France, membre de l'Acad. française, mort en 1848.	5 juin 1824.
4 août 1824.	45. DAMAS (Ange-Hyacinthe-Maxence, baron de), lieut. gén., mort le 6 mai 1862.	3 janvier 1828.
4 janvier 1828.	46. LAFERRONNAYS (Auguste-Ferron, comte de), ambassadeur, pair de France, mort en 1842.	22 avril 1829.
14 mai 1829.	47. PORTALIS (Joseph-Marie, comte), garde des sceaux, pair de France, mort en 1858.	7 août 1829.
8 août 1829.	48. POLIGNAC (Armand-Jules, prince de), ambassadeur, pair de France, mort en 1847.	28 juillet 1830.
	Le 29 juillet 1830, le gouvernement provisoire nomme le baron BIGNON *Commissaire au département des affaires étrangères.* Le 2 août suivant, le maréchal comte JOURDAN lui succède dans la même qualité jusqu'au 10 du même mois. Le 11 août 1830, une ordonnance royale confie le ministère des affaires étrangères au comte MOLÉ.	
11 août 1830.	49. MOLÉ (Mathieu-Louis, comte), pair de France, membre de l'Académie française, mort en 1857.	1er novemb. 1830.

DATE de la NOMINATION.	MINISTRES DES AFFAIRES ÉTRANGÈRES.	DATE de la CESSATION des fonctions.
1er novemb. 1830.	50. MAISON (Nicolas-Joseph, marquis), maréchal, pair de France, ambassadeur, mort en 1840.	16 novemb. 1830.
16 novemb. 1830.	51. SÉBASTIANI DE LA PORTA (Horace, comte), général de division, ambassadeur, député, mort en 1851.	10 octobre 1832.
10 octobre 1832.	52. BROGLIE (Victor, duc de), pair de France, ambassadeur, membre de l'Académie française, mort 25 janvier 1870.	3 avril 1834.
3 avril 1834.	53. RIGNY (Henri, comte de), vice-amiral, pair de France, ambassadeur, mort en 1835.	12 mars 1835.
12 mars 1835.	» BROGLIE (duc de), président du Conseil, pour la 2e fois.	22 février 1836.
22 février 1836.	54. THIERS (Adolphe-Marie-Joseph), député, membre de l'Académie française.	5 septemb. 1836.
5 septemb. 1836.	» MOLÉ (comte), président du Conseil, pour la 2e fois.	23 mars 1839.
23 mars 1839.	55. MONTEBELLO (Napoléon Lannes, duc de), pair de France, ambassad.	12 mai 1839.
12 mai 1839.	56. SOULT (Jean de Dieu), duc de Dalmatie, maréchal, pair de France, président du Conseil, mort en 1851.	1er mars 1840.
1er mars 1840.	» THIERS (Adolphe-Marie-Joseph), président du Conseil, pour la 2e fois.	29 octobre 1840.
29 octobre 1840.	57. GUIZOT (Franç.), député, membre de l'Académie française, ambassadeur.	24 février 1848.

DATE de la NOMINATION.	MINISTRES DES AFFAIRES ÉTRANGÈRES.	DATE de la CESSATION des fonctions.
25 février 1848.	58. LAMARTINE (Alphonse de), ancien député, membre de l'Académie française et du Gouvernement provisoire de 1848, mort 28 février 1869.	10 mai 1848.
10 mai 1848.	59. BASTIDE (Jules), représentant à l'Assemblée nationale.	19 décemb. 1848.
19 décemb. 1848.	60. DROUYN DE LHUYS (Édouard), ancien député, représentant à l'Assemblée nationale.	2 juin 1849.
2 juin 1849.	61. TOCQUEVILLE (Alexis de), ancien député, représentant à l'Assemblée nationale, membre de l'Académie française, mort en 1859.	16 novemb. 1849.
16 novemb. 1849.	62. LAHITTE (Jean-Ernest Ducos, vicomte de), général de division.	9 janvier 1851.
9 janvier 1851.	» DROUYN DE LHUYS, pour la 2e fois.	24 janvier 1851.
24 janvier 1851.	63. BRENIER (Anatole, baron), conseiller d'État, directeur.	10 avril 1851.
10 avril 1851.	64. BAROCHE (Jules), ancien député, représentant à l'Assemb. nationale.	26 octobre 1851.
26 octobre 1851.	65. TURGOT (Louis, marquis), ancien pair de France.	28 juillet 1852.
28 juillet 1852.	» DROUYN DE LHUYS, sénateur, pour la 3e fois.	8 mai 1855.
8 mai 1855.	66. COLONNA WALEWSKI (Alexand., comte), ambassadeur, sén., mort 27 septembre 1868.	4 janvier 1860.
4 janvier 1860.	67. THOUVENEL (Antoine-Édouard), ambassadeur, sénateur, mort en 1866.	15 octobre 1862.

DATE de la NOMINATION.	MINISTRES DES AFFAIRES ÉTRANGÈRES.	DATE de la CESSATION des fonctions.
	S. Exc. M. Baroche a rempli l'intérim du ministère du 5 au 24 janvier 1860.	
15 octobre 1862.	» DROUYN DE LHUYS, sénateur, membre de l'Académie des sciences morales et politiques, p. la 4ᵉ fois.	1ᵉʳ sept. 1866.
1ᵉʳ sept. 1866.	68. L. DE MOUSTIER (marquis), ambassadeur, mort 5 février 1869.	17 déc. 1868.
	S. Exc. M. le marquis de La Valette, sénateur, ministre de l'intérieur, a rempli l'intérim du ministère du 1ᵉʳ septembre au 2 octobre 1866.	
17 décemb. 1868.	69. DE LA VALETTE (marquis), sénateur, membre du Conseil privé.	17 juillet 1869.
17 juillet 1869.	70. DE LA TOUR D'AUVERGNE-LAURAGUAIS (prince), ambassadeur.	2 janvier 1870.
2 janvier 1870.	71. DARU (Napoléon comte), député.	14 avril 1870.
	M. Émile Ollivier, député, garde des sceaux, ministre de la justice et des cultes, a rempli l'intérim du ministère du 14 avril au 15 mai 1870.	
15 mai 1870.	72. GRAMONT (Agénor, duc de), ambassadeur.	.

CHAPITRE I.

—

MINISTÈRE DES AFFAIRES ÉTRANGÈRES.

(QUAI D'ORSAY.)

———

S. Exc. M. le Duc DE GRAMONT GC✳, *Ministre et Se-crétaire d'État au Département des affaires étran-gères.*

La négociation et l'exécution des traités et conventions de politique et de commerce.

Les rapports avec les ambassadeurs, ministres et agents diploma-tiques et consulaires, soit des puissances étrangères près l'Empereur, soit de Sa Majesté Impériale près les gouvernements étrangers.

CABINET DU MINISTRE ET SECRÉTARIAT.

M. le Cte DE FAVERNEY (Charles-René) O✳, Secrétaire d'ambassade de 1re classe, *Chef.*

M. DE RING ✳, Secrétaire d'ambassade de 2e cl., *Sous-chef.*

L'ouverture des dépêches, la correspondance personnelle du Mi-nistre, les audiences, les travaux réservés; le chiffre, le départ et l'arrivée de la correspondance et des courriers; la centralisation des états, notes et registres relatifs au personnel; la statistique et les traducteurs.

BUREAU DU PROTOCOLE.

M. Feuillet de Conches C✳, *Directeur, chef, travaillant directement avec le Ministre.*

L'expédition des traités et conventions; les pleins pouvoirs, com-missions, provisions, *exequatur*; les ratifications; les lettres de noti-fication, de créance, de rappel et de recréance; le cérémonial et le protocole; les priviléges, immunités et franchises diplomatiques; les audiences diplomatiques, les décorations, etc.

BUREAU DU CHIFFRE.

M. Béguin-Billecocq ✳, *Chef.*

BUREAU DU DÉPART ET DE L'ARRIVÉE DES CORRESPONDANCES.

M. Bergeron ✳, *Chef.*

BUREAU DES TRADUCTEURS.

M. Flesch ✳, *Chef.*

DIRECTION DES AFFAIRES POLITIQUES.

M. DESPREZ C✳, conseiller d'État, Ministre plénipotentiaire de 1ʳᵉ classe, *Directeur.*

Les affaires politiques, les questions de limites et d'extradition; les
conventions de poste; le personnel des agents diplomatiques, etc., etc.

SOUS-DIRECTION DU NORD.

M. le Bᵒⁿ de Courcel ✳, *Sous-directeur.*

Correspondance et travaux concernant la Grande-Bretagne, la
Russie, la Prusse, l'Autriche, les divers États allemands, la Belgique,
les Pays-Bas, la Suède, la Norwége et le Danemark, les colonies
anglaises, néerlandaises et danoises.

SOUS-DIRECTION DU MIDI ET DE L'ORIENT.

M. le Mˡˢ de Tamisier O✳, *Sous-directeur.*

Correspondance et travaux concernant l'Espagne, le Portugal,
l'Italie, les États pontificaux, la Suisse, l'Empire ottoman, la Grèce,
les Régences barbaresques, le Maroc et la Perse.

SOUS-DIRECTION DE L'AMÉRIQUE ET DE L'INDO-CHINE.

M. de Geofroy O✳, *Sous-directeur.*

Correspondance et travaux concernant les divers États d'Amérique,
l'Indo-Chine, la Chine, le Japon et les Côtes orientales et occiden-
tales de l'Afrique.

SOUS-DIRECTION DU CONTENTIEUX.

M. Villefort O✳, *Sous-directeur.*
M. Gay de Tunis ✳, *Sous-directeur adjoint.*

Les questions de droit public international, particulièrement celles de droit maritime. Les affaires contentieuses qui doivent être appréciées d'après les dispositions des actes diplomatiques et celles qui résultent des réclamations des Français contre les gouvernements étrangers, et les réclamations d'étrangers contre le gouvernement français. Les conventions postales, les traités d'extradition et les affaires qui en dépendent.

DIRECTION DES CONSULATS ET AFFAIRES COMMERCIALES.

M. MEURAND C✻, *Directeur.*

Les affaires commerciales; les traités de commerce et de navigation; la protection du commerce français dans les pays étrangers; les réclamations du commerce étranger envers le gouvernement français; le règlement de la comptabilité des chancelleries consulaires; le personnel des agents consulaires et des drogmans de consulats.

SOUS-DIRECTION DU NORD.

M. Jagerschmidt O✻, *Sous-directeur.*

Correspondance et travaux concernant la Grande-Bretagne, la Russie, la Prusse, l'Autriche, les divers États de l'Allemagne, la Belgique, les Pays-Bas, la Suisse, la Suède, le Danemark, les colonies anglaises et danoises.

SOUS-DIRECTION DE L'ORIENT ET DE L'INDO-CHINE.

M. le Vᵗᵉ d'Arlot O✻, *Sous-directeur.*

Correspondance et travaux concernant la Grèce, l'Empire ottoman, les Régences barbaresques, le Maroc, la Perse, les Indes britanniques et néerlandaises, Siam, la Chine, le Japon, les États indépendants de l'Afrique.

SOUS-DIRECTION DU MIDI ET DE L'AMÉRIQUE.

M. Gavard O✻, *Sous-directeur.*

Correspondance et travaux concernant l'Espagne, le Portugal, l'Italie, les États pontificaux, les colonies espagnoles et portugaises, les États de l'Amérique du Nord et du Sud.

DIRECTION DES ARCHIVES ET DE LA CHANCELLERIE.

M. FAUGÈRE C✻, Ministre plénipotentiaire de 1ʳᵉ classe, *Directeur.*

M. Viennot ✻, *Sous-directeur.*

Le dépôt des correspondances et documents diplomatiques, des traités et conventions, des décrets et arrêtés concernant l'organisation et le personnel du ministère; le classement des correspondances; la rédaction des notes et mémoires, ainsi que les tables analytiques pour le service du département; la recherche des renseignements pour tout autre service public et privé; le dépôt des plans et documents relatifs aux limites de l'Empire; la collection des cartes géographiques pour l'usage du ministère.

BUREAU DE LA CHANCELLERIE.

M. Bosseront d'Anglade O✱, *Sous-directeur, chef.*

Les passe-ports autres que les passe-ports de cabinet; les légalisations, les *visa* et la perception des droits qui en résultent; la transmission des actes judiciaires et des commissions rogatoires; la discussion des questions touchant à l'état civil et l'instruction des réclamations relatives à des matières d'intérêt privé, telles que les successions ouvertes en pays étranger, les recouvrements sur particuliers, etc.

Ce bureau est le seul du département des affaires étrangères qui soit ouvert au public. On peut s'y présenter tous les jours (les dimanches et fêtes exceptés) de onze à quatre heures.

DIRECTION DES FONDS ET DE LA COMPTABILITÉ.

M. DE BILLING (Frédéric) C✱, Ministre plénipotentiaire de 1ʳᵉ classe, *Directeur.*
M. Guéroult O✱, *Sous-directeur.*

Les travaux généraux et particuliers relatifs aux dépenses du ministère; la correspondance avec les agents politiques et commerciaux sur toutes les matières de comptabilité et sur tout ce qui s'y rapporte; les écritures en partie double, et les livres et registres prescrits par les ordonnances et les règlements spéciaux; la liquidation des frais de service de tous les agents, celle des indemnités de voyage et des frais de courriers; les présents diplomatiques et les pensions de retraite, etc.

SECRÉTAIRES-INTERPRÈTES POUR LES LANGUES ORIENTALES.

M. Schefer C✻, *premier Secrétaire-interprète de l'Empereur.*

M. Lapierre O✻,

M. de Biberstein-Kazimirski O✻, } *Secrétaires-interprètes.*

Secrétaire-interprète pour les langues de la Chine.

M. le Cᵗᵉ Kleczkowski ✻, consul général, *premier Secrétaire interprète.*

———————

COMITÉ CONSULTATIF DU CONTENTIEUX PRÈS LE DÉPARTEMENT.

S. Exc. M. Vuitry GO✻, *Sénateur*, Président.

M. Duvergier GO✻, *Sénateur.*

M. Gaudin (Émile) C✻, *Député.*

M. Migneret GO✻, *Conseiller d'État.*

M. de Saux O✻, *Ministre plénipotentiaire.*

M. de Clercq (Alexandre) C✻, *Ministre plénipotentiaire.*

M. Émile Moreau ✻, *Conseiller à la Cour de cassation.*

M. Villefort O✻, *Sous-directeur*, Secrétaire.

———————

Agence du Ministère à Marseille.

M. Mure de Pelanne ✻, *Consul général*, chargé de l'Agence.

M. A. Mège, *Chancelier, secrétaire de l'Agence.*

———————

M. Lehmann, *Avocat au Conseil d'État et à la Cour de cassation*, rue des Petites-Écuries, 55.

M. Rougeot, *Avoué près le Tribunal de 1ʳᵉ instance*, rue Bonaparte, 8.

M. Gatine, *Notaire*, rue Sainte-Anne, 51.

M. Godart ✻, *Médecin assermenté, attaché au Ministère*, rue Chabannais, 10.

M. Hervé de Lavaur ✻, *Médecin adjoint*, rue Taitbout, 48.

M. Lecorche ✻, *2ᵉ Médecin adjoint*, rue Duphot, 19.

———————

CHAPITRE II.

——

PERSONNEL

DES

AMBASSADES ET LÉGATIONS, CONSULATS ET AGENCES CONSULAIRES DE FRANCE A L'ÉTRANGER.

————

ANGLETERRE.

(ROYAUME-UNI DE LA GRANDE-BRETAGNE ET D'IRLANDE.)

Londres.— S. Exc. M. le marquis DE LA VALETTE GC✳, Ambassadeur.

M. TISSOT O✳	Secrétaire de 1ʳᵉ classe.
M. le Mⁱˢ DE CAUMONT-LAFORCE ✳	Secrétaire de 2ᵉ classe.
M. DE ROQUETTE ✳	Secrétaire de 3ᵉ classe.
M. le Cᵗᵉ Charles WALEWSKI. . .	Idem.
M. DU BOS.	Attaché.
M. le Vᵗᵉ DE CLERMONT-TONNERRE	Idem.
M. DUMAS-VENCE O✳, capitaine de frégate.	Attaché militaire.
M. ROUX O✳	Chancelier.

Londres.	M. FLEURY O✳	Consul général.
	M. le Vᵗᵉ P. D'ABZAC.	Élève consul.
	M. GLEIZAL (Regis) ✳	Chancelier.

Bideford.	M. Chanter	Ag. consulaire.
Brighton	M. Black (P.)	Idem.
Bristol.	M. Magnes Cates. . . .	Idem.
Cowes.	M. Stuart Day	Idem.
Dartmouth	M. Hingston	Idem.
Deal.	M. Hammond	Idem.
Douvres.	M. Latham	Idem.
Exeter et Tynemouth.	M. Silvy.	Idem.
Falmouth	M. Lefox	Idem.
Folkestone	M. Sauret.	Idem.
Gloucester.	M. Thomas	Idem.
Guernesey et Aurigny	M. Tuppner (Henry) . .	Idem.

Harwich.	M. *Williams.*	Ag. consulaire.
Jersey	M. *le Bon Chazal* ✳ . .	Ag. vice-consul, consul honor.
Lowestoft.	M. *Small*	Ag. consulaire.
Margate.	M. *Blyth Hammond* . .	Idem.
Penzance	M. *Higs*	Ag. vice-consul.
Plymouth	M. *Luscombe (William).*	Idem.
Portsmouth	M. *Van den Berg* ✳ . .	Idem.
Ramsgate	M. *Blyth Hammond.* . .	Idem.
Rye	M. *Vidler (Alexandre)* .	Ag. consulaire.
Sainte-Mary. . . .	M. *Tregarthen*	Idem.
Sheerness.	M. *Watson (G.)*	Idem.
Southampton . . .	M. *De Rabaudy* O✳ . .	Ag. vice-consul.
Weymouth	M. *Walsford (G.)*	Ag. consulaire.
Yarmouth.	M. *Aubin Desfougerais.*	Ag. vice-consul.
Birmingham. . . {	M. ROBCIS BORGHERS ✳. . . .	Consul.
	M. PERETTI	Chancelier.
Dublin . . . . . {	M. LIVIO O✳.	Consul.
	M. DE MÉRIC (Eugène)	Chancelier.
Belfast	M. *Vauvert de Méan* . .	Ag. vice-consul.
Cork	M. *Pim*	Idem.
Drogheda	M. *Moor*	Ag. consulaire.
Galway	M. *Somerville.*	Idem.
Limerick . . . . , .	M. *Anglini*	Idem.
Londonderry . . .	M. *Morrison*	Idem.
Waterford	M. *Farrell*	Idem.
Wexford	M. *Taylor*	Idem.
Glasgow. . . . . {	M. LAURENT COCHELET ✳. . .	Consul.
	M. MARCOTTE	Chancelier.
Aberdeen	M. *Barclay*	Ag. vice-consul.
Berwick s/Tweed . .	M. *Sinclair*	Idem.
Boness	M. *Edmonstone*	Ag. consulaire.
Cromarty	M. *Gordon Graham.* . .	Idem.
Dunbar	M. *Kelly (John)*	Idem.
Dundee.	M. *Cochrane*	Ag. vice-consul.
Edimbourg et Leith.	M. *Peugnel*	Idem.
Grangemouth	M. *Pedersen (Gabriel).*	Ag. consulaire.
Kirkwall	M. *Baikie (John Halson).*	Idem.
Lerwick.	M. *Hay*	Ag. vice-consul.
Peterhead.	M. *Keith Forbes*	Ag. consulaire.

Liverpool	M. Boisselier ✳	Consul.
	M. Moulon	Chancelier.
Cardiff	*M. Rinn.*	Ag. vice-consul.
Llanelly	*M. Pichard*	Idem.
Manchester	*M. Kraetzer-Rassaerts* ✳	Consul honor. Ag. vice-consul.
Newport.	*M. Bourdillon* ✳	Idem.
Swansea	*M. Lepage des Longchamps* ✳	Idem.
Leeds.	M. Cavel ✳	Consul.
	M. Courtois	Chancelier.
Hull.	*M. Hewitt.*	Ag. vice-consul.
Nottingham	*M. Baillon*	Idem.
Sheffield	*M. N.*	Ag. consulaire.
Newcastle. . . .	M. Desnoyers ✳	Consul.
	M. N.	Chancelier.
Blyth	*M. Ed. Watts*	Ag. vice-consul.
Hartlepool	*M. Garbutt*	Ag. consulaire.
Middlesborough . .	*M. Fallows*	Idem.
Seaham	*M. Ditchfield*	Idem.
Stockton.	*M. Romyn*	Idem.
Sunderland	*M. Wagner (Raoul)* . . .	Ag. vice-consul.

Possessions anglaises d'Europe.

Gibraltar	M. le Vᵗᵉ de Fontenay ✳ . .	Consul.
	M. Gabriel ✳	Chancelier.
Malte (Ile de) . .	M. de Laya.	Consul.
	M. Oppelt	Chancelier.

Possessions anglaises d'Afrique.

Cap de Bonne-Espérance . .	M. Lanen.	Consul.
	M. Lavenère	Chancelier.
Port Élisabeth. . .	*M. Chabaud (Gust. Henri)*	Ag. consulaire.
Sainte-Hélène (Ile) [1]	*M. Moss (George)*	Idem.
Simon's Town. . .	*M. Hugo (Frédéric)* . . .	Idem.

1. Cette agence est dans la circonscription du consulat gén. de France à Londres.

Port-Louis . . .	M. LAPLACE ✳	Consul.
	M. CROQUET DE ROSEMOND . .	Chancelier.
Sainte - Marie de	M. N.	Consul.
Bathurst. . . .	M. PERNET	Chancelier.
Sierra Leone.	M. Bahot	Ag. consulaire.

Possessions anglaises d'Asie et d'Australie.

Calcutta.	M. LACATHON DE LA FOREST O✳	Consul général.
	M. JACQUEMIN	Chancelier.
Akyab.	M. Achard (Louis) . . .	Ag. consulaire.
Ceylan . Pointe de Galles . .	M. Aubert.	Idem.
Koringhec ou Coconda	M. Lefaucheur	Idem.
Madras	M. Lecot ✳	Idem.
Moulmein	M. N.	Idem.
Rangoon (côtes de Birmanie). . . .	M. Hernandez (Léon) . .	Idem.
Bombay	M. PIERRET ✳	Consul.
	M. LISSIGNOL	Chancelier.
Aden	M. de Créty	Ag. consulaire.
Cochin.	M. Reynaud (Jules). . .	Idem.
Kurrachee.	M. N.	Idem.
Singapore. . . .	M. TROPLONG ✳.	Consul.
	M. GRAPINET	Chancelier.
Pulo Pinang.	M. Ventre.	Ag. consulaire

NOUVELLE-HOLLANDE.

Sydney	M. SENTIS ✳	Consul.
	M. COURTIN.	Chancelier.
Auckland (N. Zélande)	M. N.	Ag. consulaire.
Melbourne	M. le Cte DE CASTELNAU O✳. .	Consul général, ch. du consulat.
	M. FOLLET	Chancelier.
Hobart-Town	M. Roope	Ag. consulaire.
Adelaïde.	M. Stanley	Idem.
Freemantle	M. Manning (C. A.) . . .	Idem.

Possessions anglaises d'Amérique.

Québec (Canada). { M. GAUTIER (Frédéric) O✳ . .	Consul général.
M. FEER (Henry)	Chancelier.
Halifax	*M. Cunard.*	Ag. vice-consul.
Miramichi (New- Brunswick). . . .	*M. Macdougall (John).* .	Ag. consulaire.
Montréal	*M. N.*	Idem.
Toronto	*M. Mac Donnel(M. W. J.)*	Idem.
Saint-Jean de Terre- Neuve	*M. Toussaint*	Ag. vice-consul.
Saint-John (N. Br.) .	*M. Carville (George)* . .	Ag. consulaire.
Sydney (N^lle-Écosse)	*M. Bourinot*	Ag. vice-consul.
Barbade (la) [1]	*M. Raird*	Idem.
Bermudes (les) . . .	*M. Mac Phee Lee*	Ag. consulaire.
Demerari (Guyane anglaise)	*M. Le Doux (Henri)* . . .	Idem.
Grande-Inague .´ . .	*M. Taylor (John).*	Idem.
Kingston (Jamaïque).	*M. Malabre*	Idem.
Nassau (N^lle Provid.).	*M. Byron Bode*	Ag. vice-consul.
Trinité (Ile de la). .	*M. Joliclerc.*	Idem.
Victoria (Vancouver)[2].	*M. Mené (Prosp.)*	Ag. consulaire.
Roseau (Dominique).	*M. Duncan Smith* . . .	Idem.
Sainte-Lucie	*M. Minvielle.*	Idem.
Charlottetown. . . .	*M. Hobkirk*	Idem.
Bélize (Centre-Amér.)	*M. Laurent (Amédée)* . .	Idem.

AUTRICHE.

Vienne. — S. Exc. M. N. . . . , Ambassadeur.

M. le Mis DE CAZAUX ✳	Secrétaire de 1re classe.
M. le B^on DE BOURGOING ✳ . . .	Secrétaire de 2e classe.
M. DE VAUGELAS	Attaché.
M. le Cte AYMAR DE LA ROCHE- FOUCAULD	Idem.
M. le Mis GEORGE DE POLIGNAC. .	Idem.
M. DE PETITEVILLE. . . . . . · .	Idem.
M. le Cte DE BOUILLÉ O✳, lieu- tenant-colonel d'état-major. .	Attaché militaire.
M. LEFAIVRE ✳	Consul honoraire, chancelier.

---

1. Ces agences sont dans la circonscription du consulat gén. de France à Londres.
2. Cette agence dépend du consulat de San-Francisco.

Pesth . . . . . . { M. le Cte DE CASTELLANE O✻. Consul général.
{ M. le Vte DE VILLE DE QUINCY. . Chancelier.

| Fiume . . . . | *M. Du Règne* ✻ . . . . . | Ag. vice-consul. |
| Temeswar . . . . | *M. Picot* . . . . | Idem. |

Trieste . . . . . { M. le Bon MICHAUD O✻ . . . . Consul gén. ch.
{ du consulat.
{ M. DENOIX (Stéphan) , ... Chancelier.

Brünn	*M. Otto de Bauer*	Ag. consulaire.
Lesina	*M. N.*	Idem.
Raguse	*M. Champoiseau (Pèdre)*	Ag. vice-consul.
Spalatro	*M. le Cte Tartaglia* . . .	Ag. consulaire.
Zara	*M. N.*	Idem.

BADE.

Carlsruhe. — M. le Cte DE MOSBOURG O✻, Envoyé extraordinaire et Ministre plénipotentiaire.

M. BERNARD-DUTREIL ✻ . . . . . Secrétaire de 2e classe.
M. le Cte D'HARCOURT . . . . . . Secrétaire de 3e classe.
M. le Cte DE TANLAY (Jean) . . . Attaché.
M. le Cte AMELOT DE LA ROUSSILLE (Charles) . . . . Idem.
M. DE PINA DE SAINT-DIDIER . . Chancelier.

Mannheim . . . . { M. DE ZELTNER✻. Consul et commissaire du
{ gouv. pour la navig. du Rhin.
{ M. DE BANCENEL . . Chancelier.

BAVIÈRE.

Munich. — M. le Mis DE CADORE C✻, Envoyé extraordinaire et Ministre plénipotentiaire.

M. TIBY ✻ . . . . Secrétaire de 1re classe.
M. le B^on DES MICHELS ✻ . . . . Secrétaire de 3e classe.
M. le Cte D'AUBIGNY . . . . Attaché.
M. le Vte DE BRIGODE . . . . . . Idem.
M. le Cte CHRISTIAN DE KERGORLAY Idem.
M. HORY ✻ . . . . Chancelier.
Ludwigshafen . . . | *M. Kaufmann* . . . . . | Ag. consulaire.

BELGIQUE.

Bruxelles. — M. BERTHEMY C✳, Envoyé extraordinaire et Ministre plénipotentiaire.

M. DE LA BOULAYE O✳	Secrétaire de 2e classe.
M. DE BERSOLLE ✳	Idem.
M. le Cte DE MONTHOLON (Tristan)	Secrétaire de 3e classe.
M. le Cte D'ORMESSON	Attaché.
M. le Bon RAFÉLIS DE BROVES . .	Idem.
M. VERNEUIL ✳	Consul honor., chancelier.

Anvers	M. SOULANGE-BODIN C✳ . . .	Consul général.
	M. le Bon DE TRENQUALYE (Fél.)	Chancelier.
Gand	M. Legrand-Lauwick . .	Ag. vice-consul.
Liége	M. Chapey ✳	Ag. vice-consul, consul honor.
Louvain	M. de Ryckman.	Ag. consulaire.
Ostende	M. HENNEQUIN O✳	Consul.
	M. MÉGE	Chancelier.
Charleroi	M. d'Angelis (Julien) . .	Ag. vice-consul, consul honor.
Courtrai.	M. Dathis.	Ag. vice-consul.
Mons	M. Gouin ✳.	Idem.
Tournay.	M. Caillaux	Idem.

BRÉSIL.

Rio-Janeiro. — M. le Cte DE GOBINEAU C✳, Envoyé extraordinaire et Ministre plénipotentiaire.

M. HOCMELLE ✳	Secrétaire de 2e classe.
M. N.	Attaché.

Rio de Janeiro . .	M. DE LA PORTE ✳.	Consul.
	M. LE BRUN (Auguste)	Chancelier.
Barbacena.	M. Renault (Victor). . .	Ag. vice-consul.
Campos dos Goirtacazes	M. Leclerc (Paul)	Idem.
Morro Quemado . . .	M. N.	Idem.
Porto-Alegre. . . .	M. Hébert	Idem.
Rio-Grande	M. Lirou	Idem.
Sainte-Catherine . .	M. de la Martinière. . .	Idem.
Saint-Paul.	M. Marquois (Charles) .	Idem.
Santos.	M. Montandon	Idem.
Paranagua.	M. Bousquet.	Idem.

Bahia	M. MARIANI.	Consul.
	M. JEAN (Achille)	Chancelier.
Fernambouc . . .	M. LAPORTE (Osmin) ✳. . . .	Consul.
	M. DUMAX.	Chancelier.
Céara	M. Manoel Nunez de Mello	Ag. consulaire.
Sainte-Marie de Be-lem au Para . . .	M. Gatebois (Victor) . . .	Ag. vice-consul.
Cameta (sr le Tocantin)	M. de La Roque	Ag. consulaire.
Santarem (sr le fleuve des Amazones) . .	M. Gouzenne Fagel . . .	Ag. vice-consul.
Parnahiba	M. de Miranda fils (J. F.)	Ag. consulaire.
St-Louis de Maragnan	M. le Dr Frébourg . . .	Ag. vice-consul.

BRUNSWICK.

Brunswick. — M. ROTHAN C✳, Envoyé extraordinaire et Ministre plénipotentiaire.

CENTRE-AMÉRIQUE.

Guatemala . . .	M. DE CABARRUS (Julien) O✳ .	Consul général et chargé d'aff.
	M. HARDY ✳.	Chancelier.
Izabal	M. N.	Ag. consulaire.
San José de Costa-Rica	M. Tournon (Paulin) . .	Idem.
Sonsonate	M. de Gabriac	Idem.
Union (la).	M. Courtade (Bernard) .	Idem.
Léon de Nicaragua. .	M. Chesnay	Idem.
Omoa (Honduras) . .	M. Grosselin de Saint-Laurent	Idem.
Santa Rosa	M. Herran.	Idem.
San José de Guatémala	M. le Bon de Teil	Ag. vice-consul.

CHILI.

Santiago du Chili. — M. le Vte TREILHARD C✳, Envoyé extraordinaire et Ministre plénipotentiaire.

M. DE CAMBEFORT	Secrétaire de 3e classe.
M. N.	Attaché.
Talcahuano	M. Aninat (Antoine). . .	Ag. consulaire.
Valparaiso. . . .	M. GIRARDOT ✳	Consul.
	M. FAUQUEUX	Chancelier.

Copiapo.	*M. N.*	Ag. vice-consul.
La Serena	*M. N.*	Idem.
San-Carlos de Chiloë	*M. N.*	Ag. consulaire.
Valdivia.	*M. N.*	Idem.

CHINE.

Pékin. — M. le Cᵗᵉ DE LALLEMAND C✳, Envoyé extraordinaire et Ministre plénipotentiaire.

M. le Cᵗᵉ DE ROCHECHOUART ✳ .	Secrétaire de 2ᵉ classe.
M. LE ROUX DE VILLERS.	Secrétaire de 3ᵉ classe.
M. FOURIER DE BACOURT.	Attaché.
M. LEMAIRE ✳	Premier interprète.
M. THOMASSIN.	Interprète-chancelier.

Ourga et Malmatchin.	*M. Garnier*	Ag. consulaire.
Hong-Kong. . .	{ M. DU CHESNE ✳ . . . . Consul. { M. LACATHON DE LA FOREST. . Chancelier.
Macao.	*M. Dillon*	Ag. vice-consul.
Shanghaï. . . .	{ M. le Cᵗᵉ MÉJAN O✳ . . . . . Consul général. { M. BELCOUR . . . . Chancelier. { M. HUBER. . . . . Interprète. { M. BLANCHETOU . . . . Idem.
Tchen-Kiang . . .	*M. Canny*	Ag. consulaire.
Ning-Po.	*M. N.*	Idem.
Tien-Tsin . . . . M. FONTANIER. . . . . Consul.
Tentaï et Tchéfou. .	*M. Markham*	Ag. consulaire.
Takou.	*M. Rouzeau*.	Idem.
Niutchang.	*M. N.*	Idem.
Canton	{ M. DABRY ✳ . . . . Consul. { M. N. Chancelier.
Swatow	*M. Alabaster*	Ag. consulaire.
Hang-Kéou . . .	{ M. le Cᵗᵉ DE CHAPPEDELAINE ✳ Consul. { M. GUÉNEAU . . . . Interp.-chancel.
Fou-Tchéou. . .	{ M. SIMON. . . . . Consul. { M. DEVÉRIA. . . . . Interp.-chancel.
Tansuy (île de For- mose)	*M. Gibson*.	Ag. consulaire.
Amoy.	*M. Faraldo*	Idem.

CONFÉDÉRATION DE L'ALLEMAGNE DU NORD.

Berlin. — S. Exc. M. le Cte BENEDETTI GC✻, Ambassadeur.
(Voir Ambassade de France en Prusse.)

CONFÉDÉRATION ARGENTINE.

Buenos-Ayres. — M. NOËL C✻, Envoyé extraordinaire
et Ministre plénipotentiaire.

M. le Vte AMELOT DE CHAILLOU ✻.|Secrétaire de 2e classe.
M. le Vte MARTIN DU NORD. . . .|Attaché.

Buenos-Ayres. .	M. FOREST ✻.	Consul.
	M. DESPRÉAUX DE St-SAUVEUR.	Élève-consul.
	M. DUDEMAINE	Chancelier.
Gualeguaychü	M. N.	Ag. consulaire.
Mendoza	M. Raymond	Ag. vice-consul.
Rosario	M. Laprade.	Ag. consulaire.

DAHOMEY.

Whydah. . . . . . . |M. Bounaud . . . . . . |Ag. vice-cons.

DANEMARK.

Copenhague. — M. le Vte DE SAINT-FERRIOL ✻, Envoyé
extraordinaire et Ministre plénipotentiaire.

M. MILLON DE LA VERTEVILLE ✻|Secrétaire de 2e classe.
M. DE LA MOTTE. . . . .|Attaché.
M. AUGUIOT ✻. . . . .|Consul honor., chancelier.

Elseneur	M. HÉRITTE ✻	Consul.
	M. DE SERRE.	Chancelier.
Frédérikshafen (Jut-land)	M. Kall	Ag. vice-consul.
Lemwig (Jutland) . .	M. Harpoth	Ag. consulaire.
Reikiavick (Islande).	M. Randrupt	Idem.
Thisted (Jutland) . .	M. Bendixen	Idem.
Wyck (île de Föhr) .	M. Hegman	Idem.

ÉQUATEUR.

Quito	M. DE DULÇAT ✻	Consul général et chargé d'affaires.
	M. L'HÔTE	Chancelier.
Guayaquil	M. Poudavigne	Ag. vice-consul.

ESPAGNE.

Madrid. — S. Exc. M. le Bon MERCIER DE LOSTENDE GO✳,
Ambassadeur.

M. BARTHOLDI O✳	Secrétaire de 1re classe.
M. le Cte DE LA ROCHEFOUCAULD✳	Secrétaire de 2e classe.
M. le Cte LE PELETIER D'AUNAY. .	Secrétaire de 3e classe.
M. le Bon BRIN.	Attaché.
M. DE MONBEL	Idem.
M. DE MONTGOMERY	Idem.
M. LEVICOMTE ✳	Consul honor., chancelier.

Barcelone. . . .	M. le Vte DE VALLAT C✳ . . .	Consul général.
	M. DUBOUL	Élève-consul.
	M. MARIN ✳	Chancelier.
Lerida.	M. Bertrand.	Ag. vice-consul.
Palamos.	M. N.	Ag. consulaire.
Rôsas	M. le Cte de Jouffroy d'Albans	Ag. vice-consul.
San-Carlos	M. Martinet	Idem.
Saragosse	M. le Cte de Boysseulh. .	Idem.
Tarragone.	M. Rocher	Consul honor. Ag. vice-consul.
Bilbao.	M. D'ARIES ✳	Consul.
	M. PETIT (X.).	Chancelier.
Cadix	M. BENEDETTI ✳	Consul.
	M. DE SAMBUCY	Chancelier.
Algésiras et San-Roque.	M. Danloux.	Ag. vice-consul.
Ayamonte.	M. Garcia.	Ag. consulaire.
Conil	M. Morales	Idem.
Huelva	M. Tellechea (Alfred) . .	Ag. vice-consul.
Jerez de la Frontera.	M. Domecq	Idem.
Las Palmas	M. Ripoche.	Ag. consulaire.
Port Sainte-Marie. .	M. Casanova.	Ag. vice-consul.
Rota.	M. Montero	Ag. consulaire.
Sainte-Croix-de-Ténériffe	M. Berthelot ✳	Cons. chargé du vice-consulat.
Sainte-Isabelle (Fernando Po)	M. N.	Ag. consulaire.
San-Lucar de Barameda	M. Aguera y Guisola . .	Idem.

Santi-Petri	M. *Millar*	Ag. consulaire.
Tarifa	M. *Arcos y Carasco* . . .	Idem.
Vejer	M. *Cifuentes.*	Idem.
Carthagène . . .	M. Devarieux.	Consul.
	M. Lagoanère	Chancelier.
Las Aguillas.	M. *Marin*	Ag. vice-consul.
Mazarron	M. *Gomez (J. Ant.)* . . .	Ag. consulaire.
Corogne (la). . .	M. de Cabarrus (Adolphe) ✳.	Consul.
	M. Mollie.	Chancelier.
Camarinas	M. *Romero.*	Ag. vice-consul.
Coreubion.	M. *Ramon Coamano* . .	Ag. consulaire.
Le Ferrol	M. *Jofre Domenech.* . .	Ag. vice-consul.
Muros.	M. *Bermudez*	Idem.
Pontevedra	M. *Cobian de Seijas.* . .	Idem.
Rivadeo	M. *Carlos de Casas* . . .	Idem.
Vigo.	M. *Flach.*	Idem.
Villagarcia	M. *Garcia Bravo (Joaqu.)*	Idem.
Vivero.	M. *Garcia Mendez* . . .	Idem.
Malaga.	M. Partiot ✳.	Consul.
	M. Delsart	Chancelier.
Adra	M. *Guerrero (Ferd.).* . .	Ag. vice-consul.
Almeria	M. *Michel*	Idem.
Estepona	M. *Buendia (Henri).* . .	Idem.
Garrucha et Villaricos	M. *Chasserot*	Idem.
Grenade.	M. *Rodriguez de Palacios*	Idem.
Marbella	M. *N.*	• Idem.
Motril	M. *Dias Arenas (Manuel)*	Idem.
Palma.	M. Blanchet	Consul.
	M. Cardeillac de Momères. .	Chancelier.
Alcudia	M. *Ferragut*	Ag. vice-consul.
Ciudadella.	M. *Fanel*	Idem.
Felanitz	M. *Arnau*	Idem.
Ivice	M. *Wallis.*	Idem.
Mahon.	M. *Walls*	Idem.
Soller	M. *d'Arlach* ✳	Idem.
Saint-Sébastien .	M. Petit ✳	Consul.
	M. Cavallace	Chancelier.
Le Passage	M. *Petit (J.)*	Ag. consulaire.
Santander. . . .	M. Prus ✳ . . . . . . '.	Consul.
	M. Maurice (Auguste)	Chancelier.

Castro Urdiales . . .	*M. de Ocharan (Louis)* .	Ag. vice-consul.
Gijon	*M. Letellier.*	Idem.
Santoña	*M. Venance Albo*	Idem.
Comillas, San-Vincente de la Barquera et Suancès.	*M. de Burg*	Idem.
Séville	{ M. le Cᵗᵉ DU ROSCOAT ✻ . . .	Consul.
	{ M. DU CLOSEL (Albert).	Chancelier.
Valence.	{ M. WALEWSKI (Alexandre) . .	Consul.
	{ M. BELVÈZE	Chancelier.
Alicante.	*M. le Bᵒⁿ de Chambaud.*	{ Consul honor.
		{ Ag. vice-consul.
Benicarlo	*M. O'Conor*	Ag. vice-consul.
Denia	*M. Vignaux.*	Idem.
Torre-Vieja.	*M. Vallié*	Idem.

Possessions espagnoles d'Amerique.

La Havane . . .	{ M. le Mⁱˢ DE FORBIN-JANSON O✻	Consul général.
	{ M. GARRUS	Chancelier.
Matanzas	*M. Delvaille (Ed. David)*	Ag. vice-consul.
Puerto Principe . . .	*M. Peyrellade.*	Idem.
Trinidad et Cienfuegos	*M. N.*	Idem.
Puerto-Rico. . .	{ M. COSTE ✻	Consul.
	{ M. DELAPIERRE.	Chancelier.
Aguadilla	*M. N.*	Ag. vice-consul.
Arecivo	*M. Nones*	Idem.
Fajardo	*M. de Veve*	Idem.
Guayama (Arroyo). .	*M. Jeannot*	Idem.
Guayanilla	*M. Blasini*	Idem.
Humacao	*M. N.*	Idem.
Mayaguez	*M. Benlisa.*	Idem.
Naguabo	*M. Simonnet*	Idem.
Ponce	*M. Caraballo*	Idem.
Vieques	*M. Le Brun (Charles).* .	Idem.
Santiago de Cuba.	{ M. DE CUVERVILLE	Consul.
	{ M. ARNAUD (Émile).	Chancelier.
Manzanillo	*M. Gavazzo*	Ag. vice-consul.

Possessions espagnoles de l'Inde orientale.

Manille (Philippines)	{ M. MÉCHAIN O✻	Consul.
	{ M. HÉBRARD	Chancelier.

ÉTATS ROMAINS.

Rome. — S. Exc. M. le Mⁱˢ DE BANNEVILLE GO✳, Ambassadeur.

M. LEFEBVRE DE BEHAINE O✳. .	Secrétaire de 1ʳᵉ classe.
M. le Cᵗᵉ DE CROY-CHANEL ✳ . .	Secrétaire de 2ᵉ classe.
M. le Vᵗᵉ D'ESPEUILLES.	Secrétaire de 3ᵉ classe.
M. le Cᵗᵉ DE KERGORLAY	Attaché.
M. HENNESSY	Idem.
M. BOSQUILLON DE JENLIS	Idem.
M. le Cᵗᵉ CH. DE BANNEVILLE. . .	Idem.
M. le Cᵗᵉ DE LAISTRE	Idem.
M. PÉCOUL	Idem.
M. le Cᵗᵉ MAURICE DE CARAMAN .	Idem.
M. DESHORTIES ✳	Consul honoraire, chancelier.
M. BOVET	Secrétaire-archiviste.

Civita-Vecchia . .	M. DE TALLENAY ✳.	Consul.
	M. ALBERT (Antoine)	Chancelier.

Corneto	*M. Mariani*	Ag. consulaire.
Fiumicino	*M. Bianchi (Matteo).* . .	Idem.
Montalto	*M. Alessandrini*	Idem.
Palo.	*M. Angelilli*	Idem.
Porto d'Anzio . . .	*M. Brovelli*	Idem.
Terracine	*M. Nardacci*	Idem.

ÉTATS-UNIS DE COLOMBIE (CONFÉDÉRATION GRENADINE).

Bogota. — M. GŒPP O✳, Consul général et Chargé d'affaires.

M. MANCINI	Chancelier.

Sainte-Marthe.	M. FOURCADE (Eugène) ✳. . . .	Consul.
	M. SAVELLI	Chancelier.

Carthagène	*M. N.*	Ag. vice-consul.
Rio-Hacha.	*M. Laborde (Joseph)* . .	Idem.
Baranquilla	*M. Heilbron*	Idem.

Panama	M. SIENKIEWICZ	Consul.
	M. CHEVALIER (Jean)	Chancelier.

Colon (baie de Limon)	*M. Arrivet.*	Ag. vice-consul.
David (depᵗ Chiriqui)	*M. Lambert (Denis).* . .	Ag. consulaire.
Tumaco (sur la rivière Ancon) . . .	*M. Pouchard (Achille).* . .	Idem.

ÉTATS-UNIS DE L'AMÉRIQUE DU NORD.

Washington. — M. Prévost-Paradol, Envoyé extraordinaire et Ministre plénipotentiaire.

M. de Bellonnet ✻	Secrétaire de 1re classe.
M. le Cte de Turenne d'Aynac (P.)	Secrétaire de 3e classe.
M. de Noirmont	Idem.
M. le Cte de Pourtalès-Gorgier	Attaché.
M. Dejardin	Chancelier, consul honoraire.

New-York...	M. Place O✻	Consul général.
	M. Kob	Élève consul.
	M. Rouhaud (H.)	Chancelier.
New-Port	M. Perrier (Jean-Marie)	Ag. consulaire.
Key-West	M. Fernando Moreno	Ag. vice-consul.
Boston	M. Chevrey-Rameau	Consul.
	M. Nettement	Chancelier.
Chicago	M. Niboyet ✻	Consul.
	M. Grimaud de Caux	Chancelier.
Portland	M. Le Prohn	Ag. vice-consul.
Charleston..	M. le Cte d'Orx	Consul.
	M. de Sibourg	Chancelier.
St-Joseph (Floride).	M. Bijotat	Ag. vice-consul.
Savannah	M. Chastanet	Idem.
Wilmington	M. Loeb	Ag. consulaire.
Jacksonville	M. Bellelini	Idem.
Nouvelle-Orléans.	M. Godeaux ✻	Consul.
	M. Dochez	Chancelier.
Baton-Rouge	M. Bonnecaze	Ag. vice-consul.
Galveston	M. Fauconnet ✻	Idem.
Mobile (la)	M. Poilevin	Idem.
Pensacola	M. Inerarily	Idem.
St-Louis du Missouri	M. Levasseur (Henri)	Idem.
Baltimore	M. Decourt	Idem.
Cincinnati	M. Ravin d'Elpeux	Idem.
Louisville	M. Perrin	Idem.
Norfolk	M. Schisano (Léon)	Ag. consulaire.
San-Francisco.	M. Breuil O✻	Consul général.
	M. Déjardin (Léon)	Chancelier.

Columbia	*M. Gen (Amable.)*. . . .	Ag. consulaire.
Los Angeles.	*M. Mœrenhout*	Consul honor.
Mariposa	*M. N.*	Ag. consulaire.
Saint-Thomas[1] . . .	*M. Burdel.*	{ Consul honor. { Ag. vice-consul.

GRÉCE.

Athènes. — M. le Bon BAUDE O ✳ , Ministre plénipotentiaire.

M. le duc TASCHER DE LA PAGERIE ✳	Secrétaire de 3e classe.
M. le Vte DE SUAREZ D'AULAN . . .	Attaché.
M. PORTALIS	Idem.
M. GASPARY.	Chancelier.

Calamata	*M. Pantasapoulo*	Ag. consulaire.
Carysto	*M. Benoit*	Idem.
Chalcis	*M. Zini*	Idem.
Hydra.	*M. N.*	Idem.
Marothonisi.	*M. Capouti*	Idem.
Nauplie	*M. Andonopoulo.* . . .	Idem.
Navarin	*M. Manganaro*	Idem.
Patras.	*M. Clauss*	Ag. vice-consul.
Pirée (Le)	*M. Meyssonnier* ✳ . . .	Idem.
Scopelos	*M. Georgaros*	Ag. consulaire.
Skiathos.	*M. Maniotis*	Idem.
Spetzia	*M. Panoyotakis*	Idem.
Syra.	{ M. CHALLET. . . . . Consul. { M. GIZY. . . . . Chancelier.	
Milo.	*M. Brest (Nicolas)* . . .	Ag. vice-consul.
Naxie	*M. de Lastic.*	Ag. consulaire.
Paros	*M. Condilly*	Idem.
Santorin.	*M. de Corogna.*	Idem.
Tinos	*M. Mazzo*	Idem.
Zea	*M. Lazaridis (Jean)* . . .	Idem.
Corfou	{ M. WIET ✳ . . . . Consul. { M. DE BOISMONT. . . . . Chancelier.	
Céphalonie	*M. Beretta (George)*. . .	Ag. vice-consul.
Ithaque	*M. Piero (Spiridion)*. . .	Ag. consulaire.
Sainte-Maure	*M. Vallamonte (P.)* . . .	Idem.
Zante	*M. Reinaud (J.)*	Ag. vice-consul.

1. Ne relève d'aucun consulat.

HAÏTI.

Port-au-Prince . .
- M. le Cte DE LÉMONT O✳ . . Consul génér. et chargé d'aff.
- M. HUTTINOT (Victor) ✳ . . . Chancelier.

Cap Haïtien	*M. Vincent (Léon)*	Ag. vice-consul.
Cayes (Les)	*M. Dutton*	Ag. consulaire.
Gonaïves (Les) . . .	*M. Lancelot*	Idem.
Jacmel	*M. Gerdès*	Idem.
Jérémie	*M. Larcade (Gustave)* . .	Idem.
Port de Paix	*M. de Vèze*	Ag. vice-consul.
Saint-Marc	*M. Clesca*	Ag. consulaire.

HESSE GRAND-DUCALE.

Darmstadt. — M. le Cte D'ASTORG O✳, Ministre plénipot.

M. le Vte DE BEAUMONT ✳	Secrétaire de 2e classe.
M. N.	Attaché
M. VION ✳	Chancelier.

ITALIE.

Florence. — M. le Bon DE MALARET GO✳, Envoyé extraordinaire et Ministre plénipotentiaire.

M. le Bon DE LA VILLESTREUX O✳.	Secrétaire de 1re classe.
M. DURIEZ DE VERNINAC ✳ . . .	Secrétaire de 2e classe.
M. SEYDOUX ✳	Secrétaire de 3e classe.
M. le Vte DU PONCEAU	Attaché.
M. le Vte DE LA ROCHEFOUCAULD-BAYERS	Idem.
M. DE LA HAYE O✳, lieutenant-colonel d'état-major	Attaché militaire.
M. DUFOUR ✳	Chancelier.

Coni	*M. de Bradi*	Ag. vice-consul.
Bologne.	*M. Mahon de Monaghan* ✳.	Consul honor., ag. vice-cons.
Lucques.	*M. Alberlini*	Ag. vice-consul.
Turin	M. DE SENEVIER ✳ . . . . . . Consul général.	
	M. MORANDI . . . . Chancelier.	
Milan	M. BOUILLAT ✳ . . . . Consul.	
	M. DUCESSOIS . . . . Chancelier.	

5.

Gênes	M. Dieudé-Defly O✳	Consul général.
	M. N.	Élève-consul.
	M. de Moreuil	Chancelier.

Chiavari	*M. de Chaveau*	Ag. vice-consul.
Loano	*M. N.*	Ag. consulaire.
Noli	*M. le Mis Brignole* . . .	Idem.
Porto-Venere	*M. Centinaro*	Idem.
Sainte-Marguerite . .	*M. N.*	Ag. vice-consul.
Savone	*M. d'Angelis (Sylvestre)*.	Idem.
Sestri	*M. Bo (François)* . . .	Ag. consulaire.
Spezia (La) et Lerici.	*M. Laffond (J. Bapt. Fr.)*	Ag. vice-consul.

Venise	M. de Burggraff ✳	Consul général.
	M. Bataillard ✳	Chancelier.

Cagliari	M. Chassériau	Consul.
	M. Viggiani (Jean-Baptiste) ✳ .	Chancelier.

Alghero	*M. Peretti*	Ag. vice-consul.
Bosa	*M. Solinas*	Ag. consulaire.
Carlo-Forte	*M. Romby*	Ag. vice-consul.
Castel-Sardo . . .	*M. Federici*	Ag. consulaire.
Longo-Sardo . . .	*M. Vincentelli*	Idem.
Magdeleine (Ile de la).	*M. Viggiani (François)*.	Idem.
Muravera	*M. Macciani (Jean)* . .	Idem.
Oristano	*M. Sauveur Tolu* . . .	Idem.
Orosei	*M. N.*	Idem.
Pula	*M. Costa*	Idem.
Saint-Antioche . .	*M. Dufour*	Ag. vice-consul.
Sassari et Porto-Torres	*M. Hancy*	Idem.
Siniscola	*M. Capita Puxeddu* . .	Ag. consulaire.
Terra-Nova	*M. N.*	Idem.
Tortoli	*M. Cardia*	Idem.

Port-Maurice	M. Ledoulx ✳	Consul.
	M. Blaize de Maisonneuve . . .	Chancelier.

Alassio	*M. Basso* .	Ag. vice-consul.
Bordighera	*M. Moreno* .	Ag. consulaire.
Diano	*M. Peretti*	Idem.
L'Arma	*M. Anfossi (Ch.)* . . .	Idem.
Oneille	*M. Paoletti* ✳	Ag. vice-consul.
San-Remo	*M. le Vte de Potier* . .	Idem.
Vintimille	*M. Leclère (Victor)* . .	Ag. consulaire.

Ancône . . . . . {	M. Boulard ✳	Consul.
	M. Gillet de Grandmont . . .	Chancelier.
Fermo	M. le Mⁱˢ Andrea Passeri	Ag. consulaire.
Grottamare	M. Ribard	Idem.
Ravenne.	M. le Cᵗᵉ Rasponi ✳ . .	Ag. vice-consul.
Sinigaglia et Pesaro.	M. Billy.	Ag. consulaire.
Lorette	M. Valerio Valeri	Vice-consul.
Livourne. . . . {	M. le Bᵒⁿ de Vaux ✳	Consul.
	M. Gauthier ✳	Chancelier.
Longone (Ile d'Elbe).	M. Muraour.	Ag. consulaire.
Massa et Carrara . .	M. Biavati.	Idem.
Porto-Ercole et Orbi-		
tello	M. Lambardi ✳.	Idem.
Porto-Ferrajo	M. Delaye.	Ag. vice-consul.
Viareggio	M. Pacini	Idem.
Naples. . . . . {	M. Limperani C✳	Consul général.
	M. Braquehais ✳	Chancelier.
Bari	M. Diana	Ag. consulaire.
Barletta	M. Fréjaville.	Idem.
Brindisi	M. Ercolini (Al.)	Ag. vice-consul.
Castellamare . . .	M. Jammy.	Ag. consulaire.
Chieti et Pescara . .	M. Leon de Rotrou . . .	Idem.
Cotrone	M. le Bᵒⁿ Zurlo	Idem.
Gaëte	M. Matarazzo	Idem.
Gallipoli.	M. Ponchain.	Idem.
Ischia (Ile d'). . . .	M. N.	Idem.
Lecce	M. Riello	Idem.
Reggio	M. Pons (Charles)	Idem.
Salerne	M. le Cᵗᵉ Dunin	Ag. vice-consul.
Tarente	M. Vergine	Ag. consulaire.
Tropea	M. Mazitelli.	Idem.
Palerme . . . {	M. le Cᵗᵉ du Tour ✳	Consul.
	M. Thibaudier	Chancelier.
Cefalu.	M. Cirincione	Ag. consulaire.
Girgenti.	M. Alby ✳	Ag. vice-consul.
Licata.	M. Castelin	Idem.
Marsala	M. Buscemi	Ag. consulaire.
Mazzara	M. Domingo	Idem.
Terranova.	M. Giusto	Ag. vice-consul.

Trapani	M. de Nico Lipari	Ag. vice-consul.
Termini	M. le Bᵒⁿ Henri Janelli.	Idem.

Messine	M. Huet ✻	Consul.
	M. Caporal.	Chancelier.

Augusta	M. Pinto Casalaine . . .	Ag. vice-consul.
Catane	M. Benedetto	Idem.
Lipari (Iles)	M. Paijno	Ag. consulaire.
Milazzo	M. le Bᵒⁿ Rijolo	Idem.
Sciacca	M. Imbornone.	Idem.
Syracuse	M. N.	Idem.
Reggio.	M. Larrel de Follenay. .	Idem.
Gioja Tauro.	M. Pons	Vice-consul.

JAPON.

Yedo. — M. Outrey (Maxime) C✻, Ministre plénipotentiaire.

M. Pichon.	Secrétaire de 3ᵉ classe.
M. le Cᵗᵉ de Béarn (Centule)✻.	Idem.
M. N.	Attaché.
M. de Lapeyrousse	Chancelier.
M. N.	Interprète.
M. Rousset.	Élève interprète.

Kanagawa.	M. N.	Ag. vice-consul.
Hakodade.	M. N.	Ag. consulaire.
Osaka.	M. Colleau ✻	Consul.
Hiogo.	M. Daloz	Ag. vice-consul.

MADAGASCAR.

Tananarive . . .	M. Garnier ✻	Consul.
	M. N.	Chancelier.
Tamatave	M. Soumagne	Ag. consulaire.

MAROC.

Tanger. — M. le Bᵒⁿ Aymé d'Aquin C✻, Ministre plénipot.

M. Berthelin.	Secrétaire de 3ᵉ classe.
M. le Cᵗᵉ de Lubersac	Attaché.
M. Destrées ✻	1ᵉʳ drogman.
M. Monge (Jules)	Drogman-chancelier.
M. N.	Drogman sans résidence.

Casablanca	*M. Flesch*	Ag. vice-consul.
Rabat	*M. Bourcier St-Chaffray*	Idem.
Mogador	M. BEAUMIER ✳	Consul.
	M. HECQUARD (Charles) . . .	Drogm.-chanc.
Saffy	*M. N.*	Ag. consulaire.

MASCATE (IMAMAT DE).

Zanzibar. . . .	M. DE VIENNE	Consul.
	M. BERTRAND	Drogman-chanc.
Mascate.	*M. N.*	Ag. consulaire.

MONACO (PRINCIPAUTÉ DE).

Monaco	*M. le Cte de Reynold de Chauvancy* ✳	Ag. vice-consul.

NORWÉGE.

Christiania. . .	M. HEPP ✳	Consul.

PARAGUAY.

L'Assomption .	M. le Bon DE BOURQUENEY ✳ . .	Consul.
	M. MENÉ	Chancelier.

PAYS-BAS.

La Haye. — M. BAUDIN (Ch.) GO ✳ , Envoyé extraordinaire et Ministre plénipotentiaire.

M. DE MONICAULT O ✳	Secrétaire de 2e classe.
M. N.	Secrétaire de 3e classe.
M. TERNAUX COMPANS	Attaché.
M. ROGER DE FLAUX.	Idem.
M. DESVERNOIS ✳	Chancelier, consul honoraire.
Eich (grand-duché de Luxembourg) . . . *M. de Cornot de Cussy* ✳	Ag. vice-consul.
Schveningen. . . . . *M. Maas*	Ag. consulaire.
Amsterdam . . M. FABRE (Amédée) O ✳	Consul général.
M. PHILBERT ✳	Chancelier.
Curaçao (Antilles). . *M. Blasini.*	Ag. consulaire.
Egmont . . . . *M. de Groot (Cornélis).* .	Idem.
Groningue. . . . . . *M. Hecker*	Idem.
Harlingen . . . . . . *M. Harmens*	Idem.

Helder (Le)	M. Hilde-Bock	Ag. consulaire.
Paramaribo(Surinam)	M. Delmonte Lyon (J.).	Ag. vice-consul.
Texel (Le)	M. Brûno-Bok	Ag. consulaire.
Rotterdam	M. DE PINA ✻	Consul.
	M. BÉGUIN	Chancelier.
Brouwershaven	M. de Crane	Ag. consulaire
Flessingue	M. Bourceret	Idem.
Hellevoetsluis	M. Gallas	Idem.

Possessions hollandaises dans l'Inde orientale.

Batavia	M. DUCHESNE DE BELLECOURT C✻	Consul général.
	M. HARTUNG	Chancelier.
Cheribon (Java)	M. N.	Ag. consulaire.
Passourouan (idem)	M. Van Lawyck van Pabst	Idem.
Samarang	M. N.	Idem.
Sourabaya	M. Kervel	Idem.
Padang (Sumatra)	M. Van Gils	Idem.

PÉROU.

Lima. — M. le Bon GAULDRÉE-BOILLEAU C✻, Envoyé extraordinaire et Ministre plénipotentiaire.

M. le Cte DE RIPERT MONCLAR ✻	Secrétaire de 3ᵉ classe.
M. PUNANT (Raoul)	Chancelier.
Arica et Tacna	M. Charpentier	Ag. vice-consul.
Arequipa	M. Gares	Ag. consulaire.
Callao	M. CHARLES DE SAINT-CHARLES ✻	Consul.
	M. MURE DE PELANUE (Gaston).	Chancelier.
Cerro de Pasco	M. Lagravère (Adrien).	Ag. consulaire.
Iquique	M. Fréraut (Frédéric).	Ag. vice-consul.
Payta	M. Blacker.	Ag. consulaire.
Pisco	M. Pradinet.	Idem.

PERSE.

Téhéran. — M. DE BONNIÈRES DE WIERRE C✻, Envoyé extraordinaire et Ministre plénipotentiaire.

M. le Cte DE MAUGNY	Secrétaire de 3ᵉ classe.
M. le B^{on} DU CHARMEL.	Attaché.
M. NICOLAS	Premier drogman.
M. QUERRY ✻	Drogman-chancelier.

Tauris . . . . . { M. Crampon ✳ . . . . Consul.
M. Bernay . . . . Drogm.-chanc.

Recht . . . . |M. *Nicolas* . . . . { 1ᵉʳ drogman.
Consul honor.,
ch. de l'agence.

PORTUGAL.

Lisbonne. — M. le Cᵗᵉ Armand O✳, Envoyé extraordinaire et Ministre plénipotentiaire.

M. le Bᵒⁿ de Maynard ✳ . . . . |Secrétaire de 2ᵉ classe.
M. Soufflot de Magny . . . . . |Attaché.

Lisbonne . . . { M. de Gérando O✳ . . . . . . Consul.
M. Féret (Ernest) . . . . Chancelier.

Angra(Ile de Terceira)	*M. Rebello*	Ag. vice-consul.
Villa da Praia da Victoria (id.).	*M. Guiod (Alfred).* . . .	Idem.
Belem (Prov. d'Estramadure)	*M. Muller*	Ag. consulaire.
Faro, Olhão et Tavira.	*M. de Mendoça (Junior).*	Ag. vice-consul.
Figuera	*M. Antonio Diaz.*	Ag. consulaire.
Flores (Açores) . . .	*M. de Silveira*	Idem.
Horta (Fayal)	*M. Rodrigo Alves Guerra*	Ag. vice-consul.
Ile du Sel et Boa Vista (cap Vert)	*M. Lequen (Ernest)* . . .	Ag. consulaire.
Ile Sᵗ-Vincent (id.). .	*M. Lequen.*	Idem.
Lagos	*M. Vieira Galvo*	Idem.
Loanda(Colonie d'Angola)	*M. de Prado (José-Maria)*	Idem.
Bissao (Côte d'Afriq.)	*M. Urbain (Ovide)* ✳ . .	Idem.
Madère (Funchal) . .	*M. Blaise (César)*	Ag. vice-consul.
Peniche	*M. Cervantes de Carvalho Figueira*	Ag. consulaire.
Santa Cruz (Ile das Flores)	*M. Mesquita Henriques.*	Idem.
San-Thomé (Ile). . .	*M. Burnay.*	Idem.
Santo-Antonio (Algarve)	*M. Damido de Souza-Medeiros.*	Idem.

Setubal	*M. Torlades O'Neill Silva* (*Charles*).	Ag. vice-consul.
Elvas	*M. Joao do Bom Successo Alvarrao*	Ag. consulaire.
Villa-Nova de Porti-mao.	*M. de Bivar.*	Idem.
Cascaes	*M. Freitas.*	Idem.

Porto . . . . . { M. IZARIÉ ✳ . . . . Consul.
{ M. DE LA BORDÈRE . . . . Chancelier.

Aveiro.	*M. Fezzeira Pinto Basto.*	Ag. consulaire.
Caminha	*M. Marques Caldeira* . .	Idem.
Goa (Inde).	*M. Nunes d'Oliveira* . .	Idem.
Valença	*M. Leite Ribeiro e Silva.*	Idem.
Vallongo	*M. de Souza Silva.* . . .	Idem.
Viana do Castello . .	*M. Barbosa*	Idem.
Villa do Conde . . .	*M. Teixeira da Rocha Soares*	Idem.
Villa-Nova de Gaia. .	*M. Pinto da Costa Junior.*	Idem.

PRUSSE ET CONFÉDÉRATION DE L'ALLEMAGNE DU NORD.

Berlin. — S. Exc. M. le Cte BENEDETTI GC✳, Ambassadeur.

M. LE SOURD O✳	Secrétaire de 1re classe.
M. le B^on DE WIMPFFEN ✳. . . .	Secrétaire de 2e classe.
M. le Mis FROTTIER DE LA COSTE.	Secrétaire de 3e classe.
M. DE BALLOY.	Attaché.
M. BÉRANGER	Idem.
M. DE LESSEPS (Victor)	Idem.
M. le lieut.-colonel STOFFEL O✳.	Attaché militaire.
M. BŒUFVÉ.	Consul honoraire, chancelier.

Emden.	*M. Boner*	Ag. vice-consul.
Harbourg	*M. Elkau*	Ag. consulaire.

Francfort. . . . { M. DE HELL O✳ . . . . Consul général.
{ M. PETITPIERRE. . . . . Chancelier.

Cologne . . . . { M. TOLHAUSEN ✳ . . . . Consul.
{ M. DU CLOSEL (Édouard). . . Chancelier.

Coblence.	*M. N.*	Ag. consulaire.

Kiel . . . . . . { M. DE VALOIS ✳ . . . . Consul.
{ M. KRÆTZER . . . . Chancelier.

Altona. . . . . | M. Hesse. . . . . | Ag. consulaire.
Rendsbourg. . . . . | M. N.   Idem.

Dantzick . . . . { M. BELLAIGUE DE BUGHAS . . . . Consul.
{ M. MATTHEY. . . . . Chancelier.

Kœnigsberg . . . . | M. Dahsé ✳ . . . . . . | Ag. vice-consul.
Memel. . . . . | M. Gubba . . . . | Idem.

Stettin. . . . . { M. BÉRENGER . . . . Consul.
{ M. LE DEUMAT . . . . Chancelier.

Stralsund . . . . . . | M. Struck. . . . . | Ag. consulaire.
Swinemünde . . . . | M. Fraude. . . . . | Idem.

RÉPUBLIQUE DOMINICAINE.

Santo Domingo [1]. . . | M. Marion Landais. . . | Ag. vice-consul.

RUSSIE.

Saint-Pétersbourg. — S. Exc. M. le général de division
FLEURY GO✳, Ambassadeur.

M. le Mᵉ DE GABRIAC O✳. . . . | Secrétaire de 1ʳᵉ classe.
M. DE VERNOUILLET ✳ . . . . . | Secrétaire de 2ᵉ classe.
M. le Vᵗᵉ DE GROUCHY ✳ . . . . | Secrétaire de 3ᵉ classe.
M. le Vᵗᵉ DE PONTOI-PONTCARRÉ. | Idem.
M. le Vᵗᵉ OLIVIER DE VIREL. . . | Attaché.
M. DE KERJÉGU . . . . | Idem.
M. Robert GASSON. . . . . | Idem.
M. le Cᵗᵉ DE MIRIBEL O✳, ch. d'esc. | Attaché militaire.

Sᵗ-Pétersbourg. . { M. DE LA GARDE ✳. . . . . . Consul.
{ M. LENOIR ✳ . . . . Chancelier.

Arkhangel. . . . . . | M. Roussatier . . . . . . | Ag. consulaire.
Cronstadt . . . . . . | M. Malevigne . . . . . . | Idem.
Narva. . . . . | M. Zinovief . . . . . . | Idem.
Reval . . . . | M. Girard . . . . | Idem.
Uleaborg . . . . . . | M. Hockert . . . . | Idem.
Helsingfors . . . . . | M. Tselschouline . . . . | Idem.

---

1. Agence dépendant du Consulat général de Port-au-Prince.

Moscou	M. Lenglet O✻	Consul généra l.
	M. Levino	Chancelier.
Odessa	M. Cochet ✻.	Consul.
	M. Sauron ✻.	Chancelier.
Berdiansk	*M. Kaufmann.*	Ag. consulaire.
Cherson	*M. Allard*	Idem.
Marioupol	*M. Pellagati.*	Idem.
Taganrog	*M. Hœmmerlé.*	Idem.
Riga	M. Allou ✻	Consul.
	M. Poitevin	Chancelier.
Arensbourg	*M. Schmid.*	Ag. consulaire.
Libau	*M. Rottermund*	Idem.
Tiflis (Géorgie)	M. Blanchard de Farges ✻.	Consul.
	M. de Tramasure	Chancelier.
Varsovie (Pologne)	M. le Bᵒⁿ Finot ✻	Consul général.
	M. Meyer	Chancelier.

SANDWICH (ILES).

| Honolulu | M. Ballieu ✻ | Consul et commiss. du gouvᵗ. |
| | M. Marinetti (François) | Chancelier. |

SAXE ROYALE.

Dresde. — M. le Mⁱˢ de Chateaurenard C✻, Envoyé extraordinaire et Ministre plénipotentiaire.

M. le Bᵒⁿ d'Acher de Montgascon ✻	Secrétaire de 1ʳᵉ classe.
M. de la Brunetière	Attaché.
M. Duparc de Locmaria.	Chancelier.
Leipzig	M. Dervieu O✻	Consul généra l.
	M. Champy	Chancelier.

SAXE GRAND-DUCALE ET DUCHÉS DE SAXE.

Weimar. — M. le Cᵗᵉ de Rayneval O✻, Ministre plénipotentiaire.

M. le Cᵗᵉ de Chateaubriand ✻	Secrétaire de 3ᵉ classe.
M. le Vᵗᵉ des Nos	Attaché.
M. Maistre de Roger de la Lande	Idem.
M. Henriot ✻	Chancelier.

SIAM (ROYAUME DE).

Bangkok. . . . . { M. DILLON . . . . Consul.
{ M. LEFEBVRE DURUPLÉ. . . . . . Chancelier.

SUÈDE ET NORWÉGE.

Stockholm. — M. FOURNIER C✳, Envoyé extraordinaire et Ministre plénipotentiaire.

M. le Vᵗᵉ DE BORELLI (Roger) ✳.	Secrétaire de 2ᵉ classe.
M. N.	Secrétaire de 3ᵉ classe.
M. N.	Attaché.
M. THIÉBAUT.	Chancelier.

Carlshamm	M. Dahl	Ag. vice-consul.
Gelfe	M. Garberg	Idem.
Gothembourg	M. Sirenius	Idem.
Helsingborg.	M. Henckel.	Idem.
Hernösand	M. Kempe	Idem.
Lulea	M. Finell.	Idem.
Norkoping.	M. Thunstrom.	Idem.
Pitea	M. N.	Idem.
Saint-Barthélemy . .	M. Delisle (Ant. Sapenne)	Ag. consulaire.
Sundswall.	M. Rothman.	Ag. vice-consul.
Umea	M. Forsell	Idem.
Westerwick.	M. Carlsson	Idem.
Wisby.	M. Kinberg	Idem.
Ystad	M. Hemberg	Idem.

Christiania . . { M. HEPP ✳ . . . . Consul.
{ M. PERRETTE . . . . Chancelier.

Arendal et Grimstadt.	M. Kallevig	Ag. consulaire.
Bergen	M. Wingaard	Ag. vice-consul.
Christiansand	M. Reinhardt	Ag. consulaire.
Christiansund	M. Allan.	Idem.
Drammen	M. Omstedt	Idem.
Drontheim.	M. Lundgreen	Idem.
Farsund.	M. N.	Idem.
Flekkefjord	M. Beer (Johan).	Idem.
Frederickshald . . .	M. Stang.	Idem.
Frederickstad. . . .	M. Thiis.	Idem.
Laurvig.	M. Oppen.	Idem.
Mandal	M. Giertsen	Idem.
Molde et Aalesund. .	M. Macé (Émile).	Idem.

Moss et Soon	*M. Peterson*	Ag. consulaire.
Namsos	*M. Rist*	Idem.
Œster-Risoër	*M. Stian-Finne*	Idem.
Sarpsborg	*M. Morch* (*Severin*) . . .	Idem.
Skien, Porsgrund et Brevig	*M. Möller Jun.* (*Hans*). .	Idem.
Stavanger	*M. Rosenkild*	Idem.
Tonsberg	*M. Wilhelmsen*	Idem.
Tromsoë	*M. Wilhelm Mack*. . . .	Idem.
Trondhjem	*M. Lundgreen*	Vice-consul.

SUISSE.

Berne. — M. le Cte DE COMMINGES-GUITAUD C✳, Envoyé extraordinaire et Ministre plénipotentiaire.

M. le B^{on} DE REINACH O✳	Secrétaire de 1re classe.
M. le Vte MOLITOR ✳	Secrétaire de 2e classe.
M. le Vte DE BRESSON ✳.	Secrétaire de 3e classe.
M. ABEILLE (Émile)	Attaché.
M. DE MONTESQUIOU-FEZENSAC. .	Idem.
M. KUHLMANN ✳	Chancelier, consul honoraire.
Bâle . . . . : .	*M. Truy* ✳	Ag. vice-consul., consul honor.
Neuchâtel	*M. le Cte de Drée*	Ag. vice-consul.
Genève. . .	M. CHEVALIER (Martial) O✳ . . . . Consul général. / M. D'AURE. . . . . Chancelier.

TURQUIE.

Turquie d'Europe.

Constantinople. — S. Exc. M. le Vte DE LA GUÉRONNIÈRE GO✳, Ambassadeur.

M. DUCROS-AUBERT O✳	Secrétaire de 1re classe.
M. le Cte DE LA LONDE O✳ . . .	Secrétaire de 2e classe.
M. le Mis DE BASSANO	Secrétaire de 3e classe.
M. MARCHAND	Attaché.
M. le Cte DE WALDNER DE FREUND-STEIN.	Idem.
M. PERRUCHOT DE LONGEVILLE O✳	1er drogman.
M. BELIN O✳	Consul génér., secrét.-interpr.
M. N.	1er second drogman.

M. Battus ✳ . . . .|2ᵉ second drogman.
M. Robert (Jules) ✳ . . . . . .|1ᵉʳ troisième drogman.
M. Rougon . . . .|2ᵉ troisième drogman.
M. N.|Chargé de la chancellerie.
M. Barré de Lancy ✳ . . . . .|Secrétaire-archiviste.

Enos	M. Sapet	Ag. vice-consul.
Philippolis	M. N.	Idem.
Janina.	M. Dozon	Consul, chargé du vice-cons.
Andrinople	M. de Courtois (Albert) .	Ag. vice-consul.
Gallipoli.	M. d'Andria ✳	Idem.
Rodosto	M. Antoine Cadet	Ag. consulaire.
Brousse.	M. Gaillard de Ferry (G.)	Ag. vice-consul.
Dardanelles.	M. Battus (Pierre) ✳ . .	Idem.
Djeddah.	M. le Dʳ Dubreuil ✳ . .	Idem.
Kharpout	M. N.	Ag. consulaire.
Routschouk . . {	M. Schefer (Jules) ✳.	Consul.
	M. N.	Drogm.-chanc.
Kustendjé.	M. Sénac	Ag. consulaire.
Toultcha et Soulina.	M. Langlais	Ag. vice-consul.
Varna	M. Tedeschi	Ag. consulaire.
Bosna-Seraï . . {	M. Ordéga ✳	Consul.
	M. Pricot de Sainte-Marie . .	Drogm.-chanc.
Mostar.	M. Moreau ✳.	Ag. vice-consul.
Salonique. . . {	M. Moulin ✳	Consul.
	M. N.	Drogm.-chanc.
Larisse	M. Robert (Félix)	Ag. consulaire.
Cavale (La)	M. Varda (Pierre). . . .	Ag. vice-consul.
Serès	M. N.	Idem.
Volo.	M. Fernandez (Luigi). .	Idem.
Scutari d'Alba-nie. {	M. Aubaret O✳	Consul.
	M. Krayewski.	Drogm.-chanc.
Prevesa et Arta . . .	M. N.	Ag. vice-consul.
Belgrade . . . {	M. Engelhardt ✳	Ag. et cons. gén.
	M. Petreto d'Istria	Chancelier.
Canée (La) . . {	M. Champoiseau✳.	Consul.
	M. Missir.	Drogm.-chanc.
Candie	M. Ittar	Ag. vice-consul.
Retimo	M. Barbieri	Ag. consulaire.

Principautés danubiennes.

Bucharest. . .	M. MELLINET C❋	Ag. et cons. gén.
	M. PATRIMONIO	Élève-consul.
	M. CASTAING (Victor)'.	Chancelier.
Ibraïla.	M. N.	Ag. vice-consul.
Tultscha.	M. Langlois	Idem.
Galatz.	M. BOYARD	Consul.
	M. DEGRAND	Chancelier.
Jassy	M. DELAPORTE ❋.	Consul.
	M. CASTAING (Louis) ❋.	Chancelier.
Fokchani	M. Calcagno.	Ag. consulaire.
Berlad.	M. Pagano.	Idem.
Roman	M. Bitron	Idem.

Turquie d'Asie.

Alep.	M. BERTRAND O❋	Consul.
	M. MONGE (Lucien)	Drogm.-chanc.
Adana.	M. Pieridi	Ag. consulaire.
Alexandrette . . .	M. Garelli.	Ag. vice-consul.
Antioche	M. N.	Ag. consulaire.
Diarbekir	M. Pons (Alexandre) . .	Idem.
Mersina (Tarsous). .	M. Geofroy (Marius) . .	Consul honor. Ag. vice-consul.
Orfa.	M. Armand Martin . . .	Ag. consulaire.
Bagdad	M. GUYS ❋	Consul.
	M. ROGIER.	Drogm.-chanc.
Beyrouth . . .	M. ROUSSEAU ❋	Cons. chargé du consulat génér.
	M. JOLLIVET-CASTELOT	Élève-consul.
	M. PERETIÉ O❋	Secrét.-interp., 1er drogman.
	M. BERTRAND	Drogm.-chanc.
	M. SIOUFFI	Drog. s. rés. fixe.
Acre et Caïffa . . .	M. Germain	Ag. consulaire.
Lattakie.	M. Geofroy (Adolphe). .	Ag. vice-consul.
Nazareth	M. Koubroussi (Ibrahim)	Ag. consulaire.
Saïda	M. Durighello	Idem.
Tripoli de Syrie. .	M. Blanche ❋.	Ag. vice-consul.
Damas.	M. ROUSTAN ❋	Consul.
	M. GAY DE TUNIS (Ferdinand) . .	Drogm.-chanc.
Homs et Hama . .	M. Bambino	Ag. consulaire.

Jérusalem...	M. de Barrère O✳	Consul général chargé du cons.
	M. N.	Drogm.-chanc.
Jaffa.........	*M. Philibert* ✳	Ag. vice-consul.
Naplouse	*M. Schebly*........	Ag. consulaire.
Ramlé.........	*M. Damiani*.......	Idem.
Mossoul....	M. Lanusse ✳........	Consul.
	M. N.	Drogm.-chanc.
Smyrne....	M. le Cte Bentivoglio O✳ ...	Consul général.
	M. Sienkiewicz.........	Élève-consul.
	M. Guillois (Antoine) ✳.....	1er drogman.
	M. Gasselin..........	2e drogman.
	M. Péretié..........	Drogm.-chanc.
Ayvali........	*M. Roboly (Charles)*...	Ag. vice-consul.
Macri........	*M. Casilli*.......	Ag. consulaire.
Magnésie......	*M. Velasti (Jean)*....	Ag. vice-consul.
Metelin.......	*M. Roboly*........	Idem.
Rhodes.......	*M. Mertrud (Charles)*..	Idem.
Samos........	*M. Missir*........	Ag. consulaire.
Satalie.......	*M. Vigoureux*......	Idem.
Scala-Nova....	*M. Michalopoulo*.....	Ag. provisoire.
Scio........	*M. N.*	Ag. consulaire.
Trébizonde..	M. Derché✳..........	Consul.
	M. Castagne..........	Drogm.-chanc.
Erzeroum......	*M. Gilbert (Th.)*.....	Ag. vice-consul.
Samsoun......	*M. Doulcet*.......	Idem.
Larnaca....	M. Colonna Ceccaldi ✳....	Consul.
	M. Laffon (Gustave)......	Drogm.-chanc.
Famagouste.....	*M. Grasset*........	Ag. consulaire.
Limassol......	*M. Acamas*........	Idem.
Nicosie.......	*M. Laffon (Adolphe)*...	Idem.

Tripoli de Barbarie.

Tripoli de Barbarie....	M. Favre Clavairoz ✳....	Consul général.
	M. N.	Élève-consul.
	M. Lequeux✳..........	1er drogman.
	M. de Castillon St-Victor..	Chancelier.
Bengasi........	*M. Ricard*.......	Ag. consulaire.
Ghadamès......	*Mohammed-el-Theni*.	Idem.

Égypte.

Alexandrie.	M. le Vte BRENIER DE MONTMORANDO ✹	Ag. et cons. gén.
	M. PIETRI ✹	Consul juge.
	M. DE VAUX (Georges).	Élève-consul.
	M. SAUVAIRE ✹	1er drogman.
	M. DOBIGNIE ✹	Chancelier.
	M. DANNAH	2e drogman.
	M. N.	Élève-drogman.
Damiette	M. Fackre	Ag. consulaire.
Kéné	M. Bichara	Idem.
Khartoun	M. Paban (Baptistin) . .	Idem.
Jemseh	M. Sévin	Idem.
Tautah	M. Athanasi.	Idem.
Mansourah	M. Calonch	Idem.
Port Saïd	M. PELISSIER DE REYNAUD ✹ .	Consul.
	M. GILBERT DE VOISINS	Drogman-chanc.
Suez	M. EMERAT ✹	Consul.
	M. LEDOULX (Ch.)	Drogm.-chanc.
Le Caire	M. TRICOU ✹	Consul.
	M. FRANCO	Chancelier.
Massouah	M. Werner-Münzinger. .	Ag. vice-consul.

Tunis.

Tunis.	M. le Vte DE BOTMILIAU C✹ . .	Consul général et chargé d'aff.
	M. LE RÉE (Albert)	Élève consul.
	M. FLEURAT (Adolphe) O✹ . .	1er drogman.
	M. JOUGLET	2e drogman.
	M. PIERRUGUES (H^te) ✹	Chancelier.
	M. SUMMARIPA	Drogman sans résidence fixe.
Bizerte	M. Monge (Eugène) . . .	Ag. consulaire.
Gabès	M. Sicard	Idem.
Gerba	Sidi Mustapha Ben-Ibrahim	Idem.
Goulette (la). . . .	M. Cubisol.	Consul honor., ag. vice-consul.
Nebel	M. Alkan	Ag. consulaire.
Monastir	M. Arnaud	Idem.
Sfax	M. Mattei	Idem.
Sousse	M. de Voisins	Ag. vice-consul.

Tarbarque et la Ga-
   litte . . . . | *M. le Cte d'Arpoare.* . . | Ag. consulaire.
Kef . . . . | *M. Souiller* . . . . | Idem.

URUGUAY.

Montevideo . .	{ M. DOAZAN O✳	Consul général et chargé d'aff.
	{ M. DU CASSE	Chancelier.
Maldonado	M. Ramiro de las Carreras	Ag. vice-consul.

VENEZUELA.

Caracas	{ M. CHEVALIER DE SAINT-ROBERT O✳	Consul gén. et ch. d'affaires.
	{ M. SAILLARD (Paul) ✳.	Chancelier.

Barcelona . . . . . . | *M. Velutini* . . . . | Ag. vice-consul.
Carupano . . . . . . | *M. N.* | Ag. consulaire.
Ciudad-Bolivar . . . | *M. Plassard.* . . . . . . | Idem.
Cumana et Marguarita | *M. Beauperthuy.* . . . . | Idem.
Guayra (La) . . . . . | *M. Negroni.* . . . . | Ag. vice-consul.
Maracaïbo. . . . . . | *M. d'Empaire (Charles)* . | Ag. consulaire.
Maturin . . . . | *M. Merlin* . . . . | Idem.
Puerto Cabello . . . | *M. Seidel (Henri)* . . . . | Ag. vice-consul.

VILLES ANSÉATIQUES ET MECKLEMBOURG-SCHWÉRIN, MECKLEMBOURG-STRÉLITZ ET OLDENBOURG.

Hambourg. — M. ROTHAN C✳, Envoyé extraordinaire et Ministre plénipotentiaire.

M. BORÉLY DE LA TOUCHE ✳ . . | Secrétaire de 2e classe.
M. N. | Chancelier.

Lubeck . . . . | *M. N.* | Ag. vice-consul.
Wismar. . . . . | *M. Crull (Fréd.).* . . . . | Ag. consulaire.

Brême. . . . . { M. VESSILLIER ✳ . . . . Consul.
{ M. BONIN . . . . Chancelier.

Bremerhaven . . . .| *M. Specht* . . . .| Ag. consulaire.

WURTEMBERG.

Stuttgart. — M. le Cte DE SAINT-VALLIER O✳, Envoyé
extraordinaire et Ministre plénipotentiaire.

M. DE SAINT-QUENTIN ✳ . . . .|Secrétaire de 2e classe.
M. le Cte DE LAUGIER-VILLARS . .|Attaché.
M. DELONGRAYE . . . .|Chancelier.

CHAPITRE III.

AMBASSADEURS ET MINISTRES, CONSULS ET VICE-CONSULS DES PUISSANCES ÉTRANGÈRES

RÉSIDANT EN FRANCE.

ANGLETERRE.

(Royaume-Uni de la Grande-Bretagne et d'Irlande.)
Paris, rue du Faubourg-Saint-Honoré, 39, de 11 à 2 heures. — Visa gratis.

S. Exc. Lord LYONS, Ambassadeur extraordinaire et plénipotentiaire.

(10 août 1867.)

Honorable LYONEL SACKWILL WEST .	1er Secrét. d'ambassade.
Honorable H. WODEHOUSE	2e Secrétaire.
M. E. B. MALET.	Idem.
M. G. SHEFFIELD	Idem.
M. F. C. LASCELUS	3e Secrétaire.
M. F. ATLÉE	Attaché.
M. E. G. SARTORIS..	Idem.
Honorable J. SAUMAREZ	Idem.
M. le colonel CLAREMONT.	Attaché militaire.
M. le capitaine de vaisseau HORE. .	Idem.

Paris . . . . M. FALCONER ATLEE. . Consul, faub. St-Honoré, 39.		
Dunkerque	M. le major Pringle. . .	Consul.
Calais.	M. le capitaine Hotham (W. B.).	Idem.
	M. Thomsett.	Vice-consul.
Boulogne . . . . , .	M. Hamilton (W.). . . .	Consul.
	M. Hayes Sadler	Vice-consul.
St-Valery-s.-Somme	M. Rives d'Arcy.	Idem.
Dieppe	M. Fortin (Henry W. Lee)	Idem.
Rouen.	M. Herring (H. J.)	Idem.

Le Havre	M. *Bernal (Frédéric)* ..	Consul.
	M. *Soulsby Rowell (John)*	Vice-consul.
Honfleur	M. *Wagner*	Idem.
Caen	M. *Perceval*	Idem.
Cherbourg	M. *Hamond*	Consul.
	M. *Le Jolis*	Vice-consul.
Saint-Brieuc	M. *Angier*	Idem.
Quimper	M. *Cochois*	Idem.
Morlaix	M. *Martin Boscher* ..	Idem.
Brest et ports, et places du Finistère et du Morbihan ..	M. *Levinge Swift* (*Rich.*).	Consul.
	M. *Levinge Swift* (*E. Al.*)	Vice-consul.
Lorient	M. *Minier* (*François*) ..	Idem.
Saint-Malo	M. *Mac Gregor* (*Malcolm*)	Idem.
Les Sables	M. *Chaillon*	Ag. consulaire.
Nantes	M. *le cap. R. C. Clipperton*	Consul.
	M. *Newman*	Vice-consul.
Saint-Nazaire	M. *Sutton* (*Henri-Prince*)	Idem.
Luçon	M. *Olivier* (*Pierre-Alc.*).	Ag. consulaire.
Le Croisic	M. *Maillard.*	Vice-consul.
Charente (Dép. de la)	M. *Verkeer* (*Henry*)...	Consul.
Tonnay-Charente	M. *Hamilton*	Idem.
Ile d'Oléron	M. *Patrouilleau.*	Vice-consul.
Ile de Ré	M. *Valleau*	Idem.
Noirmoutier	M. *Richer.*	Idem.
La Rochelle	M. *Morgan*	Idem.
Marennes	M. *Dabbadie*	Idem.
Royan	M. *Dussor*	Idem.
La Nouvelle	M. *Muras.*	Ag. consulaire.
Bordeaux	M. *F. Carew-Hunt* ...	Consul.
	M. *Millar*	Vice-consul.
Bayonne	M. *Graham* (*F. J.*) ...	Idem.
Pau	M. *Church* (*John*)	Idem.
Cette	M. *Rettmeyer*	Idem.
Saint-Tropez	M. *Roquis.*	Ag. consulaire.
Marseille	M. *Mark* (*Edward W.*) .	Consul.
Toulon	M. *Jouve*	Vice-consul.
Cannes	M. *Barbe* (*Marius*) ...	Idem.
Corse	M. *Smallwood* (*Ed.*) ..	Consul.
Ajaccio	M. *Vauquelin*	Vice-consul.
Bastia	M. *Jessy*	Ag. consulaire.
Calvi	M. *Piccioni*	Consul.

Bonifacio et Porto-Vecchio	M. *Short*	Vice-consul.
Alger	M. *le lieut.-colonel R. L. Playfair*	Consul général.
	M. *Elmore.*	Vice-consul.
Oran	M. *Boozo* (*Anthony*). . .	Idem.
Bone	M. *Llambias*	Idem.
Philippeville	M. *Teissier* (*Henri*) . . .	Idem.
Mostaganem	M. *Boozo* (*Dominique*) .	Ag. consulaire.
Martinique	M. *Lawless*	Consul.
Guadeloupe	M. *Amédée Ferlande* . .	Idem.
Guyane française . .	M. *Perry*	Idem.
Basse-Terre	M. *Hurel*	Idem.
Taïti	M. *Miller*	Idem.
La Réunion (île). . .	M. *Segrave*	Idem.
Saïgon	M. *Caswell.*	Idem.
Nouvelle-Calédonie .	M. *Cruikshank*	Vice-consul.

AUTRICHE (Empire d').

Paris, rue de l'Élysée, 2, de 1 à 3 heures. — Visa, 5 fr. ; légalisation, 6 fr.

S. Exc. M. le prince DE METTERNICH-WINNEBURG GC✻, Ambassadeur extraordinaire.

(12 décembre 1859.)

M. le comte DE HOYOS	Conseiller d'ambassade.
M. le comte DE WOLKENSTEIN. . . .	Conseiller de légation de la chancell. de l'ambassade.
M. le baron DE VESQUE.	Secrétaire.
M. le comte KHEVENHULLER.	Idem.
M. le comte MONTGELAS	Attaché.
M. le major comte UXKÜLL GYLLEN-BRANDT	Attaché militaire.

Paris . . { M. le B^on DE ROTHSCHILD (Gustave), Consul général, rue Laffitte, 19.
M. le chevalier DE SCHWARZ, Consul général adjoint.

Dunkerque	M. Plaideau (N.)	Consul.
Calais	M. Vendroux	Vice-consul.
Boulogne	M. Adam (Achille) ✳ . .	Idem.
Saint-Valery-s.-S. .	M. Vasseur	Ag. consulaire.
Dieppe	M. Bunel	Idem.
Fécamp	M. Leborgne (Auguste). .	Idem.
Rouen	M. Pimont.	Idem.
Le Havre	M. Troteux (Étienne) . .	Consul.
Honfleur	M. Thiis	Ag. consulaire.
Caen	M. de Bois-Lambert . .	Idem.
Saint-Valery-en-C. .	M. Le Seigneur	Idem.
Cherbourg	M. Mauger-Léon	Idem.
Saint-Malo	M. Boismenu (Franç. G.)	Idem.
Lorient	M. Ouizille	Idem.
Nantes	M. Briandeau.	Consul.
La Rochelle.	M. Admirauld.	Ag. consulaire.
Bordeaux	M. Lalande (Armand) .	Consul.
Bayonne.	M. Ely	Vice-consul.
Cette	M. Scheydt (Gustave) . .	Idem.
Marseille	M. Maurig (Antoine) . .	Consul général.
Mulhouse	M. Doll (Ch.) ✳	Vice-consul.
Toulon	M. Jouve ✳	Ag. vice-consul.
Nice.	M. Avigdor (Septime-Nephtali)	Consul.
Bastia.	M. Valery (fils)	Ag. vice-consul.
Alger	M. Ghezzi.	Consul général.
Oran	M. Sgitcowich	Vice-consul.
Bone	M. Bourgoin.	Idem.
Mostaganem	M. Marinskowich	Ag. consulaire.
Bougie	M. de Alcantara Casadebeg.	Idem.
Philippeville.	M. Alby (Tranquille) . .	Idem.

BADE (Grand-duché de).

Paris, rue Blanche, 62, de 1 à 3 heures. — Visa français, 5 fr.

M. le baron DE SCHWEIZER GO✳, Envoyé extraordinaire
et Ministre plénipotentiaire.

(8 janvier 1853.)

M. le Cte DE RANTZAU-BREITENBOURG. . . . |Secrétaire de légation.

Le Havre	*M. Rosenlecher (Dieud.)*	. Consul.
Bordeaux	*M. Clossmann (Paul)* . .	Idem.
Marseille.	*M. Bazin (Maximilien)* .	Idem.
Lyon	*M. Schlenker (Jean)*. . .	Idem.
Strasbourg	*M. Hasenclever (Louis)*.	Idem.
Mulhouse	*M. Doll (Charles)* ✳ . .	Idem.

BAVIÈRE (Royaume de).

Paris, rue du Cirque, 21, de 1 à 3 heures. — Visa gratis.

M. le C^le DE QUADT WYKRADT-ISNY O✳, Envoyé extraordinaire et Ministre plénipotentiaire.

(22 mars 1868.)

M. RUDHART.	Conseiller de légation.
M. le Dr G..CAHN.	Chancelier.

Paris. . . M. Frédéric SCHWAB, Consul, faubourg Poissonnière, 12.

Le Havre	*M. Kestner*	Consul.
	M. Meinel	Vice-consul.
Bordeaux	*M. de Luze (A. H.)* . . .	Consul.
Bayonne.	*M. Bonnat.*	Idem.
Montpellier et Cette.	*M. Westphal.*	Idem.
Marseille	*M. Gmelin (L.).*	Idem.
Lyon	*M. Schlenker (Jean)* . .	Idem.
Mulhouse	*M. Doll (Charles)* ✳ . .	Idem.
Nice.	*M. Avigdor (Arth. James)*	Idem.

BELGIQUE (Royaume de).

Paris, faubourg Saint-Honoré, 153, de midi à 2 heures.

M. le baron BEYENS GO✳, Envoyé extraordinaire et Ministre plénipotentiaire.

(7 février 1864.)

M. DE BOUNDER DE MELSBROECK ✳.	Conseiller de légation.
M. H. ORBAN.	Secrétaire.
M. Georges NEYT.	Idem.
M. D'ALCANTERA	Idem.
M. le prince DE CROY.	Idem.
M. le baron DU JARDIN	Idem.
M. DAVID DE GHEEST ✳	Attaché.
M. E. BASTIN ✳	Chancelier, cons. gén. hon.

Paris	M. *Finet (Victor)*.	Agent-consul.
Dunkerque et Gra-velines	M. *de Wulff-Cailleret*. .	Consul.
Lille.	M. *Decock (Ph.)*	Idem.
Valenciennes	M. *Ewbœnk*	Idem.
Calais.	M. *Dessin*	Idem.
	M. *Lemoine*	Vice-consul.
Boulogne	M. *Adam (Achille)* ✳ . .	Consul.
St-Valery-sr-Somme.	M. *Crocsel*.	Vice-consul.
Rouen.	M. *Thillaye du Boullay*.	Consul.
Tourcoing et Roubaix	M. *Sioen (Louis)*. . . .	Idem.
Le Havre	M. *Kreglinger*.	Idem.
Cherbourg	M. *Mauger (V.)*	Idem.
Brest	M. *de Kerjegu*.	Idem.
Lorient	M. *Besné (Ernest)*. . . .	Idem.
	M. *Montrelay*	Ag. consulaire.
Nantes	M. *Goullin*.	Consul.
	M. *Goullon (G. C.)* . . .	Vice-consul.
Saint-Nazaire. . . .	M. *Coste*.	Consul.
Noirmoutiers	M. *Pineau*	Vice-consul.
Saint-Martin de Ré .	M. *Souquet*	Idem.
Ile d'Oléron.	M. *Compère*	Idem.
La Rochelle	M. *Romieux (Paul)* . . .	Consul.
Marennes	M. *Robert (Eugène)* . . .	Vice-consul.
Bordeaux	M. *Damas* junior	Consul.
	M. *Bruno-Lacaze*. . . .	Vice-consul.
Bayonne.	M. *de Miramon (E.)*. . .	Consul.
Montpellier et Cette.	M. *Bazile (Louis)*	Idem.
Marseille	M. *de Vries*	Idem.
Toulon	M. *Aube (Ed.)*	Idem.
Avignon.	M. *Barbier (Pierre)* . . .	Vice-consul.
Lyon	M. *Quisard*	Consul.
Mulhouse	M. *Delmas*.	Idem.
Reims	M. *Rivart*	Idem.
Saint-Quentin(etdép. de l'Oise). . . .	M. *Georges*	Vice-consul.
Bastia.	M. *Manfredi*	Idem.
Alger	M. *Max*	Consul.
Bone	M. *Laugier*	Idem.
Philippeville.	M. *Alby*	Ag. consulaire.
Oran	M. *Giuliani*	Consul.
Gorée	M. *Bols*	Idem.

| La Réunion | M. *Morin (Edouard)* | Consul. |
| Saïgon | M. *Lafon (Octavien)* | Idem. |

BOLIVIE (République de).

Paris, rue de la Beaume, 9, faubourg Saint-Honoré.

M. N..., Envoyé extraordinaire et Ministre plénipotentiaire.

Paris	M. ARMAN (Albert)	Consul général,
	rue de La Rochefoucauld, 28.	
	M. LIGER DE LIBESSART	Vice-consul.

Bordeaux	M. *Sevane.*	Consul.
Nantes	M. *Henri Collinet.*	Vice-consul.
Le Havre	M. *Germain (Victor)*	Consul.
Marseille	M. *Roussier (Camille).*	Idem.

BRÉSIL (Empire du).

Paris, avenue de la Reine-Hortense, 1; bureaux rue du Colisée, 43, de midi à 3 heures. — Visa gratis.

M. le baron D'ITAJUBA, Envoyé extraordinaire et Ministre plénipotentiaire.

M. H. L. RATTON	Secrétaire.
M. le chevalier ANTONIO DE ARAUJO	Attaché.
M. J. VIEIRA DE CARVALHO	Idem.
M. J. M. DA ROCHA	Idem et consul général.

Paris	M. MACIEL DA ROCHA ✿, Chargé du consulat gén.,	
	rue de Penthièvre, 19.	
	M. MARTIUS (Luis-Antonio)	Vice-consul.

Dunkerque	M. *Féron.*	Vice-consul.
Calais	M. *Reisenthel (J. M.)*	Idem.
Boulogne-s.-M.	M. *Adam (Ach.)* ✿	Idem.
Abbeville	M. *Assegond.*	Idem.
Le Havre	M. *Ferreira Alves (E.).*	Idem.
Rouen	M. *Niel (Pierre-Eugène).*	Idem.
Cherbourg	M. *Bonfils*	Idem.
Brest	M. *Bazil (J. M.)*	Idem.
Lorient	M. *Sellier (Léon)*	Idem.
Nantes	M. *Crouan (Denis)*	Idem.

Saint-Nazaire	M. Chevalier (Ernest). .	Vice-consul.
Bordeaux	M. Cahuzac (Alphonse) .	Idem.
Bayonne.	M. Molinié	Idem.
Cette	M. Scheydt	Idem.
Montpellier	M. Vialars	Idem.
Port-Vendres.. . . .	M. Mas	Idem.
Marseille	M. da Costa Saraiva (A.)	Idem.
Toulon.	M. Jouve.	Idem.
Lyon	M. Puy.	Idem.
Alger	M. Ravan (Francisco). .	Consul.
Oran.	M. Mazurel	Vice-consul.
Cayenne.	M. de Abranches.	Consul.

BRUNSWICK (Duché de).

Bordeaux	M. Schencke.	Consul.

CHILI (République du).

Paris, rue Vezelay, 7.

M. Alberto Blest Gana, Envoyé extraordinaire et Ministre plénipotentiaire.

M. N..	1er secrétaire.
M. Carlos Zañartu.	2e secrétaire.

Paris . . . . M. Fernandez Rodella . . . . Consul général, rue de Laval, 26.

Rouen.	M. Dubosq-Lettré. . . .	Vice-consul.
Le Havre	M. de Yrigoyen	Consul.
Saint-Nazaire	M. Bourbeau (J.-Bapt.).	Idem.
Bordeaux	M. Santa-Coloma (E. de).	Idem.
Cette.	M. Caron	Idem.
Marseille	M. Armand (Albert). . .	Idem.
Bayonne	M. de la Puente . . .	Idem.
Nice.	M. Lagarrigue	Idem.
Lyon	M. Guinet (François) . .	Vice-consul.
Taïti	M. Gibson.	Consul.

COLOMBIE (États-Unis de la).

Paris, rue de Joubert, 37.

M. J. M. Torrès Caicedo, Ministre résident.

M. Vergara y Vergara . . . . . Secrétaire.

Paris. . . . . . M. Suarez Fortoul, Consul général, rue du Luxembourg, 3.

Le Havre	*M. Santamaria (Eust.)* .	Consul.
Saint-Nazaire. . . .	*M. Conde . . . .*	Idem.
Nantes	*M. Briandeau. . . . . .*	Idem.
Bordeaux.	*M. Rousselet . . . . . .*	Idem.
Bayonne.	*M. Soulez-Lacaze . . .*	Idem.
Marseille	*M. Chaix (Benjamin). .*	Idem.

CONFÉDÉRATION DE L'ALLEMAGNE DU NORD.

Paris, rue de Lille, 78 (ambassade de Prusse).

M. N...., Ambassadeur extraordinaire et Ministre plénipotentiaire.

M. le Cte de Solms-Sonnewalde . .	Conseiller d'ambassade, 1er secrét. d'ambass.
M. le prince de Lynar.	2e secrétaire d'ambassade.
M. le Cte d'Arnim-Holtzendorff. .	Secrétaire.
M. le Cte de Badolinski	Secrétaire.
M. le major de Burg	Attaché militaire.
M. Gasparini	Conseiller intime aulique, chef de la chancellerie.
M. Taglioni.	Conseiller aulique.

Paris . . . { M. le Bon Alphonse de Rothschild ✳, Consul général, rue Laffitte, 21.

{ M. Félix Bamberg ✳, Consul, rue de la Victoire.

Dunkerque	*M. Bourdon. . . . . . .*	Consul.
Calais.	*M. Dupont . . . .*	Vice-consul.
Boulogne	*M. Lebeau (Jules). . . .*	Idem.
St-Valery-s.-Somme	*M. Schytte. . . . . . .*	Consul.
Dieppe.	*M. Chapman . . . . . .*	Vice-consul.
Fécamp.	*M. Le Borgne . . . . .*	Ag. consulaire.
Rouen.	*M. Hartmann. . . . . .*	Consul.
Le Havre	*M. Langer (François). .*	Idem.
	M. Langer (Paul)	Vice-consul.

Honfleur.	M. Wagner	Vice-consul.
Caen	M. Holzmann	Idem.
Cherbourg.	M. Liais	Idem.
Granville	M. Leclère.	Idem.
Saint-Malo	M. Pagelat	Idem.
Brest	M. Kerros	Ag. consulaire.
Lorient	M. Dufilhol	Vice-consul.
Saint-Nazaire	M. Van der Sluys. . .	Ag. consulaire.
Paimbœuf.	M. Quirouard.	Idem.
Nantes	M. Bardot.	Consul.
St-Martin (île de Ré)	M. Rivaille	Vice-consul.
La Rochelle. . . .	M. Mörch	Consul.
Rochefort.	M. Des Essards	Vice-consul.
Bordeaux	M. Michaelsen.	Consul.
	M. Winter (Henri) . . .	Vice-consul.
Bayonne.	M. Roth	Consul.
Lyon	M Schlenker (Jean) . .	Idem.
Mulhouse	M. Thesmar	Idem.
Montpellier	M. Leenhardt	Idem.
Cette	M. Hirschfeld	Idem.
Marseille.	M. Schnell.	Idem.
Bouc-Martigues . . .	M. Vidal (Léon). . . .	Ag. consulaire.
Toulon	M. Schencking.	Consul.
Cannes	M. Sue.	Ag. consulaire.
Nice.	M. Florès	Consul.
Menton	M. le Bon de Partouneaux	Idem.
Alger	M. Honsz	Idem.
Oran.	M. Rheinboldt.	Vice-consul.
Bone	M. Bronde.	Idem.
Philippeville. . . .	M. Liepmann	Idem.
Saïgon.	M. Niederberger. . . .	Consul.
Papeete (île de Tahiti)	M. Wilkens (C.)	Idem.

CONFÉDÉRATION ARGENTINE.

Paris, rue de Berlin, 5.

M. BALCARCE, Envoyé extraordinaire et Ministre plénipot.

(27 octobre 1863.)

M. José P. DE GUERRICO.	Secrétaire.
M. Eduardo IBARBALZ	Attaché.

Paris . . . {	M. Jose P. DE GUERRICO . . .	Consul, rue Richer, 15.
	M. VENTURA MARCO DEL PONT.	Vice-consul, rue Saint-Georges, 35.
Le Havre	M. Napp (Charles). . . .	Consul.
Rouen	M. Vanier.	Vice-consul.
Nantes	M. Gourdon.	Consul.
Bordeaux . . . . . . {	M. de Sᵗᵃ-Coloma (E.M.)	Consul général.
	M. de Sᵗᵃ-Coloma (F.). .	Vice-consul.
Bayonne	M. Roby	Consul.
Pau.	M. Bellemare	Vice-consul.
Cette	M. Gauthier (Fréd. G.) .	Idem.
Marseille . . . . . . {	M. Andrès Cadiz	Consul.
	M. Pianello (Spirion) . .	Vice-consul.
Nice.	M. Lagarrigue (Fernand)	Consul.

COSTA-RICA (République de).

Paris. . . . . . {	M. Gabriel LAPOND (DE LURCV) C✻,	Consul général, place de la Bourse, 4.
	M. KIRCENER DE PLANTA,	Vice-cons., chancelier.
Dunkerque	M. de Bæcque (L.). . . .	Consul.
Le Havre	M. F. de Coninck ✻. . .	Idem.
Rouen.	M. Du Boulay (A.). . . .	Idem.
Saint-Malo.	M. Maillard (A.). . . .	Idem.
Nantes	M. Roché fils (E.)	Idem.
Bordeaux	M. Baour (Gustave). . .	Idem.
Bayonne.	M. Poydenot (Raimond).	Idem.
Marseille	M. Roussier (Cᵉ)	Idem.

DANEMARK (Royaume de).

Paris, rue de l'Université, 37, de 1 à 3 heures. — Visa gratis.

M. le comte DE MOLTKE-HVITFELDT, Envoyé extraordinaire et Ministre plénipotentiaire.

(9 avril 1860.)

M. le baron DE ROSENKRANTZ . . . . | Premier secr. de légation.

Paris.	M. Paul CALON ✻.	Consul, rue Hauteville, 53.
Dunkerque	M. Bonvarlet (Bonvalet).	Consul.
Calais.	M. Vendroux	Vice-consul.
Boulogne	M. Carmier	Idem.
Abbeville	M. Assegond.	Idem.
Montreuil-sur-Mer .	M. Havet	Idem.

Étaples	M. Souquet	Vice-consul.
Gravelines	M. de Carpentry	Idem.
St-Valery-s.-Somme.	M. Scelles	Idem.
Dieppe	M. Le Griel, jeune . . .	Idem.
Rouen.	M. Delafosse	Idem.
Fécamp	M. Fréret	Idem.
Le Havre	M. Dunzfelt (Fréd.). . .	Consul.
	M. Monod.	Vice-consul.
Honfleur.	M. Thiis	Idem.
Caen	M. de Bois-Lambert . .	Idem.
Granville	M. Le Mengnonnet. . . .	Idem.
Cherbourg.	M. Liais	Idem.
Saint-Malo	M. Desessarts	Idem.
Lorient	M. Dufilhol	Idem.
Morlaix	M. Miorcec (Gabriel) . .	Idem.
Brest	M. Kerros	Idem.
Le Croisic.	M. Maillard.	Idem.
Nantes	M. Bourcard	Consul.
	M. Bourcard (Ulrich). .	Vice-consul.
Saint-Nazaire	M. Bourcard	Idem.
Marennes	M. Benoît	Idem.
La Rochelle	M. Becker	Consul.
	M. Bethmann.	Vice-consul.
Marans	M. Pinet-Lucas	Idem.
Bordeaux	M. Kirstein	Consul.
Bayonne.	M. Ballac (Julien)	Idem.
	M. Ballac	Vice-consul.
Cette	M. Jansen (J. M.) ✳ . .	Consul.
	M. Coulet	Consul adjoint.
Marseille	M. Folsch von Fels (H.) .	Consul.
	M. Folsch	Vice-consul
Port-Vendres	M. Pams-Bohé	Consul.
Toulon	M. Renard(Louis-Prosp.)	Vice-consul
Nice.	M. Raynaud(Pierre-Ant.)	Idem.
Alger	M. Rouget de Ste-Hermine	Consul.
Oran	M. Laugier	Vice-consul.
Bone	M. Amphous(Aug.Franç.)	Idem.
Pondichéry	M. de Colons	Consul.
Saïgon	M. Thiel	Idem.

ÉQUATEUR (République de l').

Paris, rue Fortin, 3.

M. Antonio FLORES O✳, Ministre résident (absent).

(16 mars 1862.)

Paris.	M. Bertrand FOURQUET . . . . . Consul général, boulevard de Strasbourg, 19. M. BUSTAMENTE (Franç.). . . . . Vice-consul.	
Le Havre	M. Gery	Consul.
Bordeaux	M. Gauthren	Idem.
Marseille	M. Estarico	Idem.
Avignon	M. Chapouch	Idem.

ESPAGNE (Royaume d').

Paris, quai d'Orsay, 23, de 1 à 3 heures. —Visa gratis. Le visa des passe-ports a été transféré au consulat général d'Espagne. — Ne sont visés à l'ambassade que les passe-ports diplomatiques.

S. Exc. M. SALUSTIANO DE OLOZAGA GC✳, Ambassadeur.

(26 août 1866.)

M. DE HERNANDEZ	Premier secrétaire.
M. D. PRADA.	Deuxième secrétaire.
M. J. M. DE VALARINO	Attaché de 1re classe.
M. DE TAVIRA	Idem.
M. le Cte DEL SACRO ROMANO IMPERIO	Attaché.
M. J. PEREIRA	Idem.
M. le colonel ECHARRI	Attaché militaire.

Paris.	M. CALVO Y TERUEL	Vice-consul.
Dunkerque	M. Foort.	Vice-consul.
Calais	M. de Rheims	Idem.
Boulogne	M. Carmier	Idem.
Montreuil-s.-Mer . .	M. Souquet	Idem.
Lille	M. Vanderstraeten . . .	Idem.
Dieppe	M. Chapman (Fréderick)	Idem.
Fécamp	M. Houlbrèque	Ag. consulaire.
St-Valéry-s.-Somme	M. Desgroiselle.	Vice-consul.
Rouen	M. Victoria	Idem.
Le Havre	M. Morillo.	Consul.
	M. Muñoz	Vice-consul.

Honfleur	M. Wagner	Ag. consulaire.
Caen	M. Tessière (Victor)	Vice-consul.
Granville	M. Jourdan (Edouard)	Idem.
Morlaix	M. Alexandre (Victor)	Idem.
Cherbourg	M. Liais	Idem.
Brest	M. Kerros (Jos. Marie)	Idem.
Saint-Malo	M. Lemoine (François)	Idem.
Lorient	M. Dufilhol	Idem.
Saint-Nazaire	M. Subira (Francisco)	Consul.
	M. Ruiz de Luzurriaga	Vice-consul.
Nantes	M. Theband (Alex. Hipp.)	Idem.
Ile de Ré	M. de Chezeaux	Idem.
Ile d'Oléron	M. Eschasseriaux (Émile)	Idem.
La Rochelle et Roche-		Idem.
fort	M. Michel (Charles)	Idem.
Marans	M. Rambaud-Deliné	Idem.
Libourne	M. Lacaze ainé	Idem.
Royan	M. Dumoulin	Consul.
Bordeaux	M. de Jado	Vice-consul.
	M. Soto y Calvet	Idem.
La Teste et Arcachon	M. Guirior y Arcona	Idem.
Toulouse	M. Frezières	Idem.
Simorre	M. Costade (Alcide)	Idem.
St.-Jean-de-Luz et		
Socoa	M. Yanez (Ant.)	Idem.
Montauban	M. Garrisson (Victor)	Idem.
Bayonne	M. Alarcon (Manuel)	Consul.
	M. Bordin	Vice-consul.
Oloron	M. Galisteo	Idem.
Hendaye	M. Suarez Bravo (Pierre)	Idem.
Narbonne	M. Rival	Idem.
Agde	M. Raffanel	Idem.
Saint-Tropez	M. Allard	Idem.
Cette	M. Ruiz Gomez	Consul.
	M. Ibarra	Vice-consul.
Montpellier	M. Villalonga	Idem.
Cassis	M. Bouys	Ag. consulaire.
Perpignan	M. Yebra de San Juan	Consul.
	M. Quiros (Fernandez)	Vice-consul.
Arles	M. Robolly	Idem.
La Ciotat	M. Vassallo	Idem.
Pauillac	M. Serra y Larrea	Idem.

La Nouvelle	M. Rival	Vice-consul.
Port-Vendres	M. Jarlier	Idem.
Marseille	M. Subira y Grau	Consul.
Toulon	M. Bourgarel	Vice-consul.
Hyères	M. Laure	Idem.
Antibes	M. Valentin	Idem.
Nice	M. Le Febvre (François)	Idem.
Bouc et Martigues	M. Rivière	Idem.
Aigues-Mortes	M. Duval (Léon)	Idem.
Bandol	M. Vivien	Idem.
Lyon	M. Fabra (Elviro)	Idem.
Saint-Étienne	M. Faure (Auguste)	Idem.
Mulhouse	M. Couget-Mœrlen	Idem.
Bastia	M. Valery	Idem.
Alger	M. Satrustegui	Consul général.
	M. Bustamante	Vice-consul.
Oran	M. Burgos	Consul.
	M. Saracho	Vice-consul.
Bone	M. Llambias	Idem.
Tenez	M. Polo Sanchez	Idem.
Mostaganem	M. Vicedo (Thomas)	Idem.
Nemours	M. Nahon	Ag. consulaire.
La Calle	M. Ghebardt	Vice-consul.
Cherchell	M. Belle	Idem.
Bougie	M. d'Alcantara Casade-beig.	Idem.
Arzew-le-Port	M. Vicedo (Thomas)	Idem.
Ile Bourbon	M. Sauger	Idem.
Saïgon	M. Ruiz (Juan)	Consul.
St-Pierre et Miquelon	M. de Uriarte	Idem.
St-Pierre	M. Mazier	Vice-consul.

ÉTATS ROMAINS.

Paris, rue Saint-Dominique, 102, de 11 heures à 1 heure.— Visa, 3 fr.;
légalisation, 5 fr.

S. Exc. Monsignor Chigi, archevêque de Myre,
Nonce du Saint-Siége apostolique.

(23 janvier 1862.)

Monsignor Capri	Auditeur.
M. l'abbé Lucciardi	Secrétaire.

Bordeaux	*M. de Griffon*	Consul.
Bayonne	*M. Miramon.*	Idem.
Agde	*M. Dolques*	Vice-consul.
La Ciotat	*M. Tassy*	Idem.
Cette	*M. Boggiano.*	Idem.
Marseille	*M. Gueyraud*	Consul général.
Toulon	*M. Flamenq.*	Vice-consul.
Nice	*M. Saytour (Martin)*	Consul.
Bastia	*M. Lota*	Consul général.
Alger	*M. Melcion d'Arc*	Vice-consul.
Oran	*M. Giraud (Jules)*	Ag. consulaire.
Bone	*M. Gaffiero*	Idem.
Philippeville	*M. Alby*	Idem.

ÉTATS-UNIS D'AMÉRIQUE.

Légation : Paris, 75, avenue de l'Impératrice. — Bureau du Consulat général : 79, rue de Richelieu. Passe-ports de 11 à 3 heures. — Visa, 5 fr. 35 c.

M. E.. B. WASHBURN, Envoyé extraordinaire et Ministre plénipotentiaire.

(24 déc. 1866.)

M. le colonel Wickham HOFFMAN.	Premier secrétaire.
M. le colonel MOORE	Deuxième secrétaire.

Paris	{ M. John Meredith READ	Consul général.
	{ M. FRANKLIN OLCOTT	Consul gén. délég.
Dunkerque	*M. Lemathre*	Ag. consulaire.
Calais	*M. Vendroux (J. P.)*	Idem.
Boulogne	*M. De la Montagnie (John)*	Consul.
St-Valery-s.-Somme	*M. Duflos-Nicolle*	Ag. consulaire.
Dieppe	*M. Le Vert (Jules W.)*	Idem.
Rouen	*M. Guebert (Louis).*	Idem.
Le Havre	{ *M. Glasgow (S. L.).*	Consul.
	{ *M. Hunt (John S.).*	Vice-consul.
Honfleur	*M. Wagner (C.)*	Ag. consulaire.
Morlaix	*M. Alexandre.*	Vice-consul.
Cherbourg	*M. Postel*	Idem.
Brest	*M. Kerros (J. M.)*	Ag. consulaire.
Saint-Malo	*M. Michel (J.).*	Vice-consul.
Lorient	*M. Cellier*	Ag. consulaire.
Napoléon-Vendée	*M. Mac Clure (John-W.).*	Consul.

Nantes	*M. Gerrish (Benjamin)* .	Consul.
	M. Dedichen (John) . . .	Vice-consul.
Saint-Nazaire	*M. Van Duym (J.)* . . .	Ag. consulaire.
La Rochelle	*M. Smith (Thomas P.)*. .	Consul.
	M. Ranson (Émile). . . .	Vice-consul.
Rochefort	*M. Brillouin*.	Ag. consulaire.
Reims	*M. Gill (A. G.)*	Consul.
	M. Griffen.	Consul délégué.
St-Martin (île de Ré).	*M. Roullet (Émile-Louis)*	Ag. consulaire.
Ile d'Oléron	*M. Compier*.	Idem.
Bordeaux	*M. Clinch (Charles-J.)* . .	Consul.
	M. Algiati (Victor) . . .	Vice-consul.
La Tremblade. . . .	*M. Robineau*.	Ag. consulaire.
Cognac	*M. Matuski*	Idem.
Bayonne.	*M. Leon Gersam*	Idem.
Pau	*M. de Musgrave*	Idem.
Cette	*M. Nahmens (L. S.)* . . .	Idem.
Marseille	*M. Price (Milton-M.)*. . .	Consul.
	M. Stone (Thomas) . . .	Vice-consul.
Toulon.	*M. Plattner (George)* . .	Ag. consulaire.
Nice.	*M. Aldis (A. O.)*	Consul.
	M. Meyhoffer (John). . .	Vice-consul.
Menton	*M. Viale*.	Ag. consulaire.
Mulhouse	*M. Strohl*	Idem.
Strasbourg	*M. Pétard*	Consul.
	M. Krüger (Théodore). .	Vice-consul.
Limoges.	*M. Berthet (Firmin)*. . .	Ag. consulaire.
Saint-Étienne. . . .	*M. Bechtel (George)*. . .	Idem.
Lyon	*M. A. de Zeyk*.	Consul délégué.
Alger	*M. Kingsburg (E. L.)*. . .	Vice-consul.
Oran	*M. Sarrat (Antonin)*. . .	Ag. consulaire.
Bone.	*M. Savona*.	Consul.
Bougie.	*M. Maffre*	Ag. consulaire.
St-Pierre(Martinique)	*M. Gonzales (M. J.)* . . .	Consul.
	M. David	Vice-consul.
Fort de France (Martinique).	*M. de la Roche*	Ag. consulaire.
Basse-Terre.	*M. Lacour (A.)*.	Idem.
Guadeloupe (la) . . .	*M. Thionville*	Consul.
St-Pierre, Miquelon.	*M. Frecker (John P.)* . .	Ag. commerc.
Cayenne	*M. Fabens (Sam. F.)*. . .	Consul.
Taïti (îles de la Soc.).	*M. Vandor (J.)*.	Idem.

| Gabon . . . . | M. *Perrot* (*Auguste*) . . . | Ag. commerc. |
| Brown . . . . | M. *William* (*R.*) . . . . . | Vice-agent commercial. |

GRÈCE (Royaume de).
Paris, rue de Turin, 13.

M. N., Envoyé extraordinaire et Ministre plénipotentiaire.
(24 février 1867.)

M. Phocion Roque O✻	Secrétaire, chargé d'affaires par intérim.
M. Alexandre Soutzo	2e Secrétaire.
M. Xénophon Valaoritis	Attaché.
M. Pierre Scaramanga	Idem.

Paris . . . . M. le Bon d'Erlanger (Émile) . . Consul général, rue Taitbout, 20.

Dunkerque	M. *Feron*	Vice-consul.
Le Havre	M. *Faure* (*Félix*)	Consul.
Bordeaux	M. *Provenzal*	Idem.
Bayonne.	M. *Labrouche* (*F.*)	Vice-consul.
Cette	M. *Bruno*	Idem.
Montpellier	M. *Pappas* (*Alex.*)	Agent consul.
Marseille	M. *Vréto* (*M. P.*)	Consul.
Toulon	M. *Flament*	Vice-consul.
Lyon	M. *Yéméniz* (*E.*)	Idem.
Bastia.	M. *Valery*	Idem.
Alger	M. *Floros* (*Athanase*) . .	Consul.
Oran	M. *Dubouche*	Vice-consul.
Bone	M.*Battandier* (*François*)	Idem.
Mostaganem.	M. *Berr*	Ag. consulaire.
Bougie	M. *Adde*.	Idem.
Philippeville.	M. *Foucon Chiarelli* . .	Idem.

GUATÉMALA (République du).
Paris, rue Fortin, 3, faubourg Saint-Honoré.

M. N...., Ministre plénipotentiaire.

M. Ramon Palacios	Secrétaire, chargé d'affaires par intérim.
M. Mannequin.	Attaché.
M. J. L. de Francisco Martin. . .	Idem.
M. Miguel de Francisco Martin. .	Idem.
M. Francisco Pavin	Idem.

Paris	M. Alcain (Benoît).	Consul général, rue du Sentier, 12.
	M. Legrand (Émile).	Vice-consul.
Le Havre	M. Géry	Consul.
Saint-Nazaire	M. Bourbeau (J. Bapt.).	Vice-consul.
Bordeaux	M. Johns (Gustave)	Consul.
Bayonne	M. de la Puente.	Idem.
Marseille	M. Chaix Bryan	Idem.

HAÏTI (République de).

M. N...., Ministre plénipotentiaire.

Le Havre	M. Baudeuf	Consul.
Saint-Nazaire	M. Eudel (Paul).	Idem.
Nantes	M. Régis.	Idem.
Bordeaux	M. Clossmann	Idem.
Marseille	M. Fabry (Melchior).	Consul général.
	M. Fabry (Barthe).	Vice-consul.
Nice	M. Muscat.	Consul.

HAWAÏEN (Royaume).
Paris, avenue de la Reine-Hortense, 13.

M. William Martin, Chargé d'affaires.
(18 mai 1864.)

Paris	M. Vidal	Consul général.
Le Havre	M. de Mandrot (Léon).	Consul.
Bordeaux	M. de Boissac (Ernest)	Idem.
Marseille	M. Couve (Albert)	Idem.

HESSE (Grand-duché de).
Paris, rue de Milan, 8, de 2 à 3 heures.

M. le comte d'Enzenberg, Ministre résident.
(24 décembre 1865.)

M. le Bon Max de Gagern.		Attaché.
Paris	M. Ewald.	Consul, rue Moncey, 11.
Le Havre	M. Rosenlecher	Consul.
Bordeaux	M. De Luze	Idem.

6.

Lyon	M. Schlenker	Consul.
Marseille	M. Usslaub	Idem.
Alger	M. Hontz	Idem.

HONDURAS (République de).

Paris, avenue de l'Empereur, 88, et rue Decamps, 27, de 10 heures à midi
et de 4 à 6 heures. — Visa, 5 fr.

M. Victor HERRAN O✳, Ministre plénipotentiaire.

(8 juillet 1855.)

| M. Lopez de Arosemena . . . . . . | Secrétaire. |
| M. Adolphe Herran . . . . | Attaché. |

	M. Pelletier (Eugène). . . . . Consul général,
Paris	boulevard Sébastopol, 18.
	M. Pelletier (Auguste) . . . . Vice-consul.

Le Havre	M. Toussaint (Henri) . .	Vice-consul.
Rouen	M. Mauduit (Guill.). . .	Consul.
Saint-Nazaire	M. Alys Goy	Idem.
Louviers	M. Jouan (Ch. Cyprien).	Vice-consul.
Bordeaux	M. Bétus (Ferdinand). .	Idem.
Bayonne.	M. Soulez Lacaze (P.) .	Consul.
Toulon	M. Honnoraty (André). .	Vice-consul.
Nice	M. Gassier (Honoré) . .	Consul.

ITALIE (Royaume d').

Paris, Rond-Point des Champs-Élysées, 9, de 11 à 2 heures. — Visa, 3 fr.

M. le chevalier NIGRA GO✳, Envoyé extraordin. et Ministre plénipotentiaire.

(8 août 1861.)

M. Constantin Ressman	Premier secrétaire.
M. Franchetti.	Secrétaire.
M. le Ch^er Avarna.	Attaché.
M. le Cte Vimercati	Conseiller honoraire.

	M. le chevalier Louis Cerruti, Consul général,
Paris	chancelier de la légation.
	M. Maddalena (Joseph) . . . . . Vice-consul.

| Dunkerque . . . . . | M. Foort (Th.) . . . . . | Délégué cons. |
| Galais . . . . | M. Derot (Pierre-Jules). | Idem. |

Boulogne	M. Lonquety (Jules) . .	Vice-consul.
Lille.	M. Favarcq	Consul.
St-Valery-s.-Somme.	M. Pierru	Agent consul.
Rouen.	M. Lafond.	Consul.
	M. Goulé (L. E.).	Vice-consul.
Elbeuf.	M. Lizé (Ch. H.).	Délégué cons.
Le Havre	M. Assensio y Ximenes.	Consul.
Dieppe	M. Pourpoint (Ét. Isid.).	Délégué cons.
Cherbourg.	M. Postel (Émile)	Consul.
Lorient	M. Lançon (P. R.)	Délégué cons.
Brest	M. Villeférou	Idem.
Nantes	M. N.	Consul.
Saint-Nazaire	M. Aubré (Jean-Pierre).	Délégué cons.
La Rochelle.	M. Schaaff.	Consul.
	M. Michel (Pierre). . . .	Agent consul.
Bordeaux	M. Provenzal (Joseph)..	Consul.
	M. Provenzal (Raymond)	Vice-consul.
La Nouvelle.	M. Rival (Victor)	Idem.
Bayonne.	M. Croza di Vergagni. .	Consul.
	M. Lafargue	Vice-consul.
Cette	M. Grassi (Jules) ✳ . .	Consul.
	M. Boggiano.	Vice-consul.
Montpellier	M. de Andreis (Élisée). .	Agent consul.
Port-Vendres	M. Pams (Jos.)	Vice-consul.
Marseille	M. le comm. Strambio (Annibal) C✳ . . .	Consul général.
	M. Melizan	Vice-consul.
	M. Caselli (Charles). .	Idem.
	M. Venanzi	Attaché consul.
Port-de-Bouc	M. Rabany (Gustave) . .	Délégué cons.
La Ciotat	M. Raynaud (Charles) .	Vice-consul.
Arles	M. Roubion (Charles). .	Idem.
Toulon	M. Marinucci	Idem.
Saint-Tropez	M. Abeille (Honoré) . . .	Délégué cons.
Hyères	M. Meissonnier.	Idem.
Agde	M. Acquarone (Jean) . .	Idem.
Bandol	M. Arnaud (Pierre). . .	Vice-consul.
Antibes	M. Gairaud (Henri). . .	Délégué cons.
Fréjus.	M. Cals	Vice-consul.
Cannes	M. Rey (G. L.).	Idem.
Martigues	M. Sicardo	Idem.
Aigues-Mortes . . .	M. Véran Nauch	. Idem.

Nice	M. Galateri	Consul général.
	M. le Mis de Goyzueta	Vice-consul.
Chambéry	M. Basso	Consul général.
	M. Blanc (L. G.)	Vice-consul.
Villefranche	M. Biancheri	Délégué cons.
Menton	M. le Bon Galleani (J.B.)	Idem.
Aix	M. Mouret	Vice-consul.
Grenoble	M. Pilot (Jean-Joseph)	Consul.
Lyon	M. de Rege di Donato	Idem.
	M. Comello (Ange)	Vice-consul.
Saint-Étienne	M. Faure-Bellon (Ch.)	Délégué cons.
Mulhouse	M. Bourcart (Jacques)	Consul.
Ajaccio	M. Bozzo	Vice-consul.
Bastia	M. Ballero (Nicolas)	Consul.
Calvi	M. Flach	Délégué cons.
Saint-Florent (Corse)	M. Toussaint (Valery)	Ag. consulaire.
Macinaggio	M. Ciavaldini (J.)	Vice-consul.
Rogliano	M. Ciavaldini (Antoine)	Idem.
Ile-Rousse	M. Novella (Joseph)	Idem.
Porto-Vecchio	M. Olivieri (Jacques)	Idem.
Bonifacio	M. Terlian (Denis)	Idem.
Centuri	M. Simonpietri	Idem.
Propriano	M. Serra	Délégué cons.
Solenzara (Corse)	M. Poli (Jacques)	Idem.
Cervione	M. Astima Raphaël	Idem.
Alger	M. le Ch^{er} Viccari de Sant'Agabio	Idem. Consul général.
	M. Positano	Vice-consul.
Bone	M. Malmusi (Jules)	Idem.
Philippeville	M. Chirac (Augustin)	Idem.
Saint-Raphaël	M. Courbon (Esprit)	Idem.
Mostaganem	M. Boozo	Ag. consulaire.
Oran	M. Giuliano Giuliani	Délégué cons.
La Calle	M. Angley (Robert)	Vice-consul.
Tenez	M. Marengo (A.)	Délégué cons.
Bougie	M. de Alcantara Caza de Bélg	Ag. consulaire.
La Réunion	M. Leroy	Consul.
St-Denis (Réunion)	M. Franco	Vice-consul.
Saïgon	M. Lafon (Hilaire)	Consul.
St-Pierre (Martinique)	M. Pizzarello	Idem.
Fort-de-France (Martinique)	M. Nollet	Ag. consulaire.

JAPON.

Paris. . . . . . M. le C^le DE MONTBLANC . . . . . Consul général.

LIBÉRIA (République de).

Paris. . . . .|M. Lowe (F. W.) . . . .| Consul.
Bordeaux. . . . . .|M. Carrance (Leopold). .|Consul général.

LUXEMBOURG (Grand-duché de).
Paris, boulevard des Capucines, 39.

M. le conseiller d'État JONAS, Chargé d'affaires.
(1er mai 1867.)

MECKLEMBOURG-SCHWÉRIN (Grand-duché de).

Paris. . . . . M. HERMANN (Henry) . . . . . . Consul,
rue de la Madeleine, 29.

MONACO (Principauté de).
Paris, Cours-la-Reine, 20.

M. le duc D'ACQUAVIVA C✻, Chargé d'affaires.
(Mai 1863.)

Rouen. . . . .|M. Bouland (Achille) . .| Consul.
Bordeaux . . . . . .|M. Weill (Léon) . . . . .| Idem.
Cette . . . .|M. Bruno (Albert) . . . .| Idem.
Marseille . . . . . .|M. Mure de Pelane . . .|Consul général.
Toulon . . . .|M. Raymond de Clavel.| Consul.
Antibes . . . .|M. Fauve (Claude) . . .| Idem.
Nice. . . . .|M. le Bon Maulandi (Laz.)| Idem.
Bone . . . .|M. Allegro (Louis) . . . .| Idem.

NICARAGUA (République de).
Paris, rue du Colisée, 26.

M. le commandeur J. DE MARCOLETA C✻, Envoyé extraordinaire et Ministre plénipotentiaire.
(16 août 1858.)

M. DE FRANCO . . . .| Secrétaire.

Paris. . . . . . . {M. DE FRANCO . . . . Consul général.
{M. TOURREIL . . . . Vice-consul.

Boulogne	M. Adam O✳	Consul.
Le Havre	M. Letellier (Alfr.)	Idem.
Bordeaux	M. Dandicolle (Paul)	Idem.
Bayonne.	M. Garcia de Isla	Idem.
Marseille	M. Darier	Idem.
Nice.	{ M. Risso (G. B.)	Idem.
	{ M. Raybaud	Vice-consul.

PARAGUAY (République du).

Paris. . . . . . M. N. . . . . Consul,
rue Laffitte, 13.

Bordeaux	M. Fauché (Jules)	Vice-consul.
Le Havre	M. Postel (Auguste)	Consul.
Nice.	M. Cauvini (Joseph).	Vice-consul.

PAYS-BAS (Royaume des).

Paris, rue Montaigne, 9.

M. le baron DE ZUYLEN DE NYEVELT GO✳, Envoyé
extraordinaire et Ministre plénipotentiaire.

(23 juillet 1867.)

M. DE WESTEMBERG	Conseiller de légation.
M. le Bon DE BRIENEN	Attaché.
M. le colonel DE CAPELLEN O✳, aide de camp et chambellan de S. M. le roi des Pays-Bas.	Attaché militaire.
M. VAN LIER ✳	Consul honor., chancelier.

Paris.	{ M. Coster (Martin) . . . . . . Consul général, rue Montaigne, 9, de 11 à 4 h.
	{ M. VAN LIER. . . . . Vice-consul.

Mulhouse	M. E. Kœchlin.	Consul.
Lille.	M. Defontaine	Idem.
Dunkerque	{ M. Allard.	Idem.
	{ M. Cousin (L. C.)	Vice-consul.
Calais.	{ M. Vendroux	Consul.
	{ M. Vendroux fils	Vice-consul.

Boulogne	M. Adam (Alex.) O✳ . .	Consul.
	M. Carmier-Adam . . .	Vice-consul.
Étaples	M. Souquet	Idem.
Abbeville	M. Courbet Poulard ✳. .	Idem.
St-Valery-sr-Somme.	M. Scelles	Idem.
Dieppe	M. Le Bourgeois (Raoul).	Idem.
Fécamp	M. Le Borgne	Idem.
Rouen	M. Ferry (Émile-Lucien)	Idem.
Le Havre	M. Bunge	Consul.
	M. d'Allens (Albert). . .	Vice-consul.
Honfleur	M. Auber (A.)	Idem.
Croisic	M. Cassin Frogier	Idem.
Morlaix	M. Boscher	Ag. consulaire.
Quimper et Pont-l'Abbé	M. Le Bléis fils.	Idem.
Caen	M. Holzmann (L.)	Consul.
Granville	M. Audriet	Vice-consul.
Cherbourg	M. Liais (Édouard) . . .	Idem.
Saint-Malo	M. Hovius	Consul.
Brest	M. Nesron	Idem.
Audierne et Ile de Sein	M. Delécluze-Trévoedal.	Agent consul.
Nantes	M. Boubée (Éd.)	Consul.
Ile de Ré	M. Gaussens.	Vice-consul.
Saint-Nazaire	M. Smits	Idem.
Ile d'Oléron.	M. Compère fils	Idem.
Sables d'Olonne. . .	M. Chaigneau (Edme-Agapil-Arthur). . .	Idem.
Noirmoutiers	M. Pradel (P.)	Idem.
La Rochelle	M. Bonnemort.	Consul.
Rochefort	M. Giraud Brillouin . .	Vice-consul.
Marennes et la Tremblade	M. Besson (Émile)	Idem.
Marans	M. Bonneau (Ernest) . .	Idem.
Libourne	M. Princeteau	Idem.
Royan	M. Drouin (P. J.)	Idem.
Bordeaux	M. Beyermann (J.J.O.).	Consul.
La Nouvelle.	M. Lichtenstein	Vice-consul.
Bayonne	M. Landré (Ch.).	Consul.
	M. Landré (J. F.)	Vice-consul.
Pau	M. Élout (Cornelis-Hend.)	Idem.
Cette	M. Bergeyron	Consul.
Marseille	M. Alma	Idem.

Toulon	M. Jouve.	Consul.
Nice.	M. Florès (A.)	Idem.
Mulhouse	M. Kœchlin.	Idem
Strasbourg	M. Klose.	Idem.
	M. Hecht	Vice-consul.
Alger	M. Ghezzi	Consul.
Philippeville	M. de Marqué	Vice-consul.
Oran	M. Garavini	Idem.
Bone	M. Llambias.	Idem.
Mostaganem.	M. Marincovich (Joseph).	Idem.
Saïgon.	M. Servaas (J. N.)	Consul.

PÉROU (République du).

Paris, rue de Ponthieu, 66, et rue de Berri, 17.

M. le docteur Pedro GALVEZ, Envoyé extraordinaire et Ministre plénipotentiaire.

M. Emilio BONIFAZ	Premier secrétaire.
M. FRANCINGUES	Attaché.
M. ROLDAN.	Idem.
M. MALPARTIDA.	Idem.
M. le capitaine CANEVARO	Attaché militaire.

Paris. . . . M. V. MARCO DEL PONT. Consul, rue Saint-Georges, 35.

Le Havre	M. Cisneros.	Consul général.
Nantes et St-Nazaire	M. Bourbeau	Consul.
Bordeaux	M. Alvarez (Benj.)	Idem.
Bayonne.	M. Porterie.	Idem.
Marseille	M. de Guerin du Cayla.	Idem.

PERSE (Royaume de).

Paris, avenue d'Antin, 3.

Le général NAZARE-AGA, Chargé d'affaires.

(15 juin 1867.)

MIRZA-ABDULLAH-KHAN.	Conseiller.
MIRZA-AHMED.	Premier secrétaire.

Paris.	{ M. Hermann OPPENHEIM. . . .	Consul général,
	rue de Londres, 17.	
	M. HERMANN (Henry).	Vice-consul.
Rouen.	M. *Delamare de Boutte-*	
	ville (Louis)	Consul.
Bordeaux	M. *Carvallo* jeune (*H.*) .	Idem.
Marseille	M. *Deville (Jules)*. . . .	Idem.

PORTUGAL (Royaume de).

Paris, rue du Cirque, 9, de midi à 3 heures. — Visa français, 5 fr. ; légalisation, 6 fr.

M. N...., Envoyé extraordinaire et Ministre plénipotentiaire.

M. DE SOUZA LOBO	Premier secrétaire.
M. DE VIEIRA PROVENÇA.	Attaché militaire.

M. Évariste BLONDEL, avocat à la Cour impériale, conseil de la légation.

Paris . . . . M. DE PROVENÇA VIEIRA . . . Consul.

Dunkerque	M. *Jodoctus*	Vice-consul.
Calais.	M. *Vendroux*	Idem.
Boulogne	M. *Adam* (*H.*)	Idem.
Lille.	(M. *Rouvière (J. U.)* . . .	Consul.
	(M. *Méry de Montigny*. .	Vice-consul.
St-Valery-s.-Somme.	M. *Pierru (Alp.)*.	Idem.
Abbeville	M. *Assegond*	Idem.
Dieppe	M. *Chapman (Frédéric)*.	Idem.
Fécamp.	M. *Leborgne* fils. . . .	Idem.
Rouen.	M. *Roustel.*	Consul.
Le Havre	(M. *Alves(Jos.Ferreira)* ✹	Consul général.
	(M. *Alves (Ed. Ferreira)*.	Vice-consul.
Honfleur	M. *Wagner*	Idem.
Caen	M. *Aillaud*.	Idem.
St-Valery-en-Caux .	M. *Le Seigneur*	Idem.
Granville	M. *Boisnard - Grand-*	
	maison.	Idem.

Morlaix	M. Homon	Vice-consul.
Cherbourg.	M. Dumont ;	Idem.
Saint-Malo	M. Bovius.	Consul.
Brest	M. Kerros (Alf.)	Vice-consul.
Lorient	M. Sellier	Idem.
Nantes	N.	Consul.
Libourne	M. Chalret du Rieu	Vice-consul.
Bordeaux	M. Doney (Ch.) ✳	Consul.
Bayonne.	M. Dubrocq	Idem.
Perpignan	M. Boluix (Léon)	Vice-consul.
Port-Vendres	M. Pams	Idem.
Cette	M. Boggiano	Idem.
Marseille	M. Barroil (E.)	Consul.
Toulon	M. Aube	Vice-consul.
Nice.	M. Bounin (P.).	Consul.
Lyon	M. Sieferl	Vice-consul.
Bastia.	M. Valery (Joseph)	Idem.
Alger	M. Ravan	Idem.
Oran	M. Garavini	Idem.
Bone	M. Bourgoing	Idem.
Philippeville.	M. Prouden	Idem.
Mostaganem.	M. Marincovilch	Idem.
Saint-Denis(Réunion)	M. Morin (Édouard).	Consul.

PRUSSE (Royaume de).

Paris, rue de Lille, 78, de midi à 1 heure 1/2. — Visa et légalisations gratis.

M. le Bᵒⁿ DE WERTHER, Ambassadeur extraordinaire et plénipotentiaire.
(15 novembre 1869.)

M. le Cᵗᵉ DE SOLMS-SONNEWALDE C✳	Conseiller d'ambassade, 1ᵉʳ secrétaire d'ambassade.
M. le prince DE LYNAR O✳	2ᵉ secrétaire.
M. GASPARINI O✳	Conseiller intime aulique.
M. TAOLIONI ✳	Conseiller aulique.
M. le major comte DE WALDERSÉE.	Attaché militaire.
M. VILLARET	Secrétaire à la chancellerie.

Boulogne	M. Lonquéty.	Vice-consul.
Ile d'Oléron	M. Didier	Idem.

Cette	M. *Cazalis-Garonne*. . .	Vice-consul.
Toulon	M. *Barnéoud* (*Marius*) .	Consul.
Alger	M. *Hosquier*	Idem.
Bougie	M. *Gugenheim*	Agent consul.

RÉPUBLIQUE DOMINICAINE.

Paris, faubourg Poissonnière, 177, au Consulat général.

M. le colonel MENDÈS, Chargé d'affaires.

Paris.	M. Jules THIRION . . . . . . Consul général, faubourg Poissonnière,177. M. LÉON CARLET. . . . . . . Vice-consul.	
Le Havre	M. *Ancel* (*Raoul*)	Consul.
Saint-Nazaire. . . .	M. *Cherot* (*Auguste*). . .	Idem.
Bordeaux	M. *Salzedo* (*Jules*) . . . M. *Dolques* (*Armand*). .	Idem. Vice-consul.
Marseille	M. *de Guérin de Cayla.*	Idem.

RUSSIE (Empire de).

Paris, rue Grenelle-Saint-Germain, 79, de midi à 2 heures.

S. Exc. M. N...., Ambassadeur extraordinaire et plénipotentiaire.

M. OKOUNEFF O✸	Conseiller d'ambassade.
M. FONTON	Premier secrétaire.
M. KAPNIST	Deuxième secrétaire.
M. OBRESCOW O✸	Idem.
M. NORD ✸.	Attaché.
M. P. KOUTOUSOW-TOLSTOY ✸. . .	Idem.
M. le général prince DE SAYN-WITT- GENSTEIN.	Attaché militaire.
M. le contre-amiral LJKHATSCHEW.	Idem.

Paris.	M. le baron DE FOELKERSAHM. .	Consul général.
	M. DE NASIMOFF	Vice-consul.
Dunkerque	M. *Debaecque* (*Louis*). .	Vice-consul.
Calais.	M. *Houette* (*Léon*). . . .	Idem.
Rouen.	M. *Etienne*	Idem.
Le Havre et Rouen .	M. *Popow* . . . . M. *Dévot* (*Ph. Aug.*). . .	Consul. Vice-consul.

Dieppe	M. *Pourpoint* (*Et. Isid.*)	Vice-consul.
Cherbourg	M. *Postel*	Consul.
Brest	M. *Kerros* (*Jos. M.*) . . .	Idem.
	M. *Kerros* (*Alfred*) . . .	Vice-consul.
Nantes	M. *Fruchard*	Idem.
Saint-Nazaire	M. *Huette* (*Lucas*). . . .	Ag. consul.
Bordeaux	M. *Lenz*	Consul.
	M. *Noër*	Vice-consul.
Bayonne	M. *Virgile*	Consul.
Cette	M. *Winberg*	Vice-consul.
Marseille	M. *le prince Troubetzkoy*	Consul général.
	M. *le B*on *Boris de Vie-linghoff*.	Vice-consul.
Toulon	M. *Aube* (*Paul*)	Idem.
Hyères.	M. *Chassinat* (*Raoul*) . .	Idem.
Nice.	M. *Patton* (*Oscar*) . . .	Consul.
Alger	M. *Brissmann*.	Idem.
Oran	M. *Levy*	Idem.
Philippeville	M. *Fawtier*	Vice-consul.

SALVADOR (République de).

Paris, avenue de l'Empereur, 88, et rue Decamps, 18, de 10 heures à midi et de 4 à 6 heures. — Visa, 5 fr.

M. VICTOR HERRAN O✳, Ministre plénipotentiaire.

(3 Juin 1866.)

M. le Cte Ad. Chrétien LINDEMANN.	Secrétaire.
M. le Cte Charles LINDEMANN . . .	Attaché.

Paris	M. Jules THIRION . . . . Consul général, faubourg Poissonnière, 177.	
	M. NOEL (*Charles*)	Vice-consul.
Rouen.	M. *Caron*	Vice-consul.
Elbeuf.	M. *Talamon*.	Idem.
Le Havre	M. *Toussaint*	Consul.
Cherbourg.	M. *Postel* (*Félix-Aug.*). .	Vice-consul.
Nantes	M. *Delaunay* (*A.*)	Idem.
Saint-Nazaire	M. *Rozier* (*Eugène*) . . .	Idem.
Bordeaux	M. *Charpentier* (*Eugène*)	Consul.
	M. *Bélus*.	Vice-consul.
Bayonne.	M. *Soulez Lacaze*	Consul.
Marseille	M. *Ghirlanda* (*Auguste*).	Idem.
Nice	M. *Gassier* (*Honoré*) . .	Idem.

SAN-MARINO (République de).

Paris, Cours-la-Reine, 20.

M. le duc D'ACQUAVIVA C✳, Chargé d'affaires.

(19 février 1859 et mai 1863.)

Bordeaux	*M. Trubesset(Antoine-A.)*	Consul.
Marseille	*M. Chave (Léon)*	Idem.
Nice	*M. Avigdor (Albert)*	Idem.

SAXE (Royaume de).

Paris, rue de Courcelles, 29, de midi à 2 heures. — Visa français, 5 fr., étrangers, gratis.

M. le Cᵗᵉ DE SEEBACH GO✳, Envoyé extraordinaire et Ministre plénipotentiaire.

(12 juillet 1852.)

M. le baron DE LÜTTICHAU. . . . . | Conseiller de légation.

SAXE-COBOURG-GOTHA (Duché de).

Paris, rue Saint-Lazare, 92.

M. Henri KŒNIGSWARTER C✳, Ministre résident.

(27 mars 1864.)

SAXE-WEIMAR-EISENACH (Grand-duché de).

Lille	*M. Stahr (Alwin)*	Consul.
Le Havre	*M. Mohr*	Idem.
Bordeaux	*M. Klipsch*	Idem.

SCHAUMBOURG-LIPPE (Principauté de).

Paris . . . . M. Eugène THIRION ✳ . . . . Consul général, rue du Faubourg-Poissonnière, 32.

SIAM (Royaume de).

Paris . . . . M. Amédée GRÉHAN ✳ . . . . Consul,
rue d'Amsterdam, 18.

Marseille . . . . . .|*M. Demeezemaker* ✳. .| Vice-consul.

SUÈDE ET NORWÉGE (Royaumes unis de).

Paris, rue de Rovigo, 22, de midi à 2 heures.

M. le baron ADELSWÄRD GO✳, Envoyé extraordinaire et Ministre plénipotentiaire.

(1er août 1858.)

M. AKERMAN.	Secrétaire de légation.
M. DE TERSMEDÉN	Attaché.
M. le Bᵒⁿ DE LEWENHAUPT.	Idem.
M. le lieutenant-colonel STAAFF. .	Attaché militaire.

Paris . . . . M. Jules LEROUX . . . . . . Consul général,
rue Chaillot, 96.

Dunkerque	*M. Thiéry*	Consul.
Calais.	*M. Dupont (Henri)* . . .	Idem.
	M. Ringot	Vice-consul.
Boulogne	*M. Lebeau.*	Idem.
Gravelines.	*M. Demarle.*	Idem.
Abbeville	*M. Siffait*	Idem.
Saint-Valery.	*M. Scelles*	Idem.
Étaples	*M. Souquet*	Idem.
Fécamp	*M. Ridel (Charles)*. . . .	Idem.
Dieppe	*M. Lemaître.*	Idem.
Le Tréport, Eu . . .	*M. Flouest.*	Idem.
Rouen.	*M. Herlofsen*	Idem.
Caudebec	*M. Michaud-Deschamps.*	Idem.
Le Havre	*M. Brostrœm (Ch. G.).*	Consul général.
	M. Brostrœm (Georges) .	Vice-consul.
Harfleur.	*M. Clausen*	Idem.
Honfleur	*M. Thiis.*	Idem.
Trouville	*M. de Bouleville*	Idem.
Caen	*M. Homère (Clément).* . .	Idem.
Courseulles.	*M. Le Gagneur*	Idem.
Isigny.	*M. Demagny (Fr. Jacq.).*	Idem.

Concarneau	*N.*	Vice-consul.
Granville	*M. Malicorne*	Idem.
Morlaix	*M. Miorcec*	Idem.
Carentan	*M. Enos*	Idem.
Cherbourg.	*M. Kirkham.*	Idem.
Saint-Vaast-la-H.	*M. La Mache*	Idem.
Tréguier	*M. Mineur.*	Idem.
Saint-Malo	*M. Bourdet (Jules)*	Idem.
Lannion.	*M. Gjeruldsen Hiis*	Idem.
Pontrieux	*M. Augustini*	Idem.
Douarnenez.	*M. Frochen*	Idem.
Saint-Brieuc.	*M. Sébert*	Idem.
Lorient	*M. Dufilhol*	Idem.
Brest	*M. Kerros*	Idem.
Landerneau.	*M. Radiguet (J. P. I.)*	Idem.
Saint-Nazaire	*M. Smits (Thierry)*	Idem.
Le Croisic.	*M. Maillard.*	Idem.
Royan.	*M. Meade*	Idem.
Nantes	*M. Backman (Alexis)*	Consul.
	M. Moller fils	Vice-consul.
Paimbœuf.	*M. Van der Sluys (V.).*	Idem.
Les Sables	*M. Chaigneau*	Idem.
Saint-Gilles-s.-Vic.	*M. Collinet*	Idem.
Ile d'Oléron.	*M. Peponnet.*	Idem.
Saint-Martin de Ré	*M. Rivaille*	Idem.
Noirmoutiers	*M. Richer*	Idem.
Marans	*M. Bonneau.*	Idem.
La Rochelle	*M. Morck*	Idem.
Rochefort	*M. Petit (E.)*	Idem.
Marennes	*N.*	Idem.
Libourne	*M. Lacaze (Ernest)*	Idem.
Bordeaux	*M. Sandblad (N. T.)*	Consul.
	M. Wigert (Aug.)	Vice-consul.
Narbonne	*M. Jean-François.*	Idem.
Bayonne	*M. Landré*	Idem.
La Ciotat	*M. Abeille (Joseph)*	Idem.
Cette	*M. Nahmens.*	Idem.
Port-Vendres	*M. Pams Bohé*	Idem.
Agde	*M. Higounen.*	Idem.
Marseille	*M. Folsch von Fels (C. H.)*	Consul.
Toulon	*M. Jouve*	Vice-consul.
Hyères	*M. Laurens*	Idem.

Bouc	M. *Vidal* (*Léon*)	Vice-consul.
Bandol	M. *Hughes*	Idem.
Nice.	M. *Carlone*	Idem.
Bastia.	M. *Catoni*	Idem.
Alger	M. *Rouget de St. Hermine.*	Consul général.
	M. *Descous*	Vice-consul.
Oran	M. *Giuliani*	Idem.
Bone	M. *Llambias*	Idem.
Philippeville.	M. *Fawlier* (*Paul*).	Idem.

SUISSE (Confédération).

Paris, rue Blanche, 3, de 10 à 3 heures.

M. KERN, Envoyé extraordinaire et Ministre plénipotent.

(29 novembre 1857.)

M. LARDY	Premier secrétaire.
M. DE BOSSET	Secrétaire.
Le Havre	M. *Wanner* (*Émile*)	Consul.
Bordeaux	M. *Mestrezat*	Idem.
	M. *Silliman*	Vice-consul.
Marseille	M. *Rosenburger*	Consul.
Nice.	M. *le docteur Zurcher.*	Idem.
	M. *Zundel*	Vice-consul.
Lyon	M. *Ruffer*	Consul.
	M. *Mayor* (*Fr. S.*)	Vice-consul.
Mulhouse	M. *Ducommun*	Consul.
Bastia	M. *Ferretti*	Idem.
Alger	M. *Joly* (*E.*)	Idem.
Oran	M. *Hohn* (*Jacques*)	Vice-consul.

TURQUIE (Empire de).

Paris, rue de Presbourg, 10. — Bureaux, rue de la Victoire, 44.

S. Exc. DJÉMIL-PACHA GC✳, Ambassadeur extraordinaire et plénipotentiaire.

(23 décembre 1866.)

MUNIR-EFFENDI ✳	Premier secrétaire.
SULEYMAN-BEY	Deuxième secrétaire.
FERIDOUN-BEY	Troisième secrétaire.
RUPEN-EFFENDI	Secrétaire archiviste.

M. Rifki-Effendi	Attaché.
M. Alexandre-Effendi	Idem.
M. Donon	Idem.
M. le chef d'escadron d'état-major Husni-Effendi	Attaché militaire.
M. le major Hassan-Bey	Idem.
M. le capitaine Ruchdi-Bey	Idem.
M. Chauvin . . . . :	Chancelier.

Paris. . . . . . M. Donon (Arm.) ✳ . . . . . . Consul général, rue de la Victoire, 68.

Dunkerque	M. de Clebsattel (Ed. H.).	Consul.
Calais.	M. Mulard	Vice-consul.
Boulogne	M. Adam (Achille) ✳ . .	Consul.
Dieppe.	M. Baillet ✳	Idem.
Rouen	M. Tavernier	Idem.
	M. Largilliert	Vice-consul.
Le Havre	M. Grosos	Consul.
	M. Grosos (Paul) . . .	Vice-consul.
Brest	M. Lefebvre fils	Consul.
Nantes	M. Lagrelière	Idem.
Bordeaux	M. Raoul Balguerie. . .	Idem.
Marseille	M. Emeric (C.) ✳ . . .	Consul général.
	M. Hava.	Vice-consul.
Cette.	M. Raujon (Alexis) . . .	Idem.
Toulon	M. Flameng	Idem.
Lyon	M. Hava	Idem.

URUGUAY (République orientale de l').

Paris.	M. E. Tiberchien-Ackermann . . Consul général, rue de la Grange-Batelière, 12.	
	M. Courras	Vice-consul.
Le Havre	M. Teulé (Adolphe) . . .	Consul.
	M. Audry (V.)	Vice-consul.
Saint-Malo	M. Dickland (Aug. Guill.)	Consul.
Nantes	M. Gourdon (H.)	Idem.
Saint-Nazaire	M. Gallès	Vice-consul.
Bordeaux	M. Castex (F.)	Consul.
	M. Sicard (O.)	Vice-consul.
Bayonne	M. Goyetche (J. M.) . . .	Consul.
	M. Goyetche (L.) . . .	Vice-consul.

Oloron	M. Latapie (Alfred) . .	Vice-consul.
Cette	M. Gautier (François). .	Consul.
Marseille	M. Andrès y Cadix . . .	Idem.
	M. Poncel.	Vice-consul.
Toulon	M. Dal Fuoco (Alexand.)	Consul.
Nice.	M. Barlo (J. B.).	Vice-consul.
Saint-Étienne	M. Chapon (Jean-B.Ant.)	Idem.
Lyon	M. Londe (Paul).	Idem.

VÉNÉZUELA (États unis de).

Paris.	M. Eugène THIRION ✳ . . . . Consul, faubourg Poissonnière, 32.	
	M. Aimé BOSQUET . . . . Chancelier.	
Dunkerque	M. Collet	Consul.
Boulogne	M. Rouxel.	Idem.
Le Havre	M. Parra Bolivar. . . .	Idem.
	M. Binos (Henry)	Ag. vice-cons.
Cherbourg.	M. Hauvel.	Consul.
Nantes	N.	Idem.
Saint-Nazaire . . .	M. Montenegro	Ag. consulaire.
Bordeaux	M. Marcano	Consul.
	M. Lannaluc	Ag. consulaire.
Bayonne.	M. Salzedo (Manuel) . .	Consul.
Marseille	M. Perdomo (J.Trinidad)	Idem.
Lyon	M. Londe (Paul).	Idem.
Bastia.	M. Scharsky.	Idem.
Martinique (la) . . .	M. Borda	Idem.

VILLES LIBRES ET ANSÉATIQUES.

Paris . . . . M. BLEYMÜLLER ✳ . . . . Consul de Hambourg, Brême et Lubeck, rue Drouot, 20.

Dunkerque	M. Morel	Consul.
Boulogne	M. Fontaine fils	Idem.
Rouen.	M. Levavasseur fils. . .	Consul de Hambourg.
Le Havre	M. Kestner	Consul.
Morlaix	M. Alexandre	Vice-consul de Hambourg et de Lubeck.

Cherbourg.	*M. Postel (Émile)* . . .	Consul de Brême.
	M. Liais (Eug.)	Vice-consul de Hambourg.
Bordeaux	*M. Cruse.*	Consul de Hambourg.
	M. Dircks (Edmond) . .	Consul de Lubeck.
	M. Dircks (Victor) . . .	Vice-consul de Lubeck.
	M. Moëlz	Consul de Brême.
Bayonne.	*M. Landré.*	Consul.
Cette et Montpellier.	*M. Maurice Castelnau.* .	Idem.
Marseille	*M. O. Heilborn*	Idem.
Menton	*M. Parlonneau*	Consul de Hambourg.
Nice.	*M. Raynaud (Amédée)* .	Consul de Hambourg.
Tahiti	*M. Wilkens*	Consul de Hambourg.

WURTEMBERG (Royaume de).

Paris, rue de Presbourg, 6 ; bureaux de chancellerie, avenue des Champs-Élysées, 108, de 11 heures à 1 heure. — Visa gratis.

M. le baron DE WÆCHTER GO✳, Envoyé extraordinaire et Ministre plénipotentiaire.

(16 décembre 1855.)

M. le baron DE VARNBÜLER . . . . | Secrétaire de légation.

Paris. . . . . M. GLÆNZER . . . . Consul.

Le Havre	*M. Rosenlecher*	Consul.
Strasbourg	*M. E. Hecht*	Idem.
Mulhouse	*M. Doll (Charles)* ✳ . .	Idem.
Lyon	*M. Schlenker*	Idem.
Marseille	*M. Gmelin (Louis).* . . .	Idem.
Nice.	*M. Avigdor*	Idem.

CHAPITRE IV.

LOIS, DÉCRETS ET ORDONNANCES

RELATIFS

AU PERSONNEL DIPLOMATIQUE ET CONSULAIRE.

1° Décret impérial relatif aux conditions d'admission au département des affaires étrangères.

NAPOLÉON,

Par la grâce de Dieu et la volonté nationale, Empereur des Français,

A tous présents et à venir, salut :

Sur le rapport de notre ministre secrétaire d'État au département des affaires étrangères,

Avons décrété et décrétons ce qui suit :

ART. 1er. Les attachés surnuméraires au département des affaires étrangères et les attachés libres de nos ambassades et légations seront tenus, à l'avenir, de justifier de l'obtention d'un diplôme de licencié en droit.

ART. 2. Les demandes tendant à obtenir l'autorisation de faire participer aux travaux de nos ambassades et légations de nouveaux attachés libres continueront, comme par le passé, à être adressées par les chefs de ces missions à notre ministre des affaires étrangères ; mais elles devront être accompagnées d'une lettre émanant des candidats eux-mêmes, et sollicitant notre agrément, par l'intermédiaire de ce ministre.

ART. 3. Notre ministre secrétaire d'État au département des affaires étrangères est chargé de l'exécution du présent décret.

Fait au palais des Tuileries, le 17 décembre 1853..

NAPOLÉON.

Par l'Empereur,
Le Ministre Secrétaire d'État au département
des affaires étrangères,
DROUYN DE LHUYS.

2° Décret impérial relatif à l'organisation du corps des secrétaires et attachés d'ambassade et de légation.

(Du 18 août 1856.)

Vu l'ordonnance royale du 1er mars 1833, portant organisation du corps des secrétaires et attachés d'ambassade et de légation :

ART. 1er. La classification, par poste diplomatique, des secrétaires d'ambassade ou de légation et des attachés payés est supprimée.

Est également supprimé le titre d'attaché payé.

ART. 2. Les secrétaires seront à l'avenir divisés en 3 classes. Leur nombre est fixé à 62; savoir:

14 secrétaires de 1re classe;

24 secrétaires de 2e classe;

24 secrétaires de 3e classe.

ART. 3. Suivant les besoins du service, les secrétaires pourront être attachés à des ambassades ou des légations indistinctement, quelle que soit la classe à laquelle ils appartiendront.

ART. 4. Nul ne pourra être nommé secrétaire de 3e classe, s'il n'a été au moins trois ans attaché à un poste diplomatique ou s'il ne compte trois ans de surnumérariat dans les bureaux du ministère.

Nul ne pourra être nommé secrétaire de 2e classe, s'il n'a rempli au moins trois ans les fonctions de secrétaire de 3e classe, ou s'il n'a joui pendant trois ans d'un traitement dans l'administration centrale du département des affaires étrangères.

Nul ne pourra être nommé secrétaire de 1re classe, s'il n'a été au moins trois ans secrétaire de 2e classe, ou s'il n'a été pendant trois ans rédacteur dans les bureaux du ministère.

ART. 5. Les secrétaires de 1re classe jouiront d'un traitement fixe de . . . . 10,000 fr.

Les secrétaires de 2e classe, d'un traitement fixe de 8,000

Les secrétaires de 3e classe, d'un traitement fixe de   3,000

Il sera, en outre, accordé à plusieurs d'entre eux, en raison de la cherté de la vie dans certaines résidences, des indemnités supplémentaires graduées de 1,000 fr. à 4,000 fr.

ART. 6. Le nombre des attachés surnuméraires est fixé à 36.

Nul ne pourra être attaché surnuméraire plus de huit ans.

Les attachés surnuméraires seront nommés par un arrêté ministériel. Ils seront licenciés en droit, et devront justifier d'un revenu ou pension d'au moins 6,000 fr.

ART. 7. Toutes dispositions contraires à celles qui précèdent sont et demeurent abrogées.

3° Décret impérial relatif aux congés avec jouissance de traitement intégral, etc.

(Du 18 août 1856.)

Vu l'article 9 de l'arrêté du Directoire exécutif en date du 24 vendémiaire an VI, qui n'accorde aux chefs de mission diplomatique absents de leur poste en vertu d'un congé que la moitié de leur traitement, quelque courte que soit la durée de ce congé;

Vu l'article 11 dudit arrêté, qui détermine l'emploi de l'autre moitié du traitement des ambassadeurs ou ministres plénipotentiaires absents par congé ;

Vu les ordonnances royales des 7 juillet 1834 et 27 juillet 1845 ;

Vu l'article 16 du décret du 9 novembre 1853, rendu en exécution de la loi du 9 juin précédent, aux termes duquel les fonctionnaires et employés civils *peuvent* obtenir chaque année un congé ou une autorisation d'absence de *quinze jours*, sans subir de retenue sur leur traitement;

Considérant que les dispositions consacrées par les articles 9 et 11 précités de l'arrêté du 24 vendémiaire an VI ne sont plus en rapport avec les charges de représentation imposées aux chefs des principales missions diplomatiques;

Considérant, d'ailleurs, qu'il importe de régler, en ce qui concerne les chefs de poste diplomatique, certaines situations qui n'ont été prévues par aucune des dispositions réglementaires existantes ;

Considérant, en outre, qu'il convient de déterminer d'une manière précise les charges ou obligations des ambassadeurs ou ministres plénipotentiaires absents par congé ou pour affaires de service, envers les agents secondaires chargés de les remplacer;

Qu'enfin il est nécessaire de statuer sur quelques dispositions générales, applicables aux agents consulaires comme aux agents politiques, lesquelles sont depuis longtemps consacrées par l'usage, mais qui n'ont été, jusqu'à ce jour, l'objet d'aucune loi ou règlement:

TITRE Ier.

Chefs de poste politique en congé.

Art. 1er. Les chefs de mission diplomatique peuvent obtenir, chaque année, un congé ou une autorisation d'absence de quinze jours avec jouissance de leur traitement intégral.

Art. 2. Cette période de quinze jours, sans aucune retenue de traitement, comprendra la durée du voyage d'aller et de retour.

Art. 3. Toutes les fois que les chefs de poste politique, après avoir demandé et obtenu un congé de quinze jours, prolongeront leur absence au delà de ce terme, ils perdront tout droit au bénéfice de l'article 1er du présent décret. Dans ce cas, leur traitement sera réglé conformément aux articles 9 et 11 de l'arrêté du 24 vendémiaire an VI, et les chargés d'affaires qui les auront remplacés, recevront le quart du traitement des titulaires, à dater du jour du départ de ces derniers.

Art. 4. Dans la situation déterminée par l'article 1er ci-dessus, le titulaire d'un poste diplomatique n'est tenu de laisser à la disposition du chargé d'affaires qu'un cabinet de travail et le local affecté au service de la chancellerie.

Art. 5. Le chargé d'affaires, dans cette même situation, n'est admis à réclamer aucune indemnité, soit du titulaire du poste, soit du département, à raison de ses fonctions intérimaires.

Art. 6. Le chef de poste politique, autorisé à s'absenter de sa résidence pour un temps excédant quinze jours, mais ne dépassant pas deux mois, n'aura à remplir envers le chargé d'affaires que les obligations déterminées à l'article 4 ci-dessus; dans ce cas, le chargé d'affaires ne sera tenu à aucune représentation quelconque. Si le congé doit excéder deux mois, le chef de mission aura à fournir au chargé d'affaires les moyens de satisfaire aux exigences de sa position officielle. Il mettra, à cet effet, à la disposition de ce dernier celles des localités de son habitation qui sont indispensables pour constituer, selon les convenances et les usages du pays, un état de maison suffisant, tel que salon, salle à manger, office, cuisine. Toutes ces pièces devront être garnies de leur mobilier meublant et de tous les accessoires nécessaires pour le service de la table. Le service des domestiques sera à la charge du chargé d'affaires.

Art. 7. Lorsque, pour une cause quelconque, le titulaire du poste diplomatique, ayant rompu son établissement, ne sera pas en mesure de remplir les obligations que lui impose l'article précédent, il indemnisera le chargé d'affaires, en lui abandonnant le huitième du traitement intégral du poste.

TITRE II.

Agents politiques chefs de poste appelés à Paris ou en voyages de service.

Art. 8. Le chef d'une mission diplomatique, appelé à Paris par un ordre écrit du ministre et pour affaires de service, conservera son traitement intégral, si son absence n'excède pas quinze jours; si son absence se prolonge au delà de quinze jours, il n'aura droit, à dater du seizième jour et jusqu'au terme de son voyage, qu'aux trois quarts de son traitement.

Il recevra, en outre, dans les deux cas, ses frais de voyage d'aller et retour, sur le prix fixé par le règlement pour les voyages de service.

Le quart disponible du traitement du chef de poste sera attribué au chargé d'affaires.

Art. 9. Le chef d'une mission diplomatique, autorisé à quitter le lieu de sa résidence officielle pour accompagner le souverain auprès duquel il est accrédité, soit à l'intérieur du pays même, soit hors des limites de son territoire, conservera son traitement intégral pendant toute la durée du voyage.

Dans ce cas, le secrétaire chargé des affaires de l'ambassade ou de la légation n'aura droit à aucune indemnité et ne prendra pas le titre de chargé d'affaires.

Les frais de voyage du chef de poste seront réglés comme dans le cas prévu au précédent article, d'après les fixations établies pour les voyages de service.

TITRE III.

Dispositions générales additionnelles.

Art. 10. La durée de tout voyage de service, lors même que pendant ce voyage l'agent diplomatique ou consulaire n'aurait pu recevoir aucun traitement, sera comptée comme temps de service, pourvu que le trajet ait été effectué par les voies les plus

Art. 11. La durée de tout voyage de service sera également comptée comme temps de grade dans le nouvel emploi, lorsque l'agent aura réellement exercé ce nouvel emploi à l'issue de son voyage.

Art. 12. L'agent titulaire d'une résidence consulaire, appelé momentanément à faire l'intérim d'un autre poste, recevra la moitié de chacun des traitements affectés à ces deux postes.

Art. 13. L'élève-consul en congé perd la jouissance de son indemnité de table et de logement à dater du jour où il quitte le poste auquel il était attaché.

Art. 14. L'élève-consul qui devient gérant du consulat, et qui touche, en cette qualité, la moitié du traitement du titulaire du poste, cesse de recevoir son indemnité de table et de logement pendant la durée de son intérim.

Art. 15. Toutes dispositions des arrêtés, ordonnances ou règlements contraires aux présentes, sont et demeurent abrogées.

4° Décret impérial relatif aux congés accordés aux agents vice-consuls, aux drogmans et aux chanceliers.

(Du 31 juillet 1855.)

Vu les ordonnances des 20 août 1833 et 26 avril 1845 sur le personnel des consulats;

Vu la loi du 9 juin 1853 sur les pensions civiles;

Vu notre décret du 5 août 1854 sur le traitement de congé des drogmans, chanceliers et agents vice-consuls:

Art. 1er. Les congés seront accordés, à l'avenir, aux agents vice-consuls nommés par nous, aux drogmans et aux chanceliers diplomatiques ou consulaires, par notre ministre secrétaire d'État au département des affaires étrangères, sur la proposition de leurs chefs hiérarchiques.

5° **Décret impérial relatif à la comptabilité des chancelleries diplomatiques et consulaires.**

(Du 20 août 1860.)

Vu les ordonnances des 23 et 24 août 1833 :

Art. 1er. Les recettes des chancelleries sont affectées,

1° Aux frais de chancellerie;

2° Aux émoluments des chanceliers, suivant la règle tracée pour leur prélèvement à l'article 2 ci-après;

3° A la formation d'un fonds commun, dont l'emploi est fixé dans le présent décret.

Art. 2. Les émoluments accordés aux chanceliers de nos missions diplomatiques et consulaires sur les perceptions faites par eux, après le prélèvement des dépenses nécessaires à l'entretien des chancelleries, seront annuellement,

1° D'une remise fixe, dont le montant est déterminé pour chaque poste dans un tableau spécial approuvé par nous, sous la date de ce jour, sur la proposition de notre ministre des affaires étrangères;

2° De remises décroissantes réglées dans les proportions suivantes:

De cinquante centimes par franc sur les premiers mille francs qui excéderont la remise fixe, de quarante-cinq centimes sur les seconds, de quarante centimes sur les troisièmes, et ainsi de suite d'après la même proportion décroissante, de manière qu'elles ne seront plus que de cinq centimes par franc sur les dixièmes mille francs.

Ce taux une fois atteint, les remises continueront d'être uniformément de cinq centimes par franc.

Art. 3. Lorsque les recettes seront entièrement absorbées par les frais, ou lorsque, après l'acquittement des frais, le montant de la remise fixée par le paragraphe 1er de l'article précédent n'aura pu être intégralement prélevé par les chanceliers, cette remise sera faite ou complétée à leur profit par le fonds commun spécifié à l'article 1er.

Art. 4. Lorsque les chanceliers seront chargés de la gestion d'un consulat, ils délégueront un commis, ou, à son défaut, toute autre personne de leur résidence, qui les remplacera sous leur responsabilité personnelle.

uand ils s'absenteront en vertu d'un congé o pour toute

autre cause, le chancelier substitué sera désigné par le consul,
qui demeurera responsable de la gestion de ce dernier.

Art. 5. Dans le cas où plusieurs chanceliers titulaires ou substitués se seraient succédé dans le même exercice, le compte des
recettes et dépenses devra être arrêté pour chacun d'eux au jour
de la cessation de leurs fonctions. Leurs remises fixes seront
réglées à raison du nombre de jours de leur gestion, et ce mode
de règlement sera applicable également, s'il y a lieu, aux remises
décroissantes, dont le partage sera, dans ce cas, effectué à leur
profit, d'après l'ensemble des opérations de l'année entière.

Art. 6. Nos consuls conserveront les excédants restant en
caisse à la fin de chaque mois, après les prélèvements autorisés
par les articles précédents, avec les formes prescrites pour les
dépôts faits en chancellerie. Ils se conformeront, quant à la destination à donner aux excédants, aux instructions qui leur auront
été données par notre ministre des affaires étrangères.

Art. 7. Les agents vice-consuls ou agents consulaires conserveront, tant pour leurs frais de bureau que pour leurs honoraires,
la totalité des droits qu'ils auront perçus, sauf les exceptions qui
seront déterminées par nous sur la proposition de notre ministre
des affaires étrangères.

Art. 8. Les chanceliers établis près de nos ambassades ou légations se conformeront aux obligations prescrites aux autres
chanceliers par l'ordonnance du 23 août 1833, ainsi que par le
présent décret, et les états qu'ils rédigeront seront certifiés et
adressés à notre ministre des affaires étrangères par les chefs de
nos missions diplomatiques, sous les ordres desquels ils sont placés.

Ces derniers seront soumis à toutes les obligations auxquelles
les consuls sont assujettis en ce qui concerne les opérations du
chancelier.

Art. 9. Les chanceliers seront représentés auprès de la cour
des comptes par un agent spécial, que désignera notre ministre
des affaires étrangères sur la proposition du chef de la direction
des consulats et affaires commerciales dans les attributions de
laquelle se trouve placé le service des chancelleries diplomatiques et consulaires. Il pourra être adjoint, selon les besoins du
service, un ou plusieurs commis à cet agent spécial.

Dans les premiers mois de chaque année, l'agent spécial for-
mera, de tous les bordereaux récapitulatifs de l'année précédente,
un compte spécial, qui sera soumis au jugement de la cour des
comptes avec les pièces à l'appui.

L'arrêt à rendre sur ce compte général sera collectif, mais les charges et injonctions y seront rattachées à la gestion du chancelier qu'elles concernent.

L'agent spécial du ministère des affaires étrangères demeure chargé de satisfaire aux dispositions de l'arrêt, et de les notifier à chacun des chanceliers.

ART. 10. Indépendamment des compléments de remises fixes payés aux chanceliers, conformément à l'article 2, le fonds commun est affecté aux dépenses suivantes :

1° Les traitements accordés aux chanceliers, soit en cas de disponibilité, soit en vertu des dispositions du décret du 5 avril 1854, concernant le cas de guerre et de force majeure, ainsi que le traitement de l'agent spécial et des auxiliaires qui lui sont adjoints, conformément à l'article 9 du présent décret;

2° Les allocations qui seront accordées par notre ministre des affaires étrangères à titre d'indemnité aux chanceliers, gérants de chancelleries, commis, et aux agents ou employés du département des affaires étrangères à raison de leur coopération aux travaux de chancelleries ou de l'agent spécial chargé de la vérification des comptes de chancellerie;

3° Les frais de timbre, de protêt ou autres auxquels donne lieu l'envoi des excédants de recettes après leur sortie de la caisse des chancelleries.

ART. 11. Les recettes et les dépenses des chancelleries seront énoncées pour ordre dans le budget général de l'État. Notre ministre des affaires étrangères mentionnera désormais parmi les prévisions des dépenses et des chancelleries, et dans un chapitre particulier, chacune des affectations du fonds commun spécifiées par l'article précédent.

ART. 12. Les résultats du compte produit à la cour des comptes, en conformité de l'article 9, seront publiés, comme annexe, à la suite du compte que notre ministre des affaires étrangères doit rendre à chaque session du Corps législatif.

A partir de l'année 1861, le compte des chancelleries diplomatiques et consulaires sera présenté en même temps que le compte définitif des dépenses du ministère des affaires étrangères.

ART. 13. Ces différentes mesures de comptabilité recevront leur exécution à partir du 1er janvier 1861.

ART. 14. Sont et demeurent abrogés les articles 4, 5, 8, 9, 14, 17, 19, 20 et 21 de l'ordonnance du 23 août 1833, ainsi que les articles 1, 2 et 5 de l'ordonnance du 24 août 1833, concernant les remises accordées aux chanceliers.

6° **Règlement pour servir à l'exécution, en ce qui concerne la comptabilité des chancelleries diplomatiques et consulaires, du décret impérial du 31 mai 1862, portant règlement général sur la comptabilité publique.**

(Du 21 juin 1862.)

Art. 1er. Le budget spécial des recettes et dépenses des chancelleries diplomatiques et consulaires est annexé pour ordre au budget du ministère des affaires étrangères. (Article 737 du règlement général.)

Art. 2. Les recettes se composent :

1° Du produit des droits fixés par le⁻ tarifs sur les actes de chancellerie, tarifs qui sont soumis à l'approbation de l'Empereur et qui doivent être constamment affichés dans les chancelleries ;

2° Des bénéfices sur le change (article 738 du règlement général) ;

3° D'une subvention du Trésor, en cas d'insuffisance des recettes.

Art. 3. Les consuls veillent à ce qu'il ne soit pas perçu dans leurs chancelleries ou dans les agences relevant de leurs consulats des droits plus élevés que ceux que déterminent les tarifs.

Dans le cas où quelques actes y seraient omis, les chanceliers sont tenus de les faire gratuitement, sauf à présenter au ministre des affaires étrangères, par l'intermédiaire des consuls, leurs observations sur la convenance d'une rectification ou d'une addition au tarif. (Article 2 de l'ordonnance du 23 août 1833.)

Art. 4. Les recettes sont affectées :

1° Aux frais de chancellerie ;

2° Aux émoluments des chanceliers ;

3° A la formation d'un fonds commun dont le montant est versé en compte courant au Trésor pour être employé, au fur et à mesure des besoins du service, sur des mandats du ministre des affaires étrangères, et dont le reste disponible est appliqué aux produits divers du budget de l'État. (Article 739 du règlement général.)

Art. 5. Le fonds commun ne peut servir à accroître, ni directement ni indirectement, le montant des crédits affectés aux dépenses du personnel ou du matériel du ministère des affaires étrangères. (Article 740 du règlement général.)

Art. 6. Les perceptions sont faites et les dépenses acquittées par le chancelier exclusivement, sous la surveillance et le contrôle du consul. Le chancelier est seul comptable. (Article 3 de l'ordonnance du 23 août 1833.)

Art. 7. Lorsque les chanceliers sont chargés de la gestion d'un consulat, ils délèguent un commis ou, à son défaut, toute autre personne de leur résidence, qui les remplace sous leur responsabilité personnelle.

Quand ils s'absentent en vertu d'un congé ou pour toute autre cause, le chancelier substitué est désigné par le consul, qui demeure responsable de sa gestion. (Article 4 du décret du 20 août 1860.)

Art. 8. Les frais de chancellerie sont réglés annuellement et à l'avance pour chaque poste par le ministre des affaires étrangères, sur un rapport du chancelier adressé au consul et transmis par ce dernier avec ses observations. (Article 6 de l'ordonnance du 23 août 1833.)

Art. 9. Les émoluments accordés aux chanceliers se composent :

1° D'une remise fixe dont le montant, pour chaque poste, est déterminé par décret;

2° De remises décroissantes dans les proportions suivantes : de cinquante centimes par franc sur les premiers mille francs qui excèdent la remise fixe, de quarante-cinq centimes sur les seconds, de quarante centimes sur les troisièmes, et ainsi de suite, d'après la même proportion décroissante, de manière qu'elles ne sont plus que de cinq centimes par franc sur les dixièmes mille francs. Ce taux une fois atteint, les remises continuent d'être uniformément de cinq centimes par franc. (Article 2 du décret du 20 août 1860.)

Art. 10. Lorsque les recettes sont entièrement absorbées par les frais, ou lorsque, après l'acquittement des frais, le montant de la remise fixe n'a pas pu être intégralement prélevé par les chanceliers, cette remise leur est faite ou complétée sur le fonds commun. (Article 744 du règlement général.)

Art. 11. Les chanceliers sont autorisés à prélever sur les fonds existant dans leur caisse :

1° Les dépenses de la chancellerie;

2° Leurs émoluments;

3° Les dépenses d'une nature imprévue et urgente que les consuls autorisent provisoirement sous leur responsabilité, et sauf à en rendre compte immédiatement au ministre des affaires étrangères. (Article 745 du règlement général.)

ART. 12. Les consuls conservent les excédants restant en caisse à la fin de chaque mois, après les prélèvements autorisés, en observant les formes prescrites par les règlements pour les dépôts faits en chancellerie. Ils se conforment, quant à la destination à donner aux excédants, aux instructions données par le ministre des affaires étrangères. (Article 746 du règlemen général.)

ART. 13. Les agents vice-consuls ou agents consulaires con servent, tant pour leurs frais de bureau que pour leurs honoraires, la totalité des droits qu'ils perçoivent, sauf les exception qui sont déterminées par décret, sur la proposition du ministre des affaires étrangères. (Article 7 du décret du 20 août 1860.)

ART. 14. Les chanceliers tiennent un registre de recette conforme au modèle qui leur est adressé par le ministre des affaires étrangères. Ce registre est coté et paraphé par le consul, et chaque perception est inscrite par ordre de date et de numéro, avec l'indication du paragraphe de l'article du tarif qui l'autorise, l'énoncé sommaire de l'acte qui y donne lieu, et les noms et qualités des requérants.

Il est également fait mention, sur les minutes et sur chaque expédition des actes, du montant du droit acquitté, du paragraphe de l'article du tarif qui l'autorise, ainsi que du numéro sous lequel la perception est inscrite sur le registre. (Article 10 de l'ordonnance du 23 août 1833.)

ART. 15. Les chanceliers inscrivent leurs dépenses de toute nature, au fur et à mesure qu'elles sont faites, sur un registre spécial également coté et paraphé par le consul, et qui est tenu par articles de dépenses. (Article 11 de la même ordonnance.)

ART. 16. Ces registres sont arrêtés tous les trois mois, et clos à la fin de chaque année par les consuls. (Article 750 du règlement général.)

ART. 17. Au commencement de chaque trimestre, les chanceliers dressent des états présentant la récapitulation des recettes et des dépenses effectuées dans leurs chancelleries et dans les agences dépendantes du consulat pendant le trimestre précédent. Ces états sont accompagnés des pièces justificatives et certifiés par les consuls, qui les font parvenir au ministère des affaires étrangères. (Article 751 du règlement général.)

ART. 18. Dans le cas où plusieurs chanceliers titulaires ou substitués se sont succédé dans le même exercice, le compte des recettes et des dépenses est arrêté pour chacun d'eux au jour de la cessation de leurs fonctions. Leurs remises fixes sont réglées à raison du nombre de jours de leur gestion, et ce mode de règlement est applicable également, s'il y a lieu, aux remises décroissantes dont le partage est, dans ce cas, effectué à leur profit, d'après l'ensemble des opérations de l'année entière. (Article 5 du décret du 20 août 1860.)

ART. 19. Les chanceliers établis près les ambassades et légations se conforment aux obligations prescrites aux autres chanceliers par le présent règlement, et les états qu'ils rédigent sont certifiés et adressés au ministre des affaires étrangères par les chefs des missions diplomatiques sous les ordres desquels ils sont placés. Ces derniers sont soumis à toutes les obligations auxquelles les consuls sont assujettis en ce qui concerne les opérations du chancelier. (Article 8 du décret du 20 août 1860.)

ART. 20. Les vice-consuls ou agents consulaires perçoivent, pour les actes qu'ils sont autorisés à délivrer ou à viser, les droits indiqués par le tarif des consulats dont ils dépendent. Un extrait de ce tarif, comprenant les actes de leur compétence et certifié conforme par le consul, doit être constamment affiché dans leur bureau.

Ils se conforment aux dispositions de l'article 14 du présent règlement pour l'inscription de leurs recettes sur un registre spécial et pour la mention du payement des droits sur les actes qui y auront donné lieu. (Article 13 de l'ordonnance du 23 août 1833.)

ART. 21. Ils doivent envoyer, à la fin de chaque mois, au consul dont ils relèvent, une copie certifiée par eux de leur registre de perception, ainsi qu'une déclaration de la retenue qu'ils ont faite de leurs recettes en vertu de l'article 13. (Article 15 de l'ordonnance du 23 août 1833.)

ART. 22. Les chanceliers sont représentés près la cour des comptes par un agent spécial désigné par le ministre des affaires étrangères.

Dans les premiers mois de chaque année, cet agent forme, pour le soumettre à la cour des comptes avec les pièces à l'appui, un bordereau récapitulatif de tous les comptes de l'année précédente, produits, soit par les chanceliers, soit par les vice-consuls et agents consulaires, qui, aux termes de l'article 13 du présent règlement, ne conservent le montant des droits perçus par eux que jusqu'à concurrence d'une somme déterminée.

L'arrêt à rendre sur les comptes est collectif, mais les injonctions prononcées par la cour des comptes sont rattachées à la gestion du chancelier qu'elles concernent.

L'agent spécial demeure chargé de satisfaire aux dispositions de l'arrêt et de les notifier à chacun des chanceliers. (Article 752 du règlement général.)

Art. 23. Le bordereau récapitulatif soumis à la cour des comptes est publié comme annexe du compte que le ministre des affaires étrangères doit rendre à chaque session du Corps législatif. (Article 753 du règlement général.)

Art. 24. Les dispositions du présent règlement remplacent et annulent toutes celles qui leur seraient contraires dans les règlements et instructions antérieurs concernant la comptabilité des chancelleries diplomatiques et consulaires.

———

7° Décret impérial qui soumet à une taxe proportionnelle les recouvrements de créances ou de successions opérés pour le compte des particuliers par les soins des chancelleries diplomatiques et consulaires.

(Du 22 juin 1862.)

———

Art. 1er. Les recouvrements de créances ou de successions opérés pour le compte des particuliers par les soins des chancelleries de nos missions diplomatiques, de nos consulats et de nos agents vice-consuls seront, à partir du 1er octobre 1862, soumis à une taxe proportionnelle de deux pour cent sur le montant des sommes recouvrées.

Art. 2. Cette taxe ne pourra être perçue sur toute somme recouvrée qui serait déjà passible du droit de dépôt, en raison de sa consignation dans les caisses de chancellerie.

———

8° Décret impérial portant que les deux catégories du tarif des chancelleries consulaires seront supprimées à partir du 1er janvier 1866 et remplacées par le tarif y annexé.

(Du 25 octobre 1865.)

———

Vu l'article 2 du règlement spécial du 21 juin 1862, sur la comptabilité des chancelleries consulaires ;

Vu l'ordonnance du 6 novembre 1842 et le tarif y annexé;

Vu notre décret du 7 octobre 1862 :

Art. 1er. A partir du 1er janvier 1866, les deux catégories du tarif des chancelleries consulaires seront supprimées et remplacées par le tarif joint au présent décret.

ART. 2. Sont définitivement abrogées les dispositions des articles 1er et 2 de l'ordonnance du 6 novembre 1842.

(*Ledit tarif se trouve au Bulletin des lois,* 11e *série, n° 1346, année* 1865.)

___

9° Décret impérial qui divise les titulaires des chancelleries diplomatiques et consulaires en trois classes.

(Du 1er décembre 1869.)

___

ART. 1er. Les titulaires des chancelleries diplomatiques et consulaires sont divisés en trois classes. La classe est attachée à la personne de l'agent, indépendamment du poste dans lequel il exerce ses fonctions.

ART. 2. Le nombre des chanceliers est limité à vingt pour la première classe, et à quarante pour la deuxième. Nul chancelier ne peut être promu à une classe supérieure qu'après trois ans au moins de service dans la classe précédente.

ART. 3. Nul chancelier ne peut être admis à concourir au grade de consul qu'après dix ans de service comme chancelier, dont trois au moins comme chancelier de première classe.

ART. 4. Les chanceliers des deux premières classes sont assimilés aux chanceliers des missions diplomatiques pour le règlement de leur traitement d'inactivité, ainsi que pour l'application de notre décret du 26 avril 1854.

ART. 5. Sont abrogées les dispositions antérieures contraires au présent décret, sans préjudice des droits acquis au moment de sa promulgation.

CHAPITRE V.

TRAITÉS ET CONVENTIONS DIPLOMATIQUES

Conclus par le Gouvernement français avec les Puissances étrangères
et promulgués dans le cours de l'année 1869.

1864.

16 mai.　— Convention conclue entre la France, le Brésil, la
république d'Haïti et le Portugal pour l'établissement d'une ligne télégraphique internationale
entre le continent européen et l'Amérique. Promulguée le . . . . 8 septembre 1869.
Suivie d'un Protocole signé le même jour, entre lesdites puissances. . . . . . 8 septembre 1869.
Et d'un second Protocole, signé à Paris le 31 août
1869 . . . . 8 septembre 1869.

1865.

10 mai.　— Accession du Danemark à ladite Convention.
8 septembre 1869.

1868.

8 août.　— Traité de paix, d'amitié, etc., conclu entre la
France et Madagascar . . . . . . 13 mars 1869.

---

17 oct.　— Convention révisant la Convention du 31 mars
1831 et suivie d'un Protocole de clôture, signée
à Mannheim entre la France, le grand-duché
de Bade, la Bavière, le grand-duché de Hesse,
les Pays-Bas et la Prusse . . . . . 5 mai 1869.

1868.

5 nov.   — Articles additionnels à la Convention de poste du 24 décembre 1865, signée entre la France et le Portugal . . . . 22 septembre 1869.

1869.

7 janvier. — Déclaration signée entre la France et la Belgique, relative à la garantie réciproque de la propriété des œuvres de littérature et d'art. 20 fév. 1869.

12 février. — Articles additionnels à la Convention de poste conclue le 3 septembre entre la France et l'Autriche . . . . 17 avril 1869.

12 février. — Convention additionnelle à la Convention du 13 novembre 1855 conclue entre la France et l'Autriche pour l'extradition réciproque des malfaiteurs. . . . . 17 avril 1869.

22 février. — Convention signée entre la France et la Bavière, concernant la répression des délits en matière forestière, rurale, de pêche et de chasse.
                                 21 avril 1869.

3 mars.   — Convention de poste, conclue à Paris entre la France et l'Italie. . . . . 2 juin 1869.

7 avril.   — Déclaration relative aux taxes des dépêches télégraphiques, signée entre la France et l'Italie.
                                 10 avril 1869.

10 avril. — Déclaration signée entre la France et le grand-duché de Hesse, relative à l'arrestation des malfaiteurs . . . . 14 avril 1869.

16 avril. — Convention signée entre la France et les États-Unis d'Amérique pour la garantie de la propriété des marques de fabrique. . . . . 28 juillet 1869.

29 avril. — Convention signée à Paris entre la France et la Belgique pour l'extradition réciproque des malfaiteurs . . . . 12 mai 1869.

1869.

4 juin. — Convention signée entre la France et les États de Suède et de Norwége, pour l'extradition réciproque des malfaiteurs . . . . . 8 janvier 1870.

15 juin. — Convention suivie d'un Protocole explicatif, signée entre la France et la Suisse et relative à la compétence judiciaire et à l'exécution des jugements en matière civile . . . . 19 octobre 1869.

22 juin. — Article additionnel à la Convention de poste du 22 janvier 1868, signée entre la France et les Pays-Bas. . . . . 1er juillet 1869.

27 juin. — Accession de la France à la Déclaration signée à Vienne le 22 juillet 1868, dans le but de supprimer entre les États contractants les taxes accessoires pour le transport des dépêches télégraphiques. . . . . 25 septembre 1869.

1er juillet. — Convention signée entre la France et la Prusse pour l'établissement d'un chemin de fer entre Sarreguemines et Sarrebrück. . . 24 août 1869.

9 juillet. — Convention signée à Paris entre la France et la Confédération suisse, pour régler l'extradition réciproque des malfaiteurs . . 12 janvier 1870.

25 nov. — Convention conclue à Paris entre la France et la Belgique pour l'établissement de deux chemins de fer reliant directement Dunkerque à Furnes et Hazebrouck à Poperinghe . . . 12 janvier 1870.

29 nov. — Convention d'extradition conclue à Munich, entre la France et la Bavière . . . 20 décembre 1869.

21 déc. — Déclaration signée à Paris entre la France et le grand-duché de Luxembourg, relative à la taxe des dépêches télégraphiques. 22 décembre 1869.

1869.

27 déc.   — Déclaration relative au régime des sucres, signée
à Paris entre la France, la Belgique, la Grande-
Bretagne et les Pays-Bas. . . . 3 janvier 1870.

1870.

10 février. — Déclaration signée à Paris entre la France et la
Bavière pour faciliter, par une modération des
taxes de transit, la transmission, par leurs territoires respectifs, des correspondances origi-
naires d'Angleterre . . . . . . 12 février 1870.

19 février. — Convention signée à Paris entre la France et l'Italie, relative à l'assistance judiciaire. 7 mai 1870.

11 mars.   — Convention relative à l'assistance judiciaire, signée
entre la France et la Bavière. . . . 7 mai 1870.

18 mars.   — Convention signée entre la France et la Belgique
pour l'établissement d'un chemin de fer d'Anzin
à Peruwelz. . . . . 23 avril 1870.

22 mars.   — Convention relative à l'assistance judiciaire, signée
entre la France et le grand-duché de Luxem-
bourg. . . . . 7 mai 1870.

CHAPITRE VI.

CONVENTION

REVISÉE POUR LA NAVIGATION DU RHIN,

SIGNÉE A MANNHEIM LE 17 OCTOBRE 1868

ENTRE LA FRANCE, LE GRAND-DUCHÉ DE BADE, LA BAVIÈRE, LE GRAND-DUCHÉ DE HESSE, LES PAYS-BAS ET LA PRUSSE.

(Promulguée le 5 mai 1869.)

La Convention relative à la navigation du Rhin, conclue, le 31 mars 1831, entre les Gouvernements riverains, ayant depuis cette époque subi de nombreuses modifications, et une partie des stipulations qu'elle renferme n'étant plus en harmonie avec les conditions actuelles de la navigation, Sa Majesté l'Empereur des Français, Son Altesse Royale le Grand-Duc de Bade, Sa Majesté le Roi de Bavière, Son Altesse Royale le Grand-Duc de Hesse, Sa Majesté le Roi des Pays-Bas et Sa Majesté le Roi de Prusse ont résolu, d'un commun accord, de reviser cette Convention, en maintenant toutefois le principe de la liberté de la navigation du Rhin sous le rapport du commerce, et ont, à cet effet, nommé leurs commissaires plénipotentiaires, savoir :

Sa Majesté l'Empereur des Français, M. Théodore-Charles-Frédéric Gœpp, son commissaire pour la navigation du Rhin ;

Son Altesse Royale le Grand-Duc de Bade, M. le docteur Rodolphe Dietz, son référendaire intime au ministère du commerce ;

Sa Majesté le Roi de Bavière, M. Guillaume Weber, son conseiller d'État ;

Son Altesse Royale le Grand-Duc de Hesse, M. Charles Schmitt, son directeur de province et conseiller intime ;

Sa Majesté le Roi des Pays-Bas, M. le docteur Guillaume-

Arnold-Pierre Verkerk Pistorius, son chef de division au ministère des finances ;

Sa Majesté le Roi de Prusse, M. Henri-Albert-Édouard Moser, son directeur au ministère du commerce, de l'industrie et des travaux publics ;

Lesquels, après avoir échangé leurs pleins pouvoirs, trouvés en bonne et due forme, ont arrêté, sous réserve de ratifications, les dispositions suivantes :

ARTICLE PREMIER.

La navigation du Rhin et de ses embouchures, depuis Bâle jusqu'à la pleine mer, soit en descendant, soit en remontant, sera libre aux navires de toutes les nations pour le transport des marchandises et des personnes, à la condition de se conformer aux stipulations contenues dans la présente Convention et aux mesures prescrites pour le maintien de la sécurité générale.

Sauf ces règlements, il ne sera apporté aucun obstacle, quel qu'il soit, à la libre navigation.

Le Leck et le Waal sont considérés comme faisant partie du Rhin.

ART. 2.

Les bateaux appartenant à la navigation du Rhin et les radeaux ou trains de bois venant du Rhin auront le droit de choisir telle voie qu'il leur plaira en traversant les Pays-Bas pour se rendre du Rhin dans la pleine mer ou en Belgique, et réciproquement.

Si, par suite d'événements naturels ou de travaux d'art, l'une des voies navigables reliant la pleine mer au Rhin par Dordrecht, Rotterdam, Hellevœtsluis et Brielle, devenait impraticable pour la navigation, la voie navigable qui serait indiquée à la navigation néerlandaise en remplacement du passage intercepté sera également ouverte à la navigation des autres États riverains.

Sera considéré comme appartenant à la navigation du Rhin tout bateau ayant le droit de porter le pavillon d'un des États riverains, et pouvant justifier ce droit au moyen d'un document délivré par l'autorité compétente.

ART. 3.

Aucun droit basé uniquement sur le fait de la navigation ne pourra être prélevé sur les bateaux ou leurs chargements, non plus que sur les radeaux naviguant sur le Rhin, sur ses affluents, en tant qu'ils sont situés sur le territoire des Hautes Parties contractantes, et sur les voies navigables mentionnées à l'article 2.

Sera également interdite la perception de droits de bouée et de balisage sur les voies navigables mentionnées dans l'alinéa précédent, en amont de Rotterdam et de Dordrecht.

ART. 4.

Pour ce qui concerne les voies navigables mentionnées au premier alinéa de l'article 3, le traitement national, sous tous les rapports, sera accordé aux navires appartenant à la navigation du Rhin et à leurs chargements.

ART. 5.

Les bateliers ne pourront nulle part, sur les voies navigables mentionnées à l'article 3, être contraints à décharger, soit en tout, soit en partie, ou à transborder leurs chargements.

Tout droit de relâche et d'échelle est et demeure supprimé.

ART. 6.

Les marchandises ne pourront, en aucun cas, être assujetties sur le Rhin à des droits d'entrée ou de sortie plus élevés que ceux auxquels elles seraient soumises à l'entrée ou à la sortie par la frontière de terre.

ART. 7.

Le transit de toutes marchandises est libre sur le Rhin, depuis Bâle jusqu'à la pleine mer, à moins que des mesures sanitaires ne motivent des exceptions.

Les États riverains ne percevront aucun droit de ce transit, qu'il s'effectue directement, ou après transbordement, ou après mise en entrepôt.

ART. 8.

Les ports francs actuellement ouverts au commerce du Rhin sont maintenus. Les Hautes Parties contractantes se réservent la faculté d'en augmenter le nombre.

Les marchandises entreposées dans ces ports francs ne seront soumises à aucun droit d'entrée ou de sortie, à moins qu'elles ne soient ultérieurement livrées au commerce dans l'État riverain lui-même ou dans le territoire du système de douanes et d'impôts dont cet État fait partie.

ART. 9.

Si un batelier traverse en ligne directe, et sans faire de changement à son chargement, le territoire d'un même État ou de plusieurs États faisant partie d'un même système de douanes, il lui sera permis de continuer son voyage sans faire préalablement vérifier son chargement, à la condition de consentir, suivant qu'il en sera requis par la douane, ou à laisser clore les ouvertures donnant accès à la cale, ou à recevoir à son bord des gardiens officiels, ou, enfin, à se soumettre à ces deux formalités ensemble. Dans ce cas, il devra, en outre, présenter au bureau de douanes un manifeste en double expédition, conforme au modèle A.

A la sortie, il devra s'arrêter au bureau frontière, afin de faire examiner et lever les plombs ou scellés ou bien les cadenas de la douane, ou faire retirer les gardiens.

Outre cela, il ne pourra être arrêté en route sous prétexte d'intérêts de douane, excepté dans le cas de contrebande (art. 12).

Les gardiens placés à bord des bateaux n'auront d'autre droit que de surveiller ces bateaux et leur cargaison pour empêcher la fraude. Ils prendront part gratuitement à la nourriture de l'équipage; le batelier leur fournira à ses frais le feu et la lumière nécessaires, mais ils ne pourront ni exiger ni accepter aucune rétribution.

Dans le cas où, par suite de circonstances naturelles ou d'autres accidents de force majeure, le batelier se trouverait dans la nécessité de déplacer sa cargaison en tout ou en partie, et qu'il faudrait, dans ce but, rétablir les ouvertures donnant accès à la cale, il s'adressera à cet effet aux employés de la douane la plus voisine et attendra leur arrivée. Si le péril est imminent et qu'il ne puisse attendre, il devra en donner avis à l'autorité locale la plus proche, qui procédera à l'ouverture de la cale et dressera procès-verbal du fait.

Si le batelier a pris des mesures de son propre chef, sans demander ou sans attendre l'intervention des employés de la douane ou de l'autorité locale, il devra prouver d'une manière suffisante que le salut du bateau ou de la cargaison en a dépendu, ou qu'il a dû agir ainsi pour éviter un danger pressant. En pareil cas, il doit, aussitôt après avoir écarté le péril, prévenir les employés de la douane la plus rapprochée, ou, s'il ne peut les trouver, l'autorité locale la plus voisine, pour faire constater ces faits.

Art. 10.

Quant aux marchandises entrant par le Rhin et destinées à la consommation intérieure, ou bien à la sortie, ou au transit après transbordement ou après mise en entrepôt dans les ports francs ou ailleurs, les formalités de douane se régleront d'après la législation générale de l'État riverain par la frontière duquel l'entrée, la sortie ou le transit auront lieu.

Art. 11.

Chacun des États riverains désignera, pour l'étendue de son territoire, les ports et lieux de débarquement où, indépendamment des ports francs (art. 8), les bateliers auront la faculté de déposer ou de prendre un chargement.

Le batelier ne pourra, sans y être spécialement autorisé par l'autorité compétente, charger ou décharger à d'autres endroits, à moins que des circonstances naturelles ou quelque accident ne l'empêchent de poursuivre son voyage ou ne compromettent le salut du bateau ou de la cargaison.

Si, dans ce cas, il relâche dans un endroit où se trouve un bureau de douane, il est tenu de s'y présenter et de se conformer aux prescriptions qu'il en recevra.

S'il n'existe pas un bureau de douane au lieu de relâche, il doit immédiatement donner avis de son arrivée à l'autorité locale, qui constatera par procès-verbal les circonstances qui l'ont déterminé à relâcher et en donnera avis au bureau de douane le plus voisin du même territoire.

Si, pour ne pas exposer les marchandises à d'autres dangers, on juge à propos de décharger le bateau, le batelier sera tenu de se soumettre à toutes les mesures légales ayant pour objet de prévenir une importation clandestine. Les marchandises qu'il réembarquera pour continuer sa route ne seront assujetties à aucun droit d'entrée ou de sortie.

Dans le cas où le batelier aurait agi de son propre chef, sans demander l'intervention des employés de la douane ou de l'autorité locale, les dispositions de l'article 9, alinéa 6, lui seront applicables.

Art. 12.

Lorsqu'un batelier sera convaincu d'avoir tenté la contrebande, il ne pourra invoquer la liberté de la navigation du Rhin pour mettre, soit sa personne, soit les marchandises qu'il aurait voulu importer ou exporter frauduleusement, à l'abri des poursuites dirigées contre lui par les employés de la douane, sans cependant qu'une pareille tentative puisse donner lieu à saisir le reste du chargement, ni, en général, à procéder contre le batelier plus rigoureusement qu'il n'est prescrit par la législation en vigueur dans l'État riverain où la contrebande a été constatée.

Si les bureaux de douane à la frontière d'un État découvrent une différence entre la cargaison et le manifeste, il sera fait application au batelier des lois du pays en vigueur contre les déclarations infidèles.

Art. 13.

Dans le cas où plusieurs États se trouvent réunis en un système commun de douanes ou d'impôts, la frontière de l'union sera, pour l'application des articles 6 à 12, considérée comme frontière territoriale.

Art. 14.

Toutes les facilités qui seraient accordées par les Hautes Parties contractantes sur d'autres voies de terre ou d'eau pour l'importation, l'exportation et le transit des marchandises, seront également concédées à l'importation, à l'exportation et au transit sur le Rhin.

Art. 15.

Le droit de conduire un bateau à voiles ou à vapeur sur le Rhin dans tout son parcours, depuis Bâle jusqu'à la pleine mer, ou sur une partie du fleuve appartenant à plusieurs États riverains, n'est accordé qu'à ceux qui prouvent qu'ils ont pratiqué la navigation sur le Rhin pendant un temps déterminé et qu'ils ont reçu du Gouvernement de l'État riverain où ils ont pris domicile une patente les autorisant à l'exercice indépendant de la profession de batelier (patente de batelier).

Il sera indiqué dans cette patente si le titulaire est autorisé à naviguer sur toute l'étendue du Rhin ou seulement sur

une partie du fleuve qui, dans ce cas, devra être spécialement mentionnée.

Si le batelier transfère son domicile dans un autre État
riverain, la patente n'en sera pas moins valable. Cependant
le titulaire y fera inscrire son nouveau domicile par l'autorité compétente.

ART. 16.

Le batelier muni de la patente mentionnée ci-dessus pourra
conduire tout bateau à voiles ou tout bateau à vapeur, à quelque État qu'il appartienne.

ART. 17.

Toute patente de batelier, avant d'être remise au titulaire,
doit être munie du signalement complet du porteur et de sa
signature, avec ses nom et prénoms.

Si, par une raison d'âge ou pour toute autre cause, le
signalement porté sur la patente n'est plus applicable, ce
signalement sera modifié ou renouvelé au moyen d'une an-
notation officielle.

ART. 18.

Les bateliers des affluents du Rhin et des eaux intermé-
diaires entre le Rhin et l'Escaut seront admis, sous condition
de réciprocité, à conduire un bateau à voiles ou à vapeur sur
le Rhin, dans tout son cours, ou sur une partie du fleuve
appartenant à plusieurs États riverains, quand, conformément aux prescriptions de l'article 15, il sera déclaré sur
leur patente, par l'autorité compétente d'un des États riverains, qu'ils ont pratiqué la navigation du Rhin pendant un
temps déterminé.

Les dispositions de l'article 17 seront également applicables dans les cas indiqués par le présent article.

ART. 19.

La batelier qui, de quelque manière que ce soit, laisse
parvenir la patente qui lui a été délivrée en la possession
d'une personne ne possédant pas un pareil document, à l'effet
de la mettre en position d'exercer la navigation du Rhin en
vertu de cette patente, sera puni, selon les circonstances,
du retrait temporaire ou définitif de ladite pièce.

Tout individu qui, n'étant point muni d'une patente pour

lui-même, exerce la navigation du Rhin en se servant de celle qui a été délivrée à un autre batelier, ne pourra, pendant douze mois au moins, obtenir une patente de navigation.

Art. 20.

Le Gouvernement de l'État riverain dans lequel le porteur d'une patente de batelier est domicilié, a seul le droit de révoquer cette patente. Cette disposition n'exclut cependant pas le droit qu'aura tout État riverain de faire poursuivre et punir tout batelier prévenu d'un crime ou d'un délit commis sur son territoire, et de demander, selon les circonstances, que sa patente soit révoquée par le Gouvernement de l'État riverain où il a son domicile.

La patente devra être révoquée quand un batelier aura été puni pour une contrebande réitérée, pour fraude, falsification ou autres délits contre la propriété, ou pour plus d'une contravention grave aux règlements concernant la sécurité et la police de la navigation.

Art. 21.

Les prescriptions des articles 19 et 20 sont également applicables aux déclarations inscrites, conformément à l'article 18, sur les patentes des bateliers des affluents du Rhin et des autres voies navigables qui sont désignées dans ledit article. Toutefois, les Gouvernements riverains dont émanent ces déclarations auront seuls le droit de les annuler.

Art. 22.

Avant qu'un bateau entreprenne son premier voyage sur le Rhin, le propriétaire ou le conducteur doit se pourvoir d'un certificat constatant que ce bateau a la solidité et le gréement nécessaires à la navigation de la partie du fleuve à laquelle il est destiné.

Ce certificat ou patente de bateau est délivré, à la suite d'une visite d'experts, par l'autorité compétente d'un des États riverains.

Seront marqués sur le bateau et indiqués dans la patente le nom du bateau et la limite du plus fort tirant d'eau admissible.

Cette visite sera renouvelée après chaque réparation ou chaque changement important. Elle le sera également sur la demande de l'affréteur. Le résultat en sera constaté dans la patente.

Tout État riverain pourra ordonner, s'il le juge convenable, une visite qui aura lieu à ses frais.

La patente de bateau doit toujours se trouver à bord pendant le voyage. Elle doit être présentée aux employés des ports et de la police, sur leur demande.

Art. 23.

Les articles 15 et 22 ne sont pas applicables aux bateaux d'une capacité inférieure à trois cents quintaux ni à leurs conducteurs.

Art. 24.

Les dispositions de la présente Convention ne sont pas applicables aux transports d'une rive à l'autre, sauf la clause indiquée à l'article 32.

Art. 25.

Les flotteurs doivent être munis, pour chaque radeau ou train de bois avec lequel ils naviguent sur le Rhin, d'un certificat de l'autorité compétente de leur pays, conforme au modèle B ci-joint et constatant le nombre, l'espèce et le poids des bois flottés.

Ce certificat de flottage tient lieu du manifeste exigé par l'article 9. Il doit être exhibé, sur leur demande, aux employés de police, de port, de douane et à ceux du service hydrotechnique, ainsi qu'aux commissions instituées pour la visite des trains de bois.

Les prescriptions des articles 9 à 14 sont également applicables aux trains de bois et à leurs conducteurs.

Art. 26.

Les dispositions concernant le service des pilotes et des avertisseurs et la rétribution qui leur est due par les bateliers sont réservées à chaque État riverain.

Aucun batelier ou flotteur ne pourra être obligé de prendre un pilote à son bord. Il ne sera exigé de rétribution pour cet objet que s'il est fait un usage effectif des pilotes à bord des bateaux.

Art. 27.

Les Gouvernements des États riverains veilleront à ce que, dans les ports francs comme dans les autres ports du Rhin,

toutes les dispositions nécessaires soient prises pour faciliter le chargement, le déchargement et la mise à l'entrepôt
des marchandises, et à ce que les établissements et engins
de toute nature qui leur seront affectés soient tenus en bon
état. La surveillance de ces établissements et engins et la
police du port seront confiées à des commissaires spécialement institués à cet effet par les Gouvernements riverains
respectifs.

Pour subvenir aux frais nécessaires d'entretien et de surveillance, il pourra être prélevé une rétribution correspondante. Aussitôt que le produit de cette perception aura dépassé le montant des dépenses en question, le taux de ladite
perception devra être diminué en proportion.

Toutefois, cette rétribution ne pourra être exigée qu'autant qu'il aura été fait usage des établissements et engins
ci-dessus mentionnés.

ART. 28.

Les Hautes Parties contractantes s'engagent, comme par
le passé, chacune pour l'étendue de son territoire, à mettre
et à maintenir en bon état les chemins de halage existants,
ainsi que le chenal du Rhin. Cette stipulation est également
applicable aux voies de navigation entre Gorinchem, Krim-
pen, Dortrecht et Rotterdam.

L'État riverain dans le territoire duquel se trouvent comprises des parties du fleuve qui n'ont pas encore été suffisamment rectifiées et dont, par suite, le chenal est variable,
fera marquer ce chenal par des bouées, établies d'une manière apparente.

Si ces parties du fleuve sont comprises entre deux États
situés l'un vis-à-vis de l'autre, chacun supportera la moitié
des frais d'établissement et d'entretien de ces bouées.

ART. 29.

Les Gouvernements des États riverains limitrophes ou de
ceux qui sont situés vis-à-vis l'un de l'autre se communiqueront réciproquement les projets hydrotechniques dont
l'exécution pourrait avoir une influence directe sur la partie
du fleuve ou de ses rives qui leur appartient, afin de les
exécuter de la manière la plus convenable pour tous deux.
Ils s'entendront sur les questions qui pourraient s'élever à
l'occasion de l'exécution desdits travaux.

Art. 30.

Les Gouvernements riverains veilleront à ce que la navigation sur le Rhin ne soit entravée ni par des moulins ou autres usines établies sur le fleuve, ni par des ponts ou autres ouvrages d'art. Ils auront soin surtout que le passage des ponts puisse s'effectuer sans occasionner de retards. Il est interdit d'exiger aucune rétribution pour l'ouverture ou la fermeture des ponts.

Aucune concession ne pourra être accordée, à l'avenir, pour l'établissement de nouveaux moulins flottants.

Art. 31.

De temps à autre, des ingénieurs hydrotechniques délégués par les Gouvernements de tous les États riverains, feront un voyage d'exploration pour examiner l'état du fleuve, apprécier les résultats des mesures prises pour son amélioration et constater les nouveaux obstacles qui entraveraient la navigation.

La commission centrale (art. 43) désignera l'époque et les parties du fleuve où ces explorations devront avoir lieu. Les ingénieurs lui rendront compte des résultats.

Art. 32.

Les contraventions aux prescriptions de police en matière de navigation, établies pour le Rhin d'un commun accord par les Gouvernements des États riverains, seront punies d'une amende de 10 à 300 fr.

Art. 33.

Il sera établi dans des localités convenables situées sur le Rhin ou à proximité du fleuve des tribunaux chargés de connaître de toutes les affaires mentionnées à l'article 34.

Les Gouvernements des États riverains se communiqueront réciproquement les informations relatives à l'établissement sur leur territoire des tribunaux pour la navigation du Rhin, ainsi que les changements qui seraient apportés dans le nombre, la résidence et la juridiction de ces tribunaux.

Art. 34.

Les tribunaux pour la navigation du Rhin seront compétents :

I. En matière pénale, pour instruire et juger toutes les

contraventions aux prescriptions relatives à la navigation et à la police fluviale;

II. En matière civile, pour prononcer sommairement sur les contestations relatives:

a) Au payement et à la quotité des droits de pilotage, de grue, de balance, de port et de quai;

b) Aux entraves que des particuliers auraient mises à l'usage des chemins de halage;

c) Aux dommages causés par les bateliers ou les flotteurs pendant le voyage ou en abordant;

d) Aux plaintes portées contre les propriétaires des chevaux de trait employés à la remonte des bateaux, pour dommages causés aux biens-fonds.

Art. 35.

La compétence appartiendra, en matière pénale (art. 34, I), au tribunal de la navigation du Rhin dans le ressort duquel la contravention aura été commise; en matière civile, au tribunal dans le ressort duquel le payement aurait dû être effectué (art. 34, II, *a*) ou le dommage aura été causé (art. 34, II, *b, c, d*).

Art. 36.

La procédure des tribunaux pour la navigation du Rhin sera la plus simple et la plus prompte possible. Il ne pourra être exigé aucune caution des étrangers à cause de leur nationalité.

Le jugement énoncera les faits qui auront donné lieu à l'instance, les questions à décider d'après le résultat de l'instruction et les motifs sur lesquels il s'appuie.

Le conducteur ou le flotteur ne pourra être empêché de continuer son voyage à raison d'une procédure engagée contre lui, dès qu'il aura fourni le cautionnement fixé par le juge pour l'objet du débat.

Art. 37.

Lorsque le débat portera sur une valeur supérieure à 50 fr., les parties pourront se pourvoir en appel et recourir à cet effet, soit à la commission centrale (art. 43), soit au tribunal supérieur du pays dans lequel le jugement a été rendu (art. 38).

Si l'appel doit être porté devant la commission centrale, il sera signifié au tribunal qui aura rendu le jugement de pre-

mière instance, dans les dix jours, à partir de la notification
de ce jugement légalement faite suivant les formes adoptées
dans chaque État. Cette signification sera accompagnée d'un
exposé sommaire des griefs et de la déclaration expresse que
l'on entend recourir à la décision de la commission centrale.
Elle sera faite également à la partie adverse au domicile élu
en première instance, ou à défaut d'élection de domicile,
également au tribunal. La signification au tribunal aura lieu
d'après le mode indiqué par les lois du pays.

Dans les quatre semaines, à dater du jour de la signification de l'acte d'appel, l'appelant remettra au tribunal qui aura
rendu le premier jugement un mémoire exposant les motifs
de son recours en seconde instance. Le tribunal donnera
communication de ce mémoire à la partie adverse, qui sera
tenue d'y répondre dans le délai qui lui sera fixé à cette fin.
Le tout ensemble, avec les pièces de la procédure de première instance, sera transmis à la commission centrale à
Mannheim (art. 43).

Faute par l'appelant de se conformer aux formalités prescrites par le présent article, l'appel sera considéré comme
non avenu.

Dans le cas où l'appel sera porté devant la commission centrale, le tribunal pourra, à la requête de la partie qui aura
obtenu gain de cause, ordonner l'exécution provisoire du
jugement de première instance, en décidant toutefois, d'a-
près la législation du pays, si le demandeur devra fournir
une caution préalable.

Art. 38.

Chaque État riverain désignera une fois pour toutes le tribunal supérieur devant lequel pourront être portés en appel
les jugements rendus sur son territoire par les tribunaux de
première instance pour la navigation du Rhin.

Ce tribunal devra siéger dans une ville située sur le Rhin
ou pas trop éloignée du fleuve.

Si l'appel est porté devant ce tribunal, on se conformera,
pour la procédure à suivre, à la législation en vigueur dans
le pays.

Art. 39.

Les procédures en matière de navigation du Rhin ne donneront lieu ni à l'usa e de papier timbré, ni à l'application

de taxes au profit des juges ou des greffiers. Les parties n'auront à supporter d'autres frais que ceux de témoins ou d'experts et de leur citation, ainsi que ceux de signification, de
port de lettres, etc., le tout d'après les tarifs ordinaires en
matière de procédure.

Art. 40.

Les décisions des tribunaux pour la navigation du Rhin,
dans chacun des États riverains, seront exécutoires dans
tous les autres États, en observant les formes prescrites par
les lois du pays où elles seront exécutées.

Les jugements et autres décisions, les citations et exploits
d'ajournement dans les causes pendantes devant les tribunaux pour la navigation du Rhin seront considérés, quant à
la notification, dans chacun des États, comme émanant des
autorités de cet État.

Pour ce qui concerne les personnes ayant un domicile
connu dans un des États riverains, les citations et exploits
dans ces causes seront notifiés à ce domicile.

Art. 41.

Le Rhin sera divisé en districts d'inspection, selon que le
besoin s'en fera sentir. Il sera nommé un inspecteur pour
chacun de ces districts par les États dont celui-ci fait partie.

Les inspecteurs prêteront serment de se conformer à la
Convention pour la navigation du Rhin, aux dispositions supplémentaires dont les États riverains sont convenus, et aux
règlements de police concernant la navigation du fleuve,
arrêtés d'un commun accord. Ils sont subordonnés, dans
l'exercice de leurs fonctions, à la commission centrale
(art. 43). Ils jouiront, pour leur correspondance de service,
de la franchise postale dans toute l'étendue des États riverains.

Le traitement des inspecteurs ainsi que leur pension de
retraite, s'il y a lieu, seront à la charge des États qui les
auront nommés. Ces États leur assigneront un lieu de résidence dans leur district d'inspection.

Les inspecteurs ne pourront percevoir aucun droit ni aucune rétribution.

Ils seront soumis aux lois disciplinaires de l'État dans lequel
ils auront leur résidence.

Les quatre districts existants sont maintenus provisoirement. Le premier s'étend depuis Bâle, sur la rive gauche, jusqu'à l'embouchure de la Lauter, sur la rive droite, jusqu'à la frontière entre Bade et Hesse; le deuxième, depuis ces points jusqu'à l'embouchure de la Nahe; le troisième, depuis la Nahe jusqu'à la frontière des Pays-Bas; le quatrième, dans les Pays-Bas, sur les autres parties du fleuve. Cependant les Gouvernements de Bade, de Bavière, de France, de Hesse et de Prusse se réservent la faculté de diminuer, selon les circonstances, le nombre des inspecteurs en fonction sur leur territoire et de changer en même temps les limites de leurs districts, modifications sur lesquelles ils se concerteront ultérieurement.

ART. 42.

Les inspecteurs seront tenus de faire deux fois par an la tournée de leur district, d'examiner les obstacles à la navigation survenus sur le fleuve, de visiter les chemins de halage et d'adresser aux Gouvernements que la chose concerne des rapports sur les entraves qu'ils auraient eu occasion de constater ou qui seraient de toute autre manière parvenues à leur connaissance, en proposant d'y remédier ou en y remédiant immédiatement eux-mêmes s'ils y sont autorisés. En outre, ils ont à examiner les plaintes qui leur seraient soumises au sujet de la navigation du Rhin, et, s'ils les trouvent fondées, ils s'adresseront, dans toute l'étendue de leur district, aux autorités compétentes, afin qu'il y soit porté remède.

S'il n'est pas donné suite à leurs propositions, ils en informeront la commission centrale (art. 43).

ART. 43.

Chacun des États riverains déléguera un commissaire pour prendre part à des conférences communes sur les affaires de la navigation du Rhin.

Ces commissaires formeront la commission centrale, qui a son siége à Mannheim.

ART. 44.

La commission centrale se réunira régulièrement au mois d'août de chaque année. Des sessions extraordinaires auront lieu lorsque la proposition en sera faite par l'un des États riverains.

. La commission désignera par la voie du sort celui de ses

membres qui présidera les séances pour la direction à donner aux travaux. Le président ne jouira d'aucune prérogative sur les autres commissaires. Cependant, dans les jugements d'appel, la voix du président sera prépondérante en cas de partage.

ART. 45.

Les attributions de la commission centrale consisteront:

a) A examiner toutes les plaintes auxquelles donneront lieu l'application de la présente Convention ainsi que l'exécution des règlements concertés entre les Gouvernements riverains et des mesures qu'ils auront adoptées d'un commun accord;

b) A délibérer sur les propositions des Gouvernements riverains concernant la prospérité de la navigation du Rhin, spécialement sur celles qui auraient pour objet de compléter ou de modifier la présente Convention et les règlements arrêtés en commun;

c) A rendre des décisions dans les cas d'appel portés devant la commission contre les jugements des tribunaux de première instance pour la navigation du Rhin (art. 37).

La commission centrale rédigera tous les ans un rapport sur l'état de la navigation du Rhin.

ART. 46.

Les résolutions de la commission centrale seront prises à la pluralité absolue des voix, qui seront émises dans une parfaite égalité. Ces résolutions ne seront toutefois obligatoires qu'après avoir été approuvées par les Gouvernements.

ART. 47.

Chacun des Gouvernements riverains pourvoira aux dépenses de son propre commissaire.

La commission centrale fixera d'avance, dans sa session ordinaire, le budget de ses frais de service pour l'année suivante, et les États riverains verseront le montant de ces frais en parties égales.

ART. 48.

La présente Convention est destinée à remplacer la Convention relative à la navigation du Rhin du 31 mars 1831, les articles supplémentaires et additionnels à cet acte, ainsi que toutes les autres résolutions concernant des matières sur lesquelles il est statué dans cette Convention. Elle sera exécutoire à dater du 1er juillet 1869. Elle sera ratifiée, et les ratifications seront échangées à Mannheim, dans le délai de six mois.

En foi de quoi, les plénipotentiaires respectifs l'ont signée et y ont apposé le cachet de leurs armes.

Fait à Mannheim, le 17 octobre 1868.

(*L. S.*) Signé Gœpp.
(*L. S.*) Signé Dietz.
(*L. S.*) Signé Weber.
(*L. S.*) Signé Schmitt.
(*L. S.*) Signé Verkerk Pistorius.
(*L. S.*) Signé Moser.

PROTOCOLE DE CLÔTURE.

Au moment de procéder à la signature de la Convention revisée pour la navigation du Rhin, arrêtée entre eux en vertu de leurs pleins pouvoirs, les soussignés ont énoncé les réserves et les déclarations suivantes :

1º Concernant l'article 1er de la Convention.

Il est entendu que le droit d'exercer la libre navigation sur le Rhin et ses embouchures ne s'étend pas aux priviléges qui ne sont accordés qu'aux bateaux appartenant à la navigation du Rhin ou à ceux qui leur sont assimilés.

2º Concernant l'article 3 de la Convention.

A. Il a été reconnu à l'unanimité que les stipulations du premier alinéa de cet article ne s'appliquent pas aux rétributions pour l'ouverture et la fermeture des ponts qui sont perçues sur d'autres voies navigables que le Rhin, ni aux droits à percevoir pour l'usage des voies navigables artificielles ou de travaux d'art, tels que écluses, etc.

B. Le plénipotentiaire de Prusse a fait observer que sur la Ruhr il se perçoit encore un faible droit de navigation; que son Gouvernement a l'intention d'abolir ce droit dans un court délai, mais qu'il doit réserver à son Gouvernement la fixation ultérieure du moment où cette abolition pourra avoir lieu.

Le plénipotentiaire des Pays-Bas a déclaré de son côté que les préposés aux bouées sur une partie de la Meuse, dans le duché de Limbourg, prélèvent encore de légers droits de bouée qui ne peuvent être supprimés sans la coopération du

Gouvernement belge, et que, pour ce motif, il doit réserver à son Gouvernement l'exécution des stipulations contenues dans le deuxième alinéa de l'article 3, en ce qui regarde ladite partie de la Meuse.

Les autres plénipotentiaires n'ont fait aucune objection à ces réserves.

3° Concernant l'article 8 de la Convention.

Les ports francs existant actuellement sont les suivants:
En France, Strasbourg;
En Bade, Kehl, Maxau, Leopoldshafen, Mannheim;
En Bavière, Neubourg, Spire, Ludwigshafen;
En Hesse, Mayence;
En Prusse, Biebrich, Oberlahnstein, Coblence, Cologne, Neuss, Dusseldorf, Uerdingen, Duisbourg, Ruhrort, Wesel, Emmerich;
Dans les Pays-Bas, Amsterdam, Rotterdam et Dortrecht.

4° Concernant l'article 15 de la Convention.

A. Il est entendu qu'on regardera comme exercice pratique suffisant de la profession de batelier un temps d'apprentissage ou de service dans cette profession de quatre ans au moins; sur ce temps, l'aspirant doit avoir passé au moins deux ans à bord de bateaux naviguant sur le Rhin dans toute son étendue ou sur la partie du fleuve pour laquelle il recherche une patente. Toute personne sollicitant une patente pour la conduite de bateaux à vapeur devra produire la preuve suffisante que, sur les quatre ans mentionnés ci-dessus, elle s'est formée pendant au moins un an à la pratique de la navigation à vapeur.

B. Les États de Bade, Bavière, France, Hesse et Prusse sont tombés d'accord que les dispositions suivantes convenues entre eux sur la tenue des livrets de service de la part des gens de l'équipage continueront à rester en vigueur à l'avenir:

a) Nul ne pourra être admis à contracter un engagement fixe avec un batelier du Rhin, comme novice, mousse, compagnon, aide, marinier, chauffeur, matelot ou pilote, sans être pourvu d'un livret de service.

Les pilotes pourvus d'une patente particulière n'ont pas besoin d'un livret de service.

b) Nul ne pourra prétendre à une patente de batelier, à moins de présenter le livret de service mentionné ci-dessus.

c) Les livrets seront délivrés par les autorités locales compétentes du domicile ou de la résidence, dans la forme usitée dans chaque pays pour les autres gens de service.

d) Les propriétaires ou conducteurs de bateaux inscriront sur les livrets, à chaque mutation de service, les causes de cette mutation et les certificats de conduite du porteur.

Il en sera de même pour les notes et observations des autorités locales des divers ports du Rhin ou d'un affluent.

e) Les réclamations contre la teneur des certificats des bateliers ou contre le refus de ceux-ci de les délivrer ou de les inscrire, seront vidées par la police, d'après les dispositions existantes, et le résultat sera noté sur le livret.

f) Les irrégularités ou les négligences dans la tenue des livrets de la part des porteurs, de même que les changements ou insertions quelconques faits en personne ou par l'intervention d'autrui, même sans intention de tromper, seront punis dans la personne du porteur, conformément aux lois ou règlements de police de chaque pays.

Pareille peine sera infligée aux gens de service qui auraient contrevenu aux dispositions précédentes, ainsi qu'aux bateliers qui auraient pris à leur service des personnes mentionnées sous la lettre *a*, non pourvues d'un livret de service en règle.

Quiconque, dans l'intention de tromper, aurait, par luimême ou par l'intervention d'autrui, fait des changements dans son livret ou bien mutilé ce livret, sera jugé dans chaque État riverain selon les lois pénales existantes. Sera jugé de même quiconque aurait prêté la main à de telles manœuvres. Si, d'après ces lois, il a encouru une peine pour cause de fraude ou de falsification, son livret de service lui sera retiré, soit définitivement, soit pour un temps déterminé.

g) Les dispositions qui précèdent ne sont pas applicables aux marins et gens d'équipage des bâtiments maritimes qui naviguent sur le Rhin. Elles restent provisoirement sans application aux gens d'équipage de bâtiments rhénans néerlandais.

En conséquence, lorsqu'une des personnes mentionnées sous la lettre *a* quitte le service d'un bateau néerlandais pour prendre service sur un autre bateau du Rhin, il n'y a pas lieu d'exiger d'elle la présentation d'un livret de service, au moins pour le temps qu'elle a passé sur le bâtiment néerlandais. Toutefois, on devra veiller à ce qu'en passant d'un bateau néerlandais au service d'un autre bateau et réciproquement, le marinier n'en tire occasion pour éluder les dispositions relatives aux livrets de service.

5° Concernant l'article 22 de la Convention.

a) On est convenu que le mode actuel de désigner la limite extrême du plus fort tirant d'eau admissible au moyen de crampons en fer sera maintenu.

b) Sera considéré comme réparation ou changement important le renouvellement des côtes du bateau.

c) Les stipulations contenues dans l'article 17 de la Convention du 31 mars 1831 concernant le jaugeage de bateaux appartenant à la navigation du Rhin étant motivées exclusivement par la perception du droit de reconnaissance, et ce droit ne devant plus être perçu à l'avenir, il est inutile de renouveler lesdites stipulations. Cependant les Hautes Parties contractantes auront soin qu'à l'avenir il y ait toujours occasion de faire vérifier sur leur territoire la capacité des bateaux d'après la méthode de jaugeage arrêtée précédemment entre eux.

6° Concernant l'article 23 de la Convention.

On entend par quintal, ici comme ailleurs où il est fait usage de cette expression dans la présente Convention, le quintal de douane de cinquante kilogrammes.

7° Concernant l'article 30 de la Convention.

Le plénipotentiaire des Pays-Bas a déclaré que, dans le cas où il devrait être jeté des ponts sur les voies navigables qui conduisent du Rhin à la mer par Dortrecht, Rotterdam, Hellewœtsluis et Brielle, et auxquelles les dispositions de l'article 30 ne sont pas applicables, son Gouvernement aura soin que les bateaux et les radeaux puissent passer par ces ponts librement et sans obstacle par des voies de passage convenables, et que les facilités accordées pendant et après la construction aux bateliers et conducteurs de radeaux néerlandais seront étendues de la même manière aux bateliers et conducteurs de radeaux appartenant aux autres États riverains.

Il va sans dire que la présente déclaration ne porte pas préjudice aux dispositions contenues dans le deuxième alinéa de l'article 2.

Les autres plénipotentiaires ont donné leur adhésion à cette déclaration.

8° Concernant l'article 32 de la Convention.

Le plénipotentiaire de France a fait observer que, dans l'opinion de son Gouvernement, la faculté qu'ont les États riverains d'appliquer des peines de police aux contraventions non prévues par les règlements concertés entre les Hautes Parties contractantes n'est pas limitée par les stipulations de cet article.

Cette opinion a été admise d'un commun accord.

9° Concernant l'article 47 de la Convention.

A. Le président restera en fonctions jusqu'à la prochaine session ordinaire.

B. Dans les affaires urgentes, les membres de la commission centrale pourront prendre des résolutions par voie de correspondances avec l'autorisation de leurs Gouvernements.

C. Les États riverains contribueront aux pensions qui sont encore à payer en commun dans les proportions suivantes :

Bade.	11/72
Bavière	4/72
France.	12/72
Hesse	6/72
Pays-Bas	12/72
Prusse.	27/72

Le Gouvernement de Prusse se charge de payer les pensions. Le Gouvernement de Bade accepte le soin de payer les frais de service de la commission centrale.

Les contingents des autres États riverains aux pensions et aux frais de service seront versés d'avance dans les caisses que désigneront les Gouvernements indiqués ci-dessus. Les versements se feront en termes trimestriels, payables au plus tard le 24 décembre, le 24 mars, le 24 juin et le 24 septembre de chaque année.

Le Gouvernement de Bade, qui a bien voulu donner un local pour les archives de la commission centrale, s'est chargé en même temps de la surveillance desdites archives.

Fait à Mannheim, le 17 octobre 1868.

Signé GŒPP.
Signé DIETZ.
Signé WEBER.
Signé SCHMITT.
Signé VERKERK PISTORIUS.
Signé MOSER.

CONVENTION

CONCLUE

ENTRE LA FRANCE ET LA BAVIÈRE,

LE 22 FÉVRIER 1869,

Concernant la répression des délits et contraventions en matières forestière, rurale, de pêche et de chasse.

(Promulguée le 21 avril 1869.)

Le Gouvernement de Sa Majesté l'Empereur des Français et le Gouvernement de Sa Majesté le Roi de Bavière, désirant assurer la répression des délits et contraventions en matières forestiere, rurale, de pêche et de chasse, commis sur le territoire des deux pays, ont résolu de conclure dans ce but une Convention spéciale, et ont nommé pour leurs plénipotentiaires, savoir :

Sa Majesté l'Empereur des Français. Son Excellence M. Félix, marquis de La Valette, sénateur, membre du Conseil privé, grand-croix de l'ordre impérial de la Légion d'honneur, etc., etc., etc., son ministre des affaires étrangères ;

Et Sa Majesté le Roi de Bavière, M. Frédéric, comte de Quadt-Vikradt-Isny, chevalier de l'ordre de Saint-Georges, de l'ordre du Mérite de la Couronne de Bavière, chevalier de première classe de l'ordre du mérite de Saint-Michel, officier de l'ordre impérial de la Légion d'honneur, etc., etc., son envoyé extraordinaire et ministre plénipotentiaire près Sa Majesté l'Empereur des Français ;

Lesquels, après avoir échangé leurs pleins pouvoirs trouvés en bonne et due forme; sont convenus des articles suivants:

ARTICLE PREMIER.

Les deux Hautes Parties s'engagent à poursuivre ceux de leurs ressortissants qui auraient commis sur le territoire de l'autre État des délits ou contraventions en matières forestière, rurale, de pêche et de chasse, de la même manière et par application des mêmes lois que s'ils s'en étaient rendus coupables dans leur pays même. Toutefois la poursuite ne pourra s'exercer que dans le cas où il n'y aurait pas eu jugement rendu dans le pays où l'infraction a eu lieu.

ART. 2.

La poursuite sera intentée sur la transmission du procès-verbal dressé par les gardes forestiers, les gardes-pêche, les gardes champêtres ou les gendarmes du pays où l'infraction a été commise.

Pour les délits ou contraventions commis en Bavière par des individus habitant en France, les procès-verbaux seront transmis aux procureurs impériaux par l'intermédiaire des procureurs royaux, et, pour les délits ou contraventions commis en France par des individus habitant en Bavière, les procès-verbaux seront transmis aux procureurs royaux par l'intermédiaire des procureurs impériaux.

Les procès-verbaux dressés régulièrement par les agents de chaque pays ci-dessus désignés feront foi, jusqu'à preuve contraire, devant les tribunaux étrangers.

ART. 3.

Pour donner plus d'efficacité à la surveillance des propriétés, les gardes forestiers, les gardes-pêche, les gardes champêtres et les gendarmes qui constateront un délit ou une contravention dans la circonscription confiée à leur surveillance, pourront suivre les objets enlevés, même de l'autre côté de la frontière, sur le territoire de l'État voisin, jusque dans les lieux où ils auraient été transportés et en opérer la saisie.

Ils ne pourront, toutefois, s'introduire dans les maisons, bâtiments, cours adjacentes ou enclos, si ce n'est qu'en présence d'un fonctionnaire public désigné à cet effet par les lois du pays dans lequel la perquisition aura lieu.

Les autorités compétentes chargées de la police locale sont tenues d'assister les agents dans leurs recherches, sans qu'il soit nécessaire de réclamer la permission d'un fonctionnaire supérieur.

ART. 4.

L'État où la condamnation sera prononcée percevra seul le montant des amendes et des frais; mais les réparations civiles seront versées dans les caisses de l'État où les infractions auront été commises.

ART. 5.

Le Gouvernement français et le Gouvernement bavarois prennent l'engagement réciproque d'assurer la franchise des droits de poste aux correspondances échangées entre les procureurs impériaux et les procureurs royaux en application de la présente Convention. Les administrations postales des deux pays s'entendront ultérieurement pour régler le mode de cet échange de correspondances.

ART. 6.

La présente Convention sera ratifiée et les ratifications en seront échangées à Paris dans le plus bref délai possible. Elle sera mise à exécution deux mois après le jour de l'échange des ratifications.

Ladite Convention sera considérée comme conclue pour un temps indéterminé et demeurera en viguenr jusqu'à l'expiration d'une année à compter du jour où la dénonciation en sera faite.

En foi de quoi les plénipotentiaires respectifs ont signé la présente Convention et y ont apposé le cachet de leurs armes.

Fait à Paris, le 22 février 1869.

(*L. S.*) LA VALETTE.
(*L. S.*) Comte DE QUADT.

CONVENTION

CONCLUE, LE 16 AVRIL 1869,

ENTRE LA FRANCE ET LES ÉTATS-UNIS D'AMÉRIQUE

POUR LA GARANTIE

DE LA PROPRIÉTÉ DES MARQUES DE FABRIQUE.

(Promulguée le 28 juillet 1869.)

———

Sa Majesté l'Empereur des Français et les États-Unis d'Amérique, désirant assurer sur leurs territoires respectifs la garantie de la propriété des marques de fabrique, ont résolu de conclure à cet effet une Convention spéciale et ont nommé pour leurs plénipotentiaires, savoir :

Sa Majesté l'Empereur des Français, le sieur J. Berthemy, commandeur de l'ordre impérial de la Légion d'honneur, etc., etc., etc., accrédité comme son envoyé extraordinaire et ministre plénipotentiaire près les États-Unis;

Et le Président des États-Unis, le sieur Hamilton Fish, secrétaire d'État ;

Lesquels, après s'être communiqué leurs pleins pouvoirs respectifs, trouvés en bonne et due forme, ont arrêté et signé les articles suivants :

ARTICLE PREMIER.

Toute reproduction, dans l'un des deux pays, des marques de fabrique apposées dans l'autre sur certaines marchandises pour constater leur origine et leur qualité, est interdite et pourra donner lieu à une action en dommages-intérêts valablement exercée par la partie lésée devant les tribunaux du pays où la contrefaçon aura été constatée, au même titre que si le plaignant était sujet ou citoyen de ce pays.

Le droit exclusif d'exploiter une marque de fabrique ne peut avoir, au profit des citoyens des États-Unis en France, ou des Français sur le territoire des États-Unis, une durée plus longue que celle fixée par la loi du pays à l'égard des nationaux.

Si la marque de fabrique appartient au domaine public dans le pays d'origine, elle ne peut être l'objet d'une jouissance exclusive dans l'autre pays.

Art. 2.

Les marques de fabrique dont les propriétaires résidant dans l'un des deux États voudront assurer la garantie de leurs droits dans l'autre, devront respectivement être déposées en double exemplaire : à Paris, au greffe du tribunal de commerce de la Seine; à Washington, au bureau des patentes.

Art. 3.

Le présent Arrangement entrera en vigueur trois mois après l'échange des ratifications des deux Gouvernements, et il recevra son application pendant dix années à partir de cette époque.

Dans le cas où aucune des deux Hautes Parties contractantes n'aurait notifié, douze mois avant l'expiration de ladite période, son intention d'en faire cesser les effets, il demeurera obligatoire jusqu'à l'expiration d'une année, à partir du jour où l'une ou l'autre des Hautes Parties contractantes l'aura dénoncé.

Art. 4.

Les ratifications du présent Arrangement seront échangées à Washington dans un délai de dix mois, ou plus tôt, si faire se peut.

En foi de quoi les plénipotentiaires respectifs ont signé la présente Convention en double et y ont apposé le sceau de leurs armes.

Fait à Washington, le seizième jour d'avril, l'an de Notre Seigneur mil huit cent soixante-neuf.

(*L. S.*) Berthemy.
(*L. S.*) Hamilton Fish.

CONVENTION

CONCLUE, LE 15 JUIN 1869,

ENTRE LA FRANCE ET LA CONFÉDÉRATION SUISSE

SUR LA COMPÉTENCE JUDICIAIRE

ET L'EXÉCUTION DES JUGEMENTS EN MATIÈRE CIVILE.

(Promulguée le 19 octobre 1869.)

———

Des difficultés s'étant élevées entre la France et le Gouvernement suisse relativement à l'interprétation de quelques dispositions du Traité du 18 juillet 1828, Sa Majesté l'Empereur des Français et la Confédération suisse ont jugé nécessaire de le soumettre à une révision, et ont, à cet effet, nommé pour leurs plénipotentiaires, savoir :

Sa Majesté l'Empereur des Français, Son Excellence M. Félix, marquis de La Valette, sénateur de l'Empire, membre de son Conseil privé, grand-croix de son ordre impérial de la Légion d'honneur, etc., etc., etc., son ministre et secrétaire d'État au département des affaires étrangères ;

Et la Confédération suisse, M. Jean-Conrad Kern, envoyé extraordinaire et ministre plénipotentiaire de la Confédération suisse près Sa Majesté l'Empereur des Français ;

Lesquels, après s'être communiqué leurs pleins pouvoirs, trouvés en bonne et due forme, sont convenus des articles suivants :

I.

Compétence et action en justice.

ARTICLE PREMIER.

Dans les contestations en matière mobilière et personnelle, civile ou de commerce, qui s'élèveront soit entre Français et Suisses, soit entre Suisses et Français, le demandeur sera tenu de poursuivre son action devant les juges naturels du défendeur. Il en sera de même pour les actions en garantie, quel que soit le tribunal où la demande originaire sera pendante. Si le Français ou le Suisse défendeur n'a point de domicile ou de résidence connus en France ou en Suisse, il pourra être cité devant le tribunal du domicile du demandeur.

Si néanmoins l'action a pour objet l'exécution d'un contrat consenti par le défendeur dans un lieu situé, soit en France, soit en Suisse, hors du ressort desdits juges naturels, elle pourra être portée devant le juge du lieu où le contrat a été passé, si les parties y résident au moment où le procès sera engagé.

Art. 2.

Dans les contestations entre Suisses qui seraient tous domiciliés ou auraient un établissement commercial en France, et dans celles entre Français tous domiciliés ou ayant un établissement commercial en Suisse, le demandeur pourra aussi saisir le tribunal du domicile ou du lieu de l'établissement du défendeur, sans que les juges puissent se refuser de juger et se déclarer incompétents à raison de l'extranéité des parties contestantes. Il en sera de même si un Suisse poursuit un étranger domicilié ou résidant en France devant un tribunal français, et réciproquement si un Français poursuit en Suisse un étranger domicilié ou résidant en Suisse devant un tribunal suisse.

Art. 3.

En cas d'élection de domicile dans un lieu autre que celui du domicile du défendeur, les juges du lieu du domicile élu seront seuls compétents pour connaître des difficultés auxquelles l'exécution du contrat pourra donner lieu.

Art. 4.

En matière réelle ou immobilière, l'action sera suivie devant le tribunal du lieu de la situation des immeubles. Il en sera de même dans le cas où il s'agira d'une action personnelle concernant la propriété ou la jouissance d'un immeuble.

Art. 5.

T t

succession testamentaire ou ab intestat et aux comptes à faire entre les héritiers ou légataires, sera portée devant le tribunal de l'ouverture de la succession, c'est-à-dire, s'il s'agit d'un Français mort en Suisse, devant le tribunal de son dernier domicile en France, et s'il s'agit d'un Suisse décédé en France, devant le tribunal de son lieu d'origine en Suisse. Toutefois, on devra, pour le partage, la licitation ou la vente des immeubles, se conformer aux lois du pays de leur situation.

Si, dans les partages de succession auxquels les étrangers sont appelés concurremment avec des nationaux, la législation de l'un des deux pays accorde à ses nationaux des droits et avantages particuliers sur les biens situés dans ce pays, les ressortissants de l'autre pays pourront, dans les cas analogues, revendiquer de même les droits et avantages accordés par la législation de l'État auquel ils appartiennent.

Il est, du reste, bien entendu que les jugements rendus en matière de succession par les tribunaux respectifs et n'intéressant que leurs nationaux seront exécutoires dans l'autre, quelles que soient les lois qui y sont en vigueur.

Art. 6.

La faillite d'un Français ayant un établissement de commerce en Suisse pourra être prononcée par le tribunal de la résidence en Suisse, et réciproquement, celle d'un Suisse ayant un établissement de commerce en France pourra être prononcée par le tribunal de sa résidence en France.

La production du jugement de faillite dans l'autre pays donnera au syndic ou représentant de la masse, après toutefois que le jugement aura été déclaré exécutoire conformément aux règles établies en l'article 16 ci-après, le droit de réclamer l'application de la faillite aux biens meubles et immeubles que le failli possédera dans ce pays.

En ce cas, le syndic pourra poursuivre contre les débiteurs le remboursement des créances dues au failli; il poursuivra également, en se conformant aux lois du pays de leur situation, la vente des biens meubles et immeubles appartenant au failli.

Le prix des biens meubles et les sommes et créances recouvrées par le syndic dans le pays d'origine du failli seront joints à l'actif de la masse chirographaire du lieu de la faillite et partagés avec cet actif, sans distinction de nationalité, entre tous les créanciers, conformément à la loi du pays de la faillite.

Quant au prix des immeubles, la distribution entre les ayants droit sera régie par la loi du pays de leur situation; en conséquence, les créanciers français ou suisses qui se seront conformés aux lois du pays de la situation des immeubles pour la conservation de leurs droits de privilége ou d'hypothèque sur lesdits immeubles seront, sans distinction de nationalité, colloqués sur le prix des biens au rang qui leur appartiendra d'après la loi du pays de la situation desdits immeubles.

Art. 7.

Les actions en dommages, restitution, rapport, nullité et autres qui, par suite d'un jugement déclaratif de faillite ou d'un jugement reportant l'ouverture de la faillite à une époque autre que celle primitivement fixée, ou pour toute autre cause, viendraient à être exercées contre des créanciers ou des tiers, seront portées devant le tribunal du domicile du défendeur, à moins que la contestation ne porte sur un immeuble ou un droit réel et immobilier.

Art. 8.

En cas de concordat, l'abandon fait par le débiteur failli des biens situés dans son pays d'origine et toutes les stipulations du concordat produiront, par la production du jugement d'homologation, déclaré exécutoire conformément à l'article 16, tous les effets qu'il aurait dans le pays de la faillite.

Art. 9.

La faillite d'un étranger établi soit en France, soit en Suisse, et qui aura des créanciers français et suisses et des biens situés en France ou en Suisse, sera, si elle est déclarée dans l'un des deux pays, soumise aux dispositions des articles 7 et 8.

Art. 10.

La tutelle des mineurs et interdits français résidant en Suisse sera réglée par la loi française, et réciproquement la tutelle des mineurs et interdits suisses résidant en France sera régie par la législation de leur canton d'origine. En conséquence, les contestations auxquelles l'établissement de la tutelle et l'administration de leur fortune pourront donner lieu seront portées devant l'autorité compétente de leur pays d'origine, sans préjudice, toutefois, des lois qui régissent les immeubles et des mesures conservatoires que les juges du lieu de la résidence pourront ordonner.

ART. 11.

Le tribunal français ou suisse devant lequel sera portée une demande qui, d'après les articles précédents, ne serait pas de sa compétence, devra d'office, et même en l'absence du défendeur, renvoyer les parties devant les juges qui en doivent connaître.

ART. 12.

L'opposition à un jugement par défaut ne pourra être formée que devant les autorités du pays où le jugement aura été rendu.

ART. 13.

Il ne sera exigé des Français qui auraient à poursuivre une action en Suisse aucun droit, caution ou dépôt auxquels ne seraient pas soumis, conformément aux lois du canton où l'action est intentée, les ressortissants suisses des autres cantons; réciproquement, il ne sera exigé des Suisses qui auraient à poursuivre une action en France aucun droit, caution ou dépôt auxquels ne seraient pas soumis les Français d'après les lois françaises.

ART. 14.

Les Français en Suisse et les Suisses en France jouiront du bénéfice de l'assistance judiciaire, en se conformant aux lois du pays dans lequel l'assistance sera réclamée. Néanmoins, l'état d'indigence devra, en outre des formalités prescrites par ces lois, être établi par la production de pièces délivrées par les autorités compétentes du pays d'origine de la partie et légalisées par l'agent diplomatique de l'autre pays, qui les transmettra à son Gouvernement.

II.

Exécution des jugements.

ART. 15.

Les jugements ou arrêts définitifs en matière civile et commerciale, rendus soit par les tribunaux, soit par des arbitres, dans l'un des deux États contractants, seront, lorsqu'ils auront acquis force de chose jugée, exécutoires dans l'autre, suivant les formes et sous les conditions indiquées dans l'article 16 ci-après.

Art. 16.

La partie en faveur de laquelle on poursuivra, dans l'un des deux États, l'exécution d'un jugement ou d'un arrêt, devra produire au tribunal ou à l'autorité compétente du lieu ou de l'un des lieux où l'exécution doit avoir lieu:

1° L'expédition du jugement ou de l'arrêt légalisé par les envoyés respectifs, ou, à leur défaut, par les autorités de chaque pays;

2° L'original de l'exploit de signification dudit jugement ou arrêt, ou tout autre acte qui, dans le pays, tient lieu de signification;

3° Un certificat délivré par le greffier du tribunal où le jugement a été rendu, constatant qu'il n'existe ni opposition ni appel, ni autre acte de recours.

Sur la représentation de ces pièces, il sera statué sur la demande d'exécution, savoir: en France, par le tribunal réuni en chambre de conseil, sur le rapport d'un juge commis par le président et les conclusions du ministère public, et en Suisse, par l'autorité compétente, dans la forme prescrite par la loi. Dans l'un et l'autre cas, il ne sera statué qu'après qu'il aura été adressé à la partie contre laquelle l'exécution est poursuivie, une notification indiquant le jour et l'heure où il sera prononcé sur la demande.

Art. 17.

L'autorité saisie de la demande d'exécution n'entrera point dans la discussion du fond de l'affaire. Elle ne pourra refuser l'exécution que dans les cas suivants:

1° Si la décision émane d'une juridiction incompétente;

2° Si elle a été rendue sans que les parties aient été dûment citées et légalement représentées ou défaillantes;

3° Si les règles du droit public, ou les intérêts de l'ordre public, du pays où l'exécution est demandée s'opposent à ce que la décision de la juridiction étrangère y reçoive son exécution.

La décision qui accorde l'exécution et celle qui la refuse ne seront point susceptibles d'opposition, mais elles pourront être l'objet d'un recours devant l'autorité compétente, dans les délais et suivant les formes déterminés par la loi du pays où elles auront été rendues.

ART. 18.

Quand le jugement emportera contrainte par corps, le tribunal ne pourra ordonner l'exécution en cette partie de la décision, si la législation du pays ne l'admet pas dans le cas dont il s'agit au jugement.

Cette mesure ne pourra, dans tous les cas, être exercée que dans les limites et suivant les formes prescrites par la loi du pays où l'on poursuit son exécution.

ART. 19.

Les difficultés relatives à l'exécution des jugements et arrêts ordonnés conformément aux articles 15, 16 et 17, seront portées devant l'autorité qui aura statué sur la demande d'exécution.

III.

Transmission d'exploits et actes judiciaires et extrajudiciaires. — Commissions rogatoires.

ART. 20.

Les exploits, citations, notifications, sommations et autres actes de procédure dressés en Suisse et destinés à des personnes domiciliées ou résidant en France, seront adressés directement par le Gouvernement suisse à son agent diplomatique ou consulaire placé le plus près du procureur impérial chargé de les remettre aux destinataires. L'agent diplomatique ou consulaire les transmettra à ce magistrat, qui lui renverra les récépissés délivrés par les personnes auxquelles les actes auront été notifiés.

Réciproquement, le Gouvernement français adressera à son agent diplomatique ou consulaire en Suisse placé le plus près de l'autorité suisse, chargée de les remettre aux destinataires, les exploits et actes dressés en France et destinés à des personnes domiciliées ou résidant en Suisse. L'autorité à laquelle les actes auront été transmis renverra à l'agent consulaire les récépissés qu'elle aura reçus.

ART. 21.

Les deux Gouvernements contractants s'engagent à faire exécuter dans leurs territoires respectifs les commissions

rogatoires décernées par les magistrats des deux pays pour
l'instruction des affaires civiles et commerciales, et ce autant que les lois du pays où l'exécution devra avoir lieu ne
s'y opposeront pas.

La transmission desdites commissions rogatoires devra
toujours être faite par la voie diplomatique, et non autre-
ment. Les frais occasionnés par ces commissions rogatoires
resteront à la charge de l'État requis de pourvoir à leur
exécution.

ART. 22.

La présente Convention est conclue pour dix années, à
partir du jour de l'échange des ratifications.

Dans le cas où aucune des deux Hautes Parties contractantes n'aurait notifié, une année avant l'expiration de ce
terme, son intention d'en faire cesser les effets, la Convention continuera d'être obligatoire encore une année, et ainsi
de suite, d'année en année, jusqu'à l'expiration d'une année
à compter du jour où l'une des parties l'aura dénoncée.

Le jour où la présente Convention sera mise en vigueur
sera fixé dans le procès-verbal de l'échange des ratifications.

Les dispositions du Traité du 18 juillet 1828, relatives à
la juridiction et à l'exécution des jugements, sont et demeurent abrogées.

En foi de quoi, les plénipotentiaires respectifs ont signé
la présente Convention et y ont apposé le cachet de leurs
armes.

Fait à Paris, le 15 juin 1869.

(*L. S.*) LA VALETTE.
(*L. S.*) KERN.

PROTOCOLE.

Après s'être mis d'accord sur les termes des divers articles de ladite Convention, les plénipotentiaires des deux pays
ont pensé qu'il serait utile de déterminer par des observations insérées en un protocole spécial, le sens et la portée
de quelques-unes des stipulations de la Convention, stipulations sur l'interprétation desquelles il pourrait s'élever des
doutes; à ces causes, les plénipotentiaires ont dressé les
notes explicatives suivantes:

ART. 1ᵉʳ. Le dernier alinéa de cet article est ainsi conçu:
« Si néanmoins l'action a pour objet l'exécution d'un con-

trat consenti par le défendeur dans un lieu situé soit en France, soit en Suisse, hors du ressort desdits juges naturels, elle pourra être portée devant le juge du lieu où le contrat a été passé, *si les parties y résident au moment où le procès sera engagé.* »

Le Traité de 1828 dispose, dans son article 3, que les contestations personnelles sont portées devant les juges naturels du défendeur, *à moins que les parties ne soient présentes dans le lieu même où le contrat a été stipulé.*

Des difficultés se sont élevées sur l'interprétation des derniers mots qu'on vient de transcrire. Faut-il, pour que le tribunal du lieu où le contrat a été stipulé soit compétent, que les parties aient été présentes dans ce lieu au moment où le contrat a été passé, ou bien au moment où le procès est engagé?

Des décisions ont été rendues en sens contradictoire par plusieurs cours impériales de France.

Le Gouvernement suisse a toujours soutenu que, pour que les juges naturels cessassent d'être compétents, il ne suffisait pas que les parties se trouvassent dans le lieu où le contrat a été passé au moment de la Convention, mais qu'il était nécessaire qu'elles y fussent présentes au moment où le procès était engagé.

Le Gouvernement français s'était, à plusieurs reprises, montré disposé à partager cet avis. Il convenait donc de trancher la question dans le nouveau Traité.

En conséquence, une rédaction nouvelle a été adoptée: on a substitué aux mots *à moins que les parties ne soient présentes* dans le lieu même où le contrat a été stipulé, ceux-ci: si les parties *y résident* au moment où le procès sera engagé.

En principe donc, l'interprétation du Gouvernement suisse est adoptée; mais il a paru nécessaire d'expliquer que le seul fait de la présence du Français en Suisse ou du Suisse en France ne suffirait pas pour rendre le tribunal du lieu du contrat compétent; les mots *y résident* ont pour objet d'indiquer que la dérogation au principe de la compétence des juges naturels n'aura pas lieu quand le défendeur se trouvera momentanément et en quelque sorte de passage dans le pays où le contrat aura été stipulé, par exemple, pour assister à une fête publique ou autre, pour un voyage d'affaires et de commerce, une foire, une opération isolée, un témoignage en justice, etc., etc., mais seulement quand le défendeur y aurait, soit une résidence équivalente à domicile, soit même une résidence temporaire dont la cause n'est point déterminée par des faits purement accidentels, tels que ceux qu'on vient d'énumérer.

Art. 4. Le paragraphe final de cet article donne compétence au tribunal du lieu de la situation des immeubles « dans le cas où il s'agira d'une action *personnelle* concernant la propriété ou la jouissance de cet immeuble ».

On a voulu prévoir les cas où un Français propriétaire en Suisse ou bien un Suisse propriétaire en France serait actionné en justice, soit par des entrepreneurs qui ont fait des réparations à l'immeuble, soit par un locataire troublé dans sa jouissance, soit enfin par toutes personnes qui, sans prétendre droit à l'immeuble même, exercent contre le propriétaire, et à raison de sa qualité de propriétaire, des droits purement personnels.

Art. 5. La question s'est élevée, dans le cours des négociations, de savoir si l'article 2 de la loi française du 14 juillet 1819 pouvait encore être appliqué dans le cas où des héritiers français et suisses se trouveraient appelés concurremment à la succession d'un Français ou d'un Suisse décédé en laissant des biens dans les deux pays. Cet article est ainsi conçu:

« Dans le cas de partage d'une même succession entre des cohéritiers étrangers et français, ceux-ci prélèveront sur les biens situés en France une portion égale à la valeur des biens situés en pays étrangers dont ils seraient exclus, à quelque titre que ce soit, en vertu des lois et coutumes locales. »

Le Gouvernement suisse exprimait le désir que les successions respectives des Français et des Suisses fussent réglées sans égard aux dispositions de cet article; le Gouvernement français a expliqué qu'il ne pouvait, par un Traité, abroger une loi faite en faveur des Français; que, d'après un arrêt de la Cour de cassation du 18 juillet 1859, les Traités antérieurs ne faisaient point obstacle à l'application de l'article 2 de la loi de 1819; que tout ce qu'il était possible de faire, c'était de stipuler la réciprocité; en conséquence, on a exprimé dans des termes généraux que si la législation d'un des deux pays accordait à ses nationaux des droits et des avantages particuliers sur les biens situés dans le pays, les nationaux de l'autre pays pourraient de même invoquer les droits et avantages à eux réservés par la législation de l'État auquel ils appartiennent.

Art. 11. Le Gouvernement suisse attache, comme le Gouvernement français, un grand intérêt à ce que le tribunal saisi incompétemment d'une affaire qui appartient aux juges naturels du défendeur veille, même en l'absence de celui-ci, à la stricte exécution du Traité, et renvoie le procès au tribunal qui en doit connaître. En imposant aux juges l'obligation de se déclarer incompétents, *même d'office*, l'article 11 disait suffisamment que, même en l'absence du défendeur et de toute exception d'incompétence produite par lui, le tribunal devrait se déclarer incompétent ; on a cependant ajouté ces mots : *et même en l'absence du défendeur*, afin que celui-ci puisse, sans être tenu de se présenter à la barre pour soulever le moyen d'incompétence, adresser, soit au président du tribunal de commerce, soit au procureur impérial, quand il s'agira d'un tribunal où se rencontrera un officier du ministère public, des notes et observations propres à les éclairer sur l'application à sa cause des stipulations du Traité. Ce moyen aura pour effet d'appeler utilement l'attention du tribunal sur sa propre compétence. Des instructions adressées aux tribunaux pour l'exécution du Traité leur indiqueront d'ailleurs la portée des termes de l'article 11.

Art. 16. Pour l'intelligence des mots *autorité compétente* qui se rencontrent plusieurs fois dans cet article, il est expliqué qu'en Suisse la demande d'exécution peut être portée, suivant les cantons, soit devant le tribunal entier, soit devant le président, soit même devant l'autorité exécutive ; que, de plus, elle peut, en cas de difficulté, être soumise au conseil fédéral, qui fait office, en ce cas, de cour supérieure ; il a donc fallu se servir d'expressions générales et applicables à tous les cas.

En France, c'est toujours l'autorité judiciaire à ses divers degrés qui statuera sur les demandes d'exécution.

Art. 20. Il est reconnu que le mode de transmission des exploits, citations et actes de procédure, tel qu'il est organisé actuellement, donne lieu à des correspondances géminées et à des retards fâcheux. On aurait désiré stipuler que ces actes seraient envoyés directement par le magistrat d'un pays à l'autorité correspondante de l'autre pays ; mais le § 9 de l'article 69 du Code de procédure civile français est impératif ; il exige, à peine de nullité (art. 70), que les exploits soient envoyés au ministère des affaires étrangères, qui les transmet au Gouvernement étranger. Il y a donc lieu d'attendre que la révision du Code de procédure, et notamment celle du § 9 de l'article 69, permette au Gouvernement français de consentir des stipulations plus appropriées aux besoins de célérité de notre époque. Dans l'état des choses, la clause insérée en l'article 20 a seule pu être admise.

Art. 21. Quant aux commissions rogatoires, le Gouvernement français a tenu à conserver le mode actuel de transmission. Il importe, dans son opinion, que les Gouvernements puissent surveiller avec soin l'exécution des mesures sollicitées par la justice étrangère, et qui peuvent n'être point en rapport avec la législation du pays.

Le présent protocole, qui, de même que la Convention du 15 juin 1869, a été expédié en double original, sera considéré comme approuvé et confirmé par les Parties contractantes et comme ayant reçu la ratification par le fait seul de l'échange des ratifications de ladite Convention, à laquelle le présent protocole se réfère.

Fait à Paris, le 15 juin 1869.

L. S.) LA VALETTE.

(L. S.) KERN.

DÉCLARATION

RELATIVE

AU RÉGIME DES SUCRES,

SIGNÉE, LE 27 DÉCEMBRE 1869,

ENTRE LA FRANCE, LA BELGIQUE, LA GRANDE-BRETAGNE ET LES PAYS-BAS.

(Promulguée le 3 janvier 1870.)

Les Gouvernements de France, de Belgique, de la Grande-Bretagne et des Pays-Bas désirant régler d'un commun accord diverses questions se rattachant à l'exécution de la Convention du 8 novembre 1864, sur le régime des sucres, les soussignés, dûment autorisés à cet effet, et après avoir pris connaissance du protocole final signé, le 5 octobre de la présente année, par les commissaires des quatre Gouvernements, réunis en conférence à la Haye, sont convenus des dispositions suivantes :

ARTICLE PREMIER.

Le délai accordé au Gouvernement français par la Déclaration du 4 novembre 1868, pour établir une corrélation exacte entre les droits à percevoir sur les sucres bruts et les rendements fixés par la déclaration du 20 novembre 1866, est prolongé jusqu'au 30 juin 1871.

ART. 2.

Provisoirement, le droit à l'importation en France des sucres raffinés provenant des autres États contractants demeure fixé à 48 fr. 85 c.

Art. 3.

La limite d'exportation des vergeoises provenant-des sucres admis sous le régime de l'importation temporaire, fixée par le second alinéa de l'article 10 de la Convention du 8 novembre 1864, est reportée du type n° 10 au type n° 7.

Art. 4.

Chacun des Gouvernements contractants aura la faculté de subdiviser les classes de sucre brut mentionnées à l'article 1er de la Convention du 8 novembre 1864 et de créer des sous-types correspondant à ces subdivisions, sans pouvoir toutefois modifier la limite de l'une des classes actuelles, ni abaisser le rendement moyen des diverses qualités de sucres que ces classes comprennent.

Art. 5.

Le présent Arrangement sera exécutoire à dater du 1er janvier 1870.

En foi de quoi, les soussignés ont dressé la présente Déclaration, qu'ils ont revêtue du cachet de leurs armes.

Fait à Paris, le 27 décembre 1869.

(*L. S.*) De la Tour d'Auvergne.
(*L. S.*) Baron Eugène Beyens.
(*L. S.*) Lyons.
(*L. S.*) Baron de Zuylen de Nyevelt.

CHAPITRE VII.

EXPOSÉ

DE LA SITUATION DE L'EMPIRE,

PRÉSENTÉ

AU SÉNAT ET AU CORPS LÉGISLATIF.

(Ouverture de la session de 1869-1870.)

AFFAIRES ÉTRANGÈRES.

AFFAIRES POLITIQUES.

L'année qui approche de son terme a été signalée à son début par un grand et heureux effort de pacification ; les difficultés survenues entre la Turquie et la Grèce, qui avaient pris si rapidement des proportions inquiétantes pour le repos de l'Europe, ont été résolues grâce à la sage entremise des puissances signataires du Traité de 1856 et à la décision dont elles ont fait preuve dans ces conjonctures critiques. Leurs représentants, réunis en conférence à Paris, ont réglé d'une manière satisfaisante les questions délicates qui divisaient les deux cabinets; les documents publiés à l'issue même des délibérations témoignent de l'esprit conciliant qu'ont apporté dans cette négociation toutes les cours appelées à y prendre part.

Non moins que la Turquie, la Grèce a trouvé son avantage dans une solution qui a contribué à fortifier son Gouvernement contre les entraînements des partis. L'animosité a fait place à un désir de transaction réciproque, dont un épisode, qui n'avait d'ailleurs qu'une importance secondaire, a permis bientôt de constater les effets favorables.

La rupture des relations diplomatiques avait soulevé une question également délicate pour les deux pays. Il s'agissait de déterminer la situation d'un certain nombre d'individus qui, invoquant la protection hellénique, étaient réclamés comme sujets du Sultan. Voulant réagir contre l'abus qui avait été fait de la naturalisation, la Porte avait, pendant cette crise même, publié une loi destinée à fixer les conditions auxquelles se perd ou s'acquiert la nationalité ottomane; mais cette loi était dénoncée comme contraire aux Capitulations. Un moment on put croire que le débat appellerait une nouvelle intervention des puissances. Toutefois l'étude faite de la loi ottomane par les soins du Gouvernement de l'Empereur a eu pour résultat de mettre hors de doute qu'elle était d'accord avec les principes généraux du droit. Cette opinion, fondée sur un avis des jurisconsultes éminents qui forment le comité du contentieux établi auprès du département des affaires étrangères, n'a pas été contestée, et les deux cours de Turquie et de Grèce, déférant aux conseils qui leur étaient donnés, sont convenues de régler en dehors de toute ingérence étrangère, en prenant l'équité pour base, les cas particuliers sur lesquels elles pourraient se trouver divisées.

En apaisant le conflit dont l'imminence avait ému les cours européennes, la Conférence de Paris n'avait pas seulement conjuré un danger immédiat, elle avait du même coup mis un terme aux agitations qui, sur d'autres points, menaçaient la tranquillité de l'Orient et qui, rattachées plus ou moins directement au mouvement hellénique, auraient pris un caractère plus grave, si les hostilités, comme on avait pu le croire un moment, eussent éclaté entre la Turquie et la Grèce. Sous ce point de vue, l'œuvre de la Conférence avait été encore plus féconde peut-être que le Gouvernement de l'Empereur n'osait l'espérer dans le principe, car le calme de ces contrées n'a plus été troublé depuis lors.

D'un autre côté, rapprochés par une délibération commune, les cabinets ont pu se rendre un compte plus exact de leurs dispositions mutuelles. La mission pacifique qu'ils avaient accomplie de concert devait contribuer en même temps à l'affermissement des bons rapports entre chacun d'eux. L'année s'est en effet écoulée sans qu'aucun dissentiment grave soit venu compromettre leurs relations; et, dans la variété des incidents qu'amène la marche des affaires, aucun n'a pu prévaloir sur le désir de conserver la paix. Tel est le sentiment dont le Gouvernement de l'Empereur, en ce qui le concerne, s'est montré partout animé, et il a été heureusement secondé par les dispositions semblables qu'il a rencontrées auprès de toutes les autres puissances.

La situation de la Confédération de l'Allemagne du Nord et des États du Sud ne s'est pas sensiblement modifiée; nous n'avons vu dans les questions qui ont occupé les cabinets allemands durant le cours de cette année aucun motif de sortir de la réserve que nous avons observée en présence des transformations qui se sont opérées au delà du Rhin. Nos relations avec l'Allemagne n'ont pas cessé d'être très-amicales.

L'opinion publique s'est un moment préoccupée de la difficulté survenue à propos des arrangements contractés entre une compagnie de chemins de fer française et une compagnie belge. Nous nous sommes efforcés de conserver à la question un caractère exclusivement économique. D'un commun accord, la révision des traités dont la Belgique s'était montrée inquiète a été remise à une commission composée d'hommes spéciaux, et les administrations des chemins de fer intéressés ont signé, conformément aux conclusions de cette commission, de nouveaux arrangements qui donnent satisfaction aux besoins du trafic international comme aux intérêts commerciaux des deux pays.

La conduite que nous avons suivie à l'égard de l'Espagne a fourni la preuve de notre scrupuleux respect pour le droit des peuples qui nous entourent. Au milieu des agitations des partis, notre devoir était de veiller avant tout au maintien de notre neutralité. Grâce aux mesures prises par le Gouvernement de l'Empereur sur notre frontière, nos obligations internationales ont été rigoureusement remplies. Nous nous sommes abstenus, en outre, avec le plus grand soin, de tout ce qui aurait pu dénoter de notre part l'intention de nous immiscer dans les pourparlers ou les démarches relatives au choix d'un souverain. Le cabinet de Madrid, saisissant une occasion que lui présentaient les débats des Cortès, s'est plu à rendre à la sincérité de notre attitude un hommage public. Aujourd'hui l'Espagne poursuit son travail de réorganisation intérieure, et nous faisons des vœux pour qu'elle parvienne à se reconstituer dans les conditions les plus propres à assurer sa sécurité et sa grandeur.

En Italie, l'ordre s'affermit de plus en plus, malgré les efforts du parti révolutionnaire pour y ramener l'agitation. Cet apaisement marque un progrès constant de l'esprit public dans la Péninsule et ne peut que fortifier les rapports de confiance et d'amitié entre le Gouvernement italien et le Gouvernement français.

À la faveur de la tranquillité qui règne dans les États du Saint-Siége, les évêques du monde entier vont se réunir à Rome. Le Pape a convoqué au Vatican un concile œcuménique. Les matières qui seront traitées dans cette assemblée échappent pour la plupart à la compétence des pouvoirs politiques de nos jours, et sous ce rapport, la situation diffère manifestement de ce qu'elle était dans les siècles passés. Aussi, le Gouvernement de l'Empereur, renonçant à user d'une prérogative que les souverains de la France avaient toujours exercée sans contestation, a-t-il résolu de ne pas intervenir dans les délibérations par l'envoi d'une ambassade accréditée auprès du Concile. Il lui a paru, non-seulement que cette détermination était la plus conforme à l'esprit de notre temps et à la nature des relations actuelles entre l'Église et l'État, mais qu'elle était aussi la plus propre à dégager sa responsabilité à l'égard des décisions qui seront prises. Le Saint-Père lui-même, au surplus, semble avoir reconnu la valeur des considérations qui nous guident, puisqu'il s'est abstenu d'inviter les princes chrétiens à se faire représenter dans la réunion des évêques. Toutefois notre intention n'est pas de demeurer indifférents à des actes qui peuvent exercer une si grande influence sur les populations catholiques de tous les pays. L'ambassadeur de l'Empereur à Rome sera chargé, s'il y a lieu, de faire connaître au Saint-Siége nos impressions sur la marche des débats et la portée des résolutions préparées. Le Gouvernement de Sa Majesté trouverait au besoin dans nos lois les pouvoirs nécessaires pour maintenir contre toute atteinte les bases de notre droit public. Nous avons d'ailleurs trop de confiance dans la sagesse des prélats aux mains de qui sont remis les intérêts de la catholicité, pour ne pas croire qu'ils sauront tenir compte des nécessités du temps où nous vivons et des aspirations légitimes des peuples modernes.

Les Gouvernements catholiques auxquels nous avons fait connaître nos intentions ont tous approuvé notre manière de voir, et comptent s'abstenir d'avoir des représentants au sein du concile.

Dans cette grande question d'ordre moral, comme dans celles que soulève la rivalité des intérêts politiques, les cabinets sont dirigés par le désir d'écarter ce qui peut être une cause de trouble pour les esprits et susciter des complications. Le même sentiment se manifeste aujourd'hui à propos de tous les incidents qui viennent solliciter l'attention des puissances.

Les rapports du Vice-Roi d'Égypte avec le Sultan nous ont causé récemment quelques préoccupations. A son retour du voyage qu'il a fait dans plusieurs États de l'Europe, le Khédive a reçu du grand-vizir une lettre où certains actes de son administration étaient signalés comme dépassant la mesure des priviléges concédés par les firmans de 1841 et de 1867. La Porte blâmait notamment l'extension donnée aux armements de terre et de mer; rappelant le lien de dépendance qui rattache l'Égypte à la Turquie, elle demandait que le budget de cette province fût désormais soumis au Gouvernement central, que le Vice-Roi s'interdît de conclure des emprunts sans l'autorisation du Sultan, et qu'il ne traitât aucune affaire importante avec les puissances étrangères en dehors de l'intervention des agents diplomatiques ottomans. Tous nos efforts ont été employés à empêcher ce débat de s'aggraver; et, de concert avec les cabinets de Londres et de Vienne, nous avons tenu avec insistance aux deux parties le langage de la conciliation. Nous voulons espérer que les conseils des puissances ne seront pas inutiles et que la sagesse triomphera de difficultés qui consistent bien plus dans l'interprétation à donner aux firmans constitutifs de la situation de l'Égypte que dans des prétentions nouvelles tendant à la modifier; car le Gouvernement turc aussi bien que le Vice-Roi ont déclaré, dès le principe, qu'ils désiraient maintenir le *statu quo* comme base de leurs rapports.

Au moment où les cabinets traitaient cette question avec la Porte et le Khédive, une œuvre essentiellement pacifique et de nature à inspirer à tous les peuples des pensées d'union et de concorde arrivait à son terme en Égypte même. Le canal de Suez ouvrait définitivement la mer Rouge et l'extrême Orient au commerce direct de l'Europe. La France a suivi avec une sympathie patriotique la Souveraine qui est allée en son nom, à côté des représentants augustes de puissantes nations, applaudir sur de lointains rivages à la réalisation de cette grande idée.

Le développement de plus en plus considérable de nos relations avec l'Égypte donne un intérêt particulier à la question de l'organisation judiciaire soulevée, il y a deux ans, par le Vice-Roi. Une commission spéciale, composée de jurisconsultes et d'agents français ayant habité l'Orient, a été chargée par le Gouvernement de l'Empereur d'examiner les propositions du Gouvernement égyptien, et elle a consigné dans un mémoire, qui a été communiqué aux diverses puissances intéressées, le résultat de ses travaux. A la suite de cette première enquête, le Gouvernement égyptien a cru devoir demander que la question fût étudiée sur les lieux mêmes par une commission internationale. Nous nous sommes prêtés à ces ouvertures, à la seule condition que le rapport de la commission française serait pris pour point de départ des études nouvelles. La commission internationale s'est effectivement réunie à Alexandrie, où elle siège depuis un mois. Revêtue d'un caractère purement consultatif, elle appréciera la légitimité des plaintes dont nous avons été saisis et la valeur des réformes suggérées. Les puissances ont toutefois réservé l'entière liberté de leurs déterminations ultérieures. Le Gouvernement de l'Empereur est trop pénétré de la grave responsabilité qui s'attache au règlement de cette importante question, pour ne pas y apporter toute la prudence et tous les ménagements que réclament les intérêts complexes qui s'y trouvent engagés.

De concert avec le cabinet de Londres, nous avons en outre fait savoir à Constantinople qu'en consentant à l'enquête proposée par le Khédive, nous n'avions nullement l'intention de conclure un arrangement quelconque en dehors du Gouvernement turc ou en opposition avec les droits du Sultan.

Le Gouvernement des principautés unies de Moldavie et de Valachie s'est également adressé aux puissances pour obtenir qu'elles renoncent, en faveur de la justice territoriale, aux privilèges de la juridiction consulaire. Il fait valoir que les populations de la Roumanie sont chrétiennes et que les Capitulations n'ont leur raison d'être que dans les pays musulmans. Il ajoute que la législation des Principautés est

douce et éclairée, et que les tribunaux y donnent aujour-
d'hui toutes les garanties que peut exiger la sécurité des
étrangers. Sans s'engager dans une discussion théorique sur
ces différents points, les puissances, partant du fait incontes-
table de l'introduction du régime des Capitulations dans les
Principautés, ont été d'avis qu'elles devaient être appliquées
tant qu'elles n'auraient pas été modifiées par de nouveaux
arrangements. Ici, d'ailleurs, se présentent des difficultés de
forme qui tiennent à la situation internationale de la Roumanie. Le Gouvernement de l'Empereur a cru devoir avant
tout se mettre d'accord à ce sujet avec les autres cabinets.
Jusqu'ici ceux de Londres et de Vienne se sont bornés, comme
nous, à écouter avec bienveillance les ouvertures du Gouvernement roumain, en reconnaissant que, sur le fond, ils
n'avaient pas dans les Principautés les mêmes objections à
se dessaisir des avantages consacrés par les Capitulations
que dans les provinces non chrétiennes de l'empire ottoman.

Préoccupé de maintenir partout où ils se trouveraient en
question les privilèges de nos nationaux à l'étranger, le Gouvernement de l'Empereur entoure aussi leurs intérêts de sa
sollicitude dans toutes les circonstances où ils peuvent être
compromis, tâche souvent ingrate et difficile à cause de l'im-
prudence avec laquelle, durant ces dernières années, les
capitaux français se sont engagés à l'étranger dans des entreprises promettant de gros bénéfices et offrant peu de
garanties.

Le payement des arrérages de la dette tunisienne est resté
suspendu, et la situation financière de la Régence ne s'est
pas améliorée. Toutefois nous sommes parvenus à aplanir le
dissentiment qui existait avec l'Angleterre et l'Italie et qui
empêchait tout essai de réorganisation administrative. Les
deux puissances ont reconnu que les créances de leurs
nationaux n'étaient pas moins compromises que celles des
Français par la pénurie croissante du trésor de la Régence,
et elles ont adhéré à la proposition que nous leur avons
faite d'unir nos efforts pour prévenir la ruine commune. Sur
les instances des agents des trois cours à Tunis, le Bey a
rendu un décret, en date du 5 juillet, qui institue une commission financière. Cette commission est formée de deux
comités. Le comité exécutif, composé de deux fonctionnaires
tunisiens et d'un inspecteur général des finances français,

est chargé de constater l'état actuel des créances étrangères, d'ouvrir un registre d'inscription de la dette, de percevoir tous les revenus de la Régence et d'opposer son veto à tout emprunt, à toute émission de bons qui auraient lieu sans son autorisation. Le comité de contrôle vérifiera les opérations du comité exécutif et approuvera définitivement les mesures d'intérêt général. Il sera composé de deux membres français, représentant les porteurs d'obligations des emprunts de 1863 et de 1865, de deux membres anglais et de deux membres italiens, représentant les porteurs de titres de la dette intérieure. Les intéressés ont été appelés à élire eux-mêmes leurs délégués. Les opérations retardées par les dispositions qu'il a fallu prendre pour assurer la sincérité du choix des obligataires français répandus dans toutes les parties de la France, viennent d'être terminées, et la commission va par conséquent se trouver en mesure de commencer ses travaux. Le Gouvernement de l'Empereur ne saurait dès à présent en entrevoir le résultat ni en garantir le succès; mais il croit avoir fait ce qui était possible dans les circonstances données pour empêcher le mal de s'accroître et ramener l'ordre dans l'administration des finances tunisiennes.

La situation de ceux de nos nationaux qui sont créanciers de la République d'Haïti nous commandait une égale sollicitude. Nous ne pouvions en raison de l'état de désorganisation auquel la guerre civile a réduit les finances du pays, exiger les versements sur les deux dettes de l'indemnité et de l'emprunt. Nous avons dû nous borner à un arrangement provisoire, en exécution duquel plusieurs à-compte nous ont été remis. Aussitôt que nous aurons réuni une somme suffisante pour distribuer une demi-annuité, les parties intéressées recevront l'avis d'une répartition à laquelle il sera procédé sans retard. Les embarras extrêmes du Gouvernement haïtien ne nous ont pas permis d'obtenir un résultat plus complet; toutefois nous ne laissons passer aucune occasion de le rappeler à l'exécution des engagements qu'il a contractés envers nous, et nous nous efforçons ainsi de hâter, dans la mesure du possible, l'acquittement des termes échus.

Des difficultés analogues retardent au Vénézuéla le payement des indemnités qui sont dues à des sujets français, et que les stipulations expresses de nos Traités ont eu pour but de leur assurer. Déjà l'année dernière, le prélèvement qui était affecté à l'extinction de cette dette avait été suspendu à la suite des troubles survenus dans la République. La situation s'est malheureusement peu améliorée depuis lors. Nous avions eu l'espérance que la nouvelle administration installée à Caracas reprendrait l'exécution des arrangements intervenus avec le précédent Gouvernement et qui devaient garantir le recouvrement de notre créance privilégiée; mais les promesses qui nous avaient été faites d'abord ne se sont pas réalisées. Cependant, après de vives instances, nous avons obtenu quelques à-compte qui nous permettent de répartir un dividende de 4 p. 100, actuellement en cours de distribution.

Le changement qui s'est accompli cette année dans le Gouvernement des États-Unis par l'avénement du général Grant à la présidence ne devait apporter aucune modification aux bons rapports que nous entretenons avec ce pays. Sans être mis en cause dans les questions où le cabinet de Washington s'est trouvé engagé avec les Gouvernements de l'Europe, nous ne pouvions que désirer la solution pacifique de ces difficultés, et nous ne lui avons point laissé ignorer nos vœux. Sa sagesse a donné raison à nos espérances, et les incidents dont l'opinion s'était émue n'ont amené aucune des complications que l'on avait pu craindre.

De même que les années précédentes, nous avons secondé autant qu'il était en notre pouvoir les tentatives faites par les États-Unis pour amener le rétablissement de la paix entre l'Espagne et les Républiques du Pacifique. Au commencement de l'année présente, ces efforts avaient semblé près d'aboutir à un résultat heureux, grâce à l'acceptation par toutes les parties des bons offices du cabinet de Washington. Les sympathies témoignées à l'insurrection de Cuba par les États de l'Amérique du Sud et la reconnaissance par le Pérou de l'indépendance de la colonie espagnole ont malheureusement suscité de nouvelles difficultés. Nous conservons toutefois l'espoir que le rapprochement qui s'était opéré facilitera la reprise des négociations, et nous nous plaisons à voir dans ce précédent un motif de compter sur la cessation, plus probable désormais, d'un état de choses dont le commerce neutre ressent vivement les fâcheuses conséquences.

Tout en déplorant la prolongation de la guerre du Paraguay, le Gouvernement de l'Empereur n'a pas eu sujet de se départir de la réserve qu'il s'était imposée. Pendant que se poursuivait cette lutte opiniâtre, il s'est uniquement attaché à garantir les personnes et les biens de ses nationaux, tâche malheureusement de plus en plus difficile à mesure que s'éloignait le théâtre des hostilités, aujourd'hui transporté dans des contrées où les moyens de protection font complétement défaut. Il y a là une raison de plus pour nous de désirer la fin d'une guerre qui a déjà causé tant de ruines, mais qui semble devoir bientôt toucher à son terme.

Développer pacifiquement nos relations avec les peuples étrangers, en veillant toujours à la défense des intérêts légitimes créés par l'initiative de nos nationaux : tel est le but auquel tend notre action partout où elle peut se faire sentir. Notre politique à l'égard des pays de l'extrême Orient n'a pas d'autre mobile. L'ambassade qui, au nom de l'Empereur de la Chine, s'est rendue en Europe, a été amicalement accueillie en France. Elle n'était chargée de proposer aucune négociation, et les communications qu'elle a entretenues avec le Gouvernement de l'Empereur se sont bornées à un échange mutuel d'assurances de bon vouloir. Aucune complication sérieuse n'est venue d'ailleurs troubler nos rapports avec le Céleste Empire. Si nous avons eu à dénoncer à Pékin quelques crimes isolés commis contre nos missionnaires, nous avons généralement obtenu les satisfactions que nous demandions, et nous avons lieu d'espérer que justice sera également faite à celles de nos réclamations qui sont encore pendantes. Tout en maintenant avec fermeté les droits que nos Traités nous confèrent, nos agents ont pour instructions de garder, dans leur langage et dans leur attitude, les ménagements que commande une situation exceptionnelle. C'est en nous en remettant au temps et au sens pratique des autorités comme des populations de la Chine que nous pouvons espérer de voir disparaître successivement les obstacles qui retardent l'expansion de nos idées et de notre commerce dans cette vaste contrée, plus éloignée encore de nous par sa civilisation que par la distance matérielle.

Le Gouvernement qui s'est constitué au Japon à la suite de la dernière révolution, a triomphé aujourd'hui de la résistance que lui opposaient les partisans du régime déchu. Nous n'avons qu'à nous féliciter, quant à présent, de la consolidation du pouvoir nouveau. Comme on devait s'y attendre, les troubles dont le pays a été le théâtre, ont permis à l'hostilité envers les étrangers, qui règne dans certaines classes de la société japonaise, de se faire jour plus facilement, et ce sentiment s'est encore traduit en attentats dont les sujets de différentes puissances ont été victimes. Le Gouvernement du Mikado puisera dans ses récents succès la force nécessaire pour réprimer d'une manière plus efficace des animosités qu'il est le premier à condamner. L'ouverture de la ville de Yedo et du port de Nagata, en favorisant l'accroissement des transactions, a appelé nos négociants à profiter dans une plus large mesure du mouvement d'affaires qui semble devoir suivre le rétablissement de la tranquillité. A la suite de l'expédition de Simonosaki, le Japon s'était engagé à payer à la France, à l'Angleterre, aux États-Unis et aux Pays-Bas une indemnité, dont la moitié seulement a été versée. Un premier délai a été accordé pour le payement du surplus qui devait avoir lieu au mois de mai dernier; mais les autorités japonaises, rappelant les charges que la dernière crise a fait peser sur le pays, nous ont demandé un nouveau sursis de trois ans. Elles nous offraient, en échange de cette concession, d'ajourner le prélèvement d'une augmentation de droits sur le thé et la soie, stipulée en faveur du Japon par des conventions antérieures. D'accord avec les autres puissances intéressées, nous avons pensé qu'il y avait lieu d'accueillir la proposition qui nous était faite. Le sacrifice que nous nous imposions, en témoignant de notre modération, avait surtout l'avantage à nos yeux de tourner au profit du commerce de tous les peuples.

Les anciennes lois établies au Japon contre les indigènes convertis à la foi chrétienne avaient été, dans de récentes circonstances, appliquées à un certain nombre de familles que la fréquentation de leurs coreligionnaires européens avait enhardies à pratiquer publiquement la religion de leurs ancêtres. Les démarches qu'un sentiment d'humanité a dictées à notre ministre, et auxquelles se sont associés les représentants de plusieurs autres puissances, ont procuré quelque soulagement à ces infortunés. Le Gouvernement japonais a, en outre, donné aux agents étrangers l'assurance que l'ancienne législation ne serait pas maintenue dans toute sa rigueur, et que l'on aurait recours désormais à des mesures plus douces et plus humaines. Nous avons été heureux en cette occasion de voir les ministres du Mikado se rendre à l'influence toute morale des idées civilisatrices que les Gouvernements européens portent avec eux dans ces régions lointaines.

Attentif à faire naître sur tous les points du monde de nouvelles causes de rapprochement entre les peuples, le Gouvernement de l'Empereur s'étudie à généraliser, en les amé-
liorant, les actes internationaux qui peuvent contribuer à
assurer ce résultat. De nombreux Traités ont été conclus depuis une année par la France en vue de multiplier nos rapports avec les puissances étrangères, tant au point de vue
de l'échange des correspondances qu'à celui de l'extradition
des malfaiteurs et de la réciprocité des législations.

En ce qui concerne nos relations postales, le Gouvernement
de l'Empereur ne cesse de se préoccuper des moyens de
favoriser les intérêts du public par l'abaissement des taxes,
tout en maintenant le principe de la juste rémunération des
services. Une Convention de poste a été conclue avec l'Italie ;
il n'a pas dépendu de nous qu'elle n'eût pour conséquence
un abaissement des tarifs. Nos échanges de correspondances
avec l'Angleterre donnaient lieu depuis longtemps à de nombreuses réclamations, fondées particulièrement sur l'insuffisance de la progression du poids des lettres fixé jusqu'ici à
7 grammes et demi. Nous avons pu récemment conclure avec
la Grande-Bretagne une Convention qui sera soumise au Corps
législatif et dont l'objet est de donner satisfaction à ces plaintes.
Elle stipule que la progression sera portée à 10 grammes et
que la lettre de ce poids, affranchie, coûtera désormais
30 centimes seulement au lieu de 40. Nous avons également
pu réaliser avec les cabinets de la Haye et de Madrid d'utiles
améliorations de détail. Le droit de timbre qui frappait nos
journaux dans les Pays-Bas n'est plus perçu aujourd'hui, et
l'Espagne a renoncé au droit supplémentaire de distribution
qui grevait jusque dans ces derniers temps les correspondances acheminées sur son territoire.

Il y a trente ans à peine que l'organisation du droit cri-
minel international a été ébauchée par la conclusion des
premiers Traités d'extradition. Comme au début de toutes les
institutions nouvelles, un certain laps de temps s'est écoulé
avant que les principes qui doivent servir de base aux conventions de ce genre fussent universellement admis. Aussi
les Traités d'extradition conclus entre les différents États
pendant cette période d'hésitation présentent-ils d'assez
grandes dissemblances. Aujourd'hui l'uniformité tend à s'établir sur ce terrain comme sur tant d'autres, et les efforts du
Gouvernement de l'Empereur ont largement contribué à ce

travail d'assimilation. Jusqu'à ces derniers temps, la France avait adopté pour règle de n'accorder aux autres nations et de ne réclamer d'elles que l'extradition d'individus coupables de crimes. Cette limite était évidemment trop étroite en présence de la facilité et de la rapidité des communications, qui permettent aux malfaiteurs de toute espèce de passer à l'étranger et d'y trouver l'impunité. Nous avons entrepris une révision de nos Traités dans la pensée d'établir une nomenclature des cas d'extradition beaucoup plus étendue et de donner ainsi aux exigences de la sécurité publique une plus complète satisfaction. Le Traité avec la Belgique, récemment publié, a ouvert la voie et peut être considéré, à beaucoup d'égards, comme le type des améliorations que nous avons en vue. Un Traité a été conclu avec la Suisse sur les mêmes bases et remplacera avantageusement les stipulations incomplètes de la Convention de 1828. Il avait été précédé d'un acte analogue entre la Suède et la France, et nous sommes à la veille d'en signer un autre avec la Bavière. Des négociations sont également engagées avec l'Italie. A l'égard d'autres pays, nous n'avons eu besoin que d'ajouter aux Traités existants des articles additionnels destinés à régler quelques points spéciaux. C'est sous cette forme notamment que nous nous sommes entendus avec l'Autriche et les grands-duchés de Bade et de Hesse-Darmstadt.

Pendant qu'il consacrait ainsi l'application de la procédure criminelle dans le droit des gens, le Gouvernement de l'Empereur concluait avec la Confédération helvétique un Traité d'un autre ordre, qui peut être considéré comme l'essai le plus satisfaisant tenté jusqu'ici pour organiser la procédure civile internationale. Il s'agissait d'assurer dans chacun des deux États l'exécution des jugements rendus par les tribunaux de l'autre, et il fallait dans cette vue établir avec la plus grande netteté les règles de la compétence. Nous croyons avoir atteint ce résultat. Nous nous sommes préoccupés, en outre, de garantir à nos nationaux, par notre nouvelle Convention, le bénéfice de l'assistance judiciaire devant les tribunaux suisses, comme nous l'accordons aux Suisses devant les tribunaux français.

Nous nous efforçons d'obtenir, à charge de réciprocité, le même avantage dans plusieurs autres pays voisins, et des négociations sont ouvertes à cet effet avec la Belgique, le Luxembourg, le grand-duché de Bade, la Bavière, le Wurtemberg et l'Italie.

Le Gouvernement ne laissera échapper aucune occasion de favoriser la disposition qu'il rencontre chez un certain nombre d'Etats à consacrer ainsi par des actes internationaux le rapprochement des législations. Rien n'est plus propre à développer et à féconder les rapports mutuels qu'une conformité aussi grande que possible dans les principes généraux du droit entre les différentes nations. En contribuant à dégager dès à présent les points qui leur sont communs pour en faire l'objet d'arrangements diplomatiques, le Gouvernement de l'Empereur sert à la fois les intérêts du pays et ceux de la civilisation.

AFFAIRES COMMERCIALES.

Des plaintes se sont élevées de plusieurs centres industriels du nord et de l'ouest de l'Empire contre le traité de commerce conclu le 23 janvier 1860 entre la France et l'Angleterre, aux effets duquel seraient attribuées les souffrances actuelles de nos fabriques. Le Gouvernement de l'Empereur s'efforcera de concilier les ménagements réclamés par des intérêts dignes de toute sa sollicitude avec la sécurité de nos transactions internationales, qui n'ont cessé de se développer à la faveur du régime conventionnel inauguré en 1860.

Il est permis d'espérer qu'un malaise qui se fait sentir également dans d'autres contrées et suscite en Angleterre même, contre le traité de 1860, des manifestations analogues à celles qui se produisent en France, n'entravera pas le mouvement d'expansion et de fusion des intérêts généraux des peuples, provoqué par l'initiative du Gouvernement impérial.

L'Exposition universelle de 1867 a été la démonstration éclatante de cette tendance, qui se traduit aujourd'hui sous une forme plus modeste, mais également efficace. S'il n'est possible de contempler qu'à de longs intervalles ces grandes solennités, leur influence se perpétue toutefois, et les expositions internationales ouvertes à tous les pays, mais restreintes à telle ou telle branche des produits humains, entretiennent une émulation féconde et ces relations individuelles qui rapprochent de plus en plus les sociétés. Ainsi, dans le cours de cette année, des expositions ont été organisées à Munich pour les beaux-arts, à Altona pour les produits de l'industrie, à Saint-Pétersbourg pour ceux de l'horticulture, à Amsterdam, enfin, pour tout ce qui se rattache à l'économie domestique et aux progrès sociaux. Les succès obtenus par nos nationaux ont attesté une fois de plus la variété des aptitudes du génie français.

Le concours d'Amsterdam constitue, notamment, un fait digne de remarque. Inspiré par la même pensée qui a présidé, en 1867, à l'organisation du X° groupe de l'Exposition de Paris, il a offert une nouvelle preuve de la sollicitude de plus en plus active qui se porte vers les intérêts moraux et matériels. La France a gardé, dans cette solennité, le rang où elle s'était placée en 1867 : elle a obtenu 281 récompenses. L'Empereur et l'Impératrice avaient voulu figurer au nombre des exposants, et le Jury international a décerné à Leurs Majestés deux grands diplômes d'honneur pour les institutions de tous genres qu'elles ont fondées ou patronnées en vue de développer l'instruction et le bien-être des classes ouvrières.

Les succès répétés de ces luttes pacifiques en Europe ont porté des fruits de l'autre côté de l'Océan : deux Républiques de l'Amérique méridionale ont, pendant le cours de cette année, ouvert des expositions qui ne doivent point rester inaperçues. Au concours international d'agriculture, organisé à Santiago du Chili le 5 mai dernier, a succédé, dans la capitale du Pérou, une exposition industrielle ; les heureux résultats de cette première expérience ont sans doute contribué au développement de nos transactions avec les contrées baignées par l'océan Pacifique.

La loi du 19 mai 1866 sur la marine marchande a été la conséquence logique des réformes libérales introduites depuis 1860 dans notre régime économique ; elle a, en effet, eu pour objet de mettre la législation maritime de l'Empire en harmonie avec les nouvelles bases de ses relations commerciales. Le Gouvernement a toutefois entendu n'accorder aux autres puissances le bénéfice de l'une comme de l'autre de ces réformes que moyennant des avantages réciproques. Seulement, à la différence des traités de commerce qui consacrent un échange de concessions, la loi votée par le Corps législatif en 1866 a fait spontanément disparaître, par des mesures générales, toutes les restrictions qui atteignaient dans nos ports la navigation étrangère, laissant au Gouvernement le soin d'obtenir, pour notre navigation dans les autres pays, un régime également libéral.

L'événement a justifié notre confiance, puisque nous n'a-

vons pas eu, jusqu'à présent, à faire application de la faculté
de représailles inscrite à l'article 6 de la loi. Nous ne devons
pas nous dissimuler toutefois que nous n'avons pas atteint
partout le but que nous poursuivons, et que si le traitement
national est le régime commun de la marine étrangère dans
nos ports, notre pavillon ne jouit pas sur tous les points du
littoral européen de la réciprocité à laquelle il a droit.

Les inégalités que le dernier Exposé signalait déjà quant
au régime applicable à la navigation française dans les ports
de l'Espagne et de ses possessions d'outre-mer, subsistent
encore. Des améliorations nouvelles sont pourtant venues
s'ajouter, dans le cours de cette année, à celles que nous
avions obtenues l'an dernier. Les décrets du 22 novembre
1868, qui ont utilement modifié dans l'assiette des droits
prélevés sur la navigation dans la Péninsule, ont été, en
effet, suivis d'une réforme inspirée également par une sage
entente des besoins du commerce international et qui porte
sur l'ensemble de la législation douanière de l'Espagne. Le
tarif des douanes promulgué le 12 juillet dernier simplifie
les bases de la perception, lève les prohibitions et réduit les
taxes afférentes au plus grand nombre des marchandises. Le régime nouveau maintient, il est vrai, quelques-unes des taxes
les plus onéreuses pour notre commerce, il en aggrave même
plusieurs, et l'attribution d'une valeur exagérée aux produits
que nous importons fait ressortir les droits du tarif à un taux
supérieur à celui des prévisions de la loi des douanes. Ce
sont là de graves inconvénients qui empêcheront la réforme
tentée par le Gouvernement espagnol de porter tous ses fruits.
Nous avons la confiance qu'il reconnaîtra l'inefficacité de
mesures qui n'abaissent pas suffisamment les taxes pour
arrêter les opérations du commerce interlope, et dont, par
conséquent, ni le Trésor ni les consommateurs ne ressen-
tiront sérieusement les effets. Si nous n'acceptons pas comme
un résultat définitif les changements apportés par la loi du
12 juillet dernier au régime douanier de l'Espagne, il serait
néanmoins injuste de contester les intentions libérales dont
elle est le témoignage; nous avons donc pensé qu'il y avait
lieu de tenir compte au cabinet de Madrid de la ferme volonté de réforme dont il a fait preuve au milieu des difficultés
de sa situation intérieure. Nous avons, en conséquence, suspendu l'application au pavillon espagnol des mesures de
rétorsion prévues par l'article 6 de la loi de 1866, dans l'es-

poir que l'égalité se rétablira entre le régime de la navigation
étrangère dans les deux pays par l'abolition des surtaxes et des
restrictions qui sont l'objet de nos persistantes réclamations.

Nos relations avec le Portugal présentent une situation peu
différente : des surtaxes atteignent, en effet, notre navigation indirecte dans les ports de la métropole et de ses colonies; mais, en regard des prescriptions de la loi de 1866
et des stipulations de notre traité de navigation du 11 juillet de la même année, nous devons placer les témoignages
incontestables des bonnes dispositions du cabinet de Lisbonne. Il nous a paru tout au moins nécessaire d'attendre,
pour rétablir les droits différentiels dont le pavillon portugais
est affranchi depuis cette année, le résultat des travaux de
la commission portugaise chargée de préparer la réforme de
la législation douanière du royaume. Dès à présent nous
sommes autorisés à considérer comme arrêtée en principe la
suppression, dans toutes les colonies portugaises, des surtaxes qui atteignent actuellement nos navires; une décision
récente les a déjà fait disparaître dans les possessions de
Goa, de Mozambique et d'Ambriz.

Aux États-Unis d'Amérique, nous avons rencontré une
législation conforme à la nôtre, laissant au Président la faculté d'affranchir de la surtaxe afférente aux pavillons étrangers les navires des puissances qui accorderaient la réciprocité à la marine de l'Union. En vertu de la loi fédérale du
30 juin 1864, et aux termes de la proclamation présidentielle
du 12 juin dernier, notre marine jouit donc du régime de
l'assimilation au pavillon national pour toutes ses importations des pays de production; toutefois une erreur provenant
de l'interprétation littérale donnée par le Gouvernement des
États-Unis aux mots *pays de production* qui figurent à
l'article 5 de la loi de 1866, avait retardé jusqu'ici l'application du traitement national aux marchandises importées aux
États-Unis par nos navires d'ailleurs que des lieux de production. Nous avons la satisfaction d'annoncer que les explications catégoriques données au cabinet de Washington sur
la cause de ce malentendu ont fait disparaître la différence
que nous avons dû relever dans le régime réservé à la navigation des deux pays. La suppression de la surtaxe maintenue pour les importations indirectes des navires français
aux États-Unis a complété, à leur profit, le régime de l'assimilation au pavillon national.

D'un autre côté, les États-Unis, donnant suite aux propositions que nous leur avions adressées au commencement de cette année, ont conclu avec nous, le 16 avril dernier, un arrangement pour la garantie réciproque des marques de fabrique, qui reçoit aujourd'hui sa pleine exécution. D'autres accords relatifs aux règlements des relations télégraphiques entre les deux pays sont également l'objet de négociations, et les explications échangées témoignent du désir des Gouvernements de France et d'Amérique de favoriser, par tous les moyens qui sont en leur pouvoir, le développement de leurs rapports internationaux.

Toutefois nous avons le regret de le constater de nouveau, le régime de nos importations n'a pas encore été modifié aux États-Unis. La question semble, il est vrai, avoir fait de notables progrès dans l'opinion publique. Ses organes, dans toutes les parties de l'Union, se prononcent de plus en plus contre un tarif qui arrête l'essor des transactions, favorise les opérations du commerce interlope, met aux prises les différentes branches de l'industrie inégalement protégées, et, en définitive, n'empêche pas l'Amérique de solder en espèces ou en valeurs équivalentes la balance de ses échanges avec l'ancien monde.

Augmenter les droits perçus à l'importation dans l'espérance d'accroître leur produit, telle est, malheureusement, la doctrine qui prévaut dans les conseils de la plupart des Gouvernements américains. La nouvelle législation douanière, qui est entrée en vigueur au Brésil le 1er juillet dernier, aggrave d'une manière regrettable les charges du commerce étranger, et un vote récent de la Chambre des représentants de l'Uruguay, mais qui n'a pas, il est vrai, obtenu la sanction du Sénat oriental, accuse les mêmes tendances. Il faut espérer que les dispositions de ces Gouvernements se modifieront avec les circonstances qui ont créé les difficultés financières auxquelles ils ont cherché à parer par l'élévation des taxes douanières. Nous avons présenté au cabinet de Rio de Janeiro de pressantes observations sur le préjudice que le nouveau tarif apporte au commerce des deux pays, et à Montévidéo nous avons rattaché la question du régime de nos échanges à la négociation que nous poursuivons avec le Gouvernement oriental pour la révision de la convention de 1836, qui, n'assurant à notre navigation que le traitement de la nation la plus favorisée, laisse subsister des droits différentiels contraires à l'esprit de notre nouvelle législation.

Notre commerce a dû également se préoccuper d'une disposition récente du Gouvernement de l'Équateur, qui avait aggravé le régime des vins et des spiritueux importés dans cette République. Nos démarches pour amener le retrait de cette mesure ont déjà obtenu une satisfaction partielle et les bases de l'ancienne tarification ont été rétablies pour les vins.

Le travail de transformation intérieure qui s'opère graduellement en Orient, au contact de la civilisation européenne, a fait, cette année encore, de sensibles progrès. La facilité avec laquelle s'exécutent les mesures récemment adoptées en faveur des étrangers, les projets de voies ferrées destinées à relier au réseau austro-hongrois les deux ports principaux de la Turquie d'Europe, les travaux importants de viabilité entrepris sur divers points de la Turquie d'Asie, témoignent que les réformes accomplies par le Gouvernement du Sultan ont développé des tendances nouvelles qui se font jour au grand avantage des populations ottomanes et de nos relations internationales.

Le département des affaires étrangères suit ces progrès avec un constant intérêt et les seconde de tout son pouvoir. Nous recherchons actuellement les moyens d'améliorer, d'accord avec la Sublime-Porte, le régime conventionnel sous lequel sont placés, depuis 1861, les rapports commerciaux entre la France et l'empire ottoman. En outre, nous agissons de concert avec les autres puissances intéressées pour faire exonérer, dans les Principautés-Unies, les articles d'importation étrangère des charges fiscales qui, sous la forme de droits d'octroi, constituent une aggravation considérable du traitement stipulé par les conventions.

Sans cesse occupé d'assurer à l'élément français dans les pays du Levant une large part d'activité et de pacifique influence, le Gouvernement de l'Empereur suit avec un vif intérêt les conséquences de l'œuvre considérable qui vient de s'accomplir en Égypte : l'ouverture du canal de Suez éveille chez toutes les puissances maritimes de légitimes espérances, et, en présence de ce sentiment unanime, nous nous félicitons de l'appui sympathique qu'a trouvé en France l'exécution de cette grande entreprise.

La sollicitude du Gouvernement impérial pour les intérêts français dans l'extrême Orient a également continué de s'exercer avec efficacité. L'article 15 du traité de Tien-tsin, relatif à l'organisation du service des pilotes sur le littoral de la

Chine, a été revisé de concert avec la cour de Pékin et les représentants des grandes puissances. En établissant un ensemble de règles destinées à assurer, par de sérieuses épreuves, le bon recrutement du corps des pilotes, nous avons eu soin de maintenir nos consuls en possession du droit de surveillance et de haute direction que les traités leur ont conféré. Nous avons, d'un autre côté, stipulé, en faveur de ceux de nos capitaines de navire qu'une navigation prolongée sur les côtes de la Chine a familiarisés avec ces parages, la faculté de piloter eux-mêmes leurs bâtiments et d'éviter ainsi le notable surcroît de dépenses qu'occasionnerait l'emploi d'un pilote patenté pour des opérations de cabotage souvent répétées.

La concession française de Shang-Haï ne cesse de prospérer: les services municipaux fonctionnent régulièrement, l'exécution des décisions du Conseil ne rencontre aucune résistance, les taxes qu'il vote et dont l'établissement est sanctionné par les électeurs en assemblée publique sont acquittées sans difficulté, et le budget de la concession, qui représente plus de 600,000 fr. de recettes, se solde aujourd'hui en excédant

La guerre civile qui depuis plus de deux années désole le Japon a ralenti le développement, si rapide à l'origine, de notre commerce dans ce pays. Les troubles politiques n'ont pas empêché cependant que l'admission des étrangers dans les villes de Nagata et de Yedo n'eût lieu à la date convenue, et, malgré les incertitudes de la situation, nos nationaux ont déjà établi des comptoirs dans les ports d'Osaka et d'Hiogo, ouverts depuis le commencement de cette année. Le commerce des soies, sur lequel portent principalement leurs transactions, vient, du reste, d'obtenir de nouvelles facilités: en retour de certaines concessions pécuniaires, consenties par le Gouvernement de l'Empereur, la cour de Yedo a renoncé à se prévaloir de l'article de la convention commerciale du 25 juin 1866 qui l'autorisait à demander la révision du droit de sortie sur les soies ; en conséquence, cette taxe, qui a été calculée il y a trois ans au taux de 5 p. 100, d'après une valeur moyenne inférieure de plus du quart aux prix actuels ; ne sera pas augmentée, et notre industrie trouvera dans le maintien des précieuses ressources que lui offre, pour ses approvisionnements, le marché japonais, une nouvelle preuve de la sollicitude avec laquelle ses intérêts sont défendus.

· Le département des affaires étrangères a continué, cette année; de suivre de la manière la plus active la question de l'unification monétaire. Grâce aux nombreuses communications qu'il a reçues des agents diplomatiques et consulaires, il a pu constater que, dans la plupart des pays étrangers, cette question fait de notables progrès. Partout elle est à l'ordre du jour, et l'intérêt d'une solution pratique s'impose de plus en plus à l'attention des Gouvernements. En France, une enquête a été faite auprès des chambres de commerce de l'Empire, des trésoriers généraux et de la Banque; une commission spéciale en a examiné les résultats et a formulé elle-même des conclusions; enfin, le Conseil supérieur de l'industrie et du commerce vient d'être chargé de coordonner l'ensemble des travaux dont cette matière est l'objet depuis plusieurs années. Le rapport de M. le Ministre des finances, qui a été approuvé par l'Empereur, indique tout à la fois le vif désir qui anime le Gouvernement de Sa Majesté de faciliter une œuvre d'unification si profitable aux intérêts généraux du commerce, et la prudence avec laquelle il s'entoure de tous les éléments d'appréciation qui lui paraissent devoir éclairer ses décisions. L'examen de la question par le Conseil supérieur permettra de poursuivre, dans les conditions les plus favorables, les négociations diplomatiques que nous sommes sur le point d'engager avec l'Autriche, de concert avec la Belgique, l'Italie et la Suisse.

Le département des affaires étrangères s'attachera, avec la même persévérance que par le passé, à préparer les voies à une entente générale, à rester en communication sur ce sujet avec les divers Gouvernements, et à observer le mouvement des idées comme la portée des faits qui viendraient à se produire à l'étranger en vue d'un rapprochement international.

Le dernier Exposé mentionnait l'échange des déclarations relatives à l'accession de la Grèce à la Convention monétaire du 23 décembre 1865, qui a consacré en France, en Belgique, en Italie et en Suisse, un système identique de monnaies d'or et d'argent. Nous avions lieu de penser que cette année ne s'écoulerait pas sans que l'accession des États pontificaux pût être également réalisée. Certaines difficultés, qui s'étaient d'abord élevées relativement au maintien, parmi les monnaies romaines, de pièces de 2 fr. 50 c. et de 25 c., avaient été aplanies, et, le régime monétaire des États de l'Église étant absolument conforme à celui de la Convention de 1865, rien ne paraissait plus s'opposer à l'accession projetée. C'est alors qu'une communication du Gouvernement du Saint-Siége vint révéler un fait que la correspondance précédemment échangée n'avait pu laisser pressentir: la mise en circulation de plus de 26 millions de monnaies divisionnaires d'argent pontificales. Or, une des clauses fondamentales de la Convention de 1865 fixe à 6 fr. par habitant le chiffre maximum de monnaies d'appoint que peuvent émettre les États concordataires.

Le Gouvernement romain avait donc dépassé cette limite dans une proportion excessive, et il déclarait être, pour le moment, dans l'impossibilité d'y rentrer. Il s'appuyait, il est vrai, sur des considérations dont on ne saurait méconnaître la valeur, et qui tenaient en grande partie au cours forcé du papier-monnaie en Italie, et surtout à la perte d'anciennes provinces d'où les États pontificaux continuent à tirer presque tous leurs approvisionnements. Mais si cette situation exceptionnelle expliquait dans une certaine mesure une fabrication aussi disproportionnée de pièces divisionnaires, il n'était pas possible aux États concordataires de consentir à ce qu'il fût ainsi dérogé à une des dispositions les plus essentielles du pacte d'union. Il a donc fallu suspendre les négociations relatives au projet d'accession, jusqu'à ce que les circonstances permissent au Gouvernement du Saint-Siége de satisfaire, comme il en a constamment manifesté le désir, à toutes les stipulations de la Convention de 1865.

Ainsi que l'annonçait le dernier Exposé, la Convention sur les pêcheries conclue entre la France et l'Angleterre en vue de consacrer, notamment, la liberté absolue de l'exercice de la pêche dans la mer commune, nécessite, avant d'être promulguée, la présentation au Corps législatif d'un projet de loi destiné à remplacer la loi de 1846 pour la mettre en harmonie avec certaines dispositions du nouvel arrangement intervenu entre les deux pays. Les études relatives à la préparation de ce projet de loi ont soulevé certaines difficultés assez sérieuses pour qu'il n'ait pas été possible de le soumettre aux Chambres avant d'avoir provoqué, de la part du Gouvernement anglais, des explications reconnues indispensables; mais il y a tout lieu de penser que ces difficultés seront aplanies dans le cours de la prochaine session, et que, dès lors, la Convention du 11 novembre 1867 pourra recevoir prochainement une application également désirée par les deux Gouvernements, dans l'intérêt mutuel de leurs nationaux.

La commission centrale de la navigation du Rhin, siégeant à Mannheim et composée des délégués de tous les États riverains, a été saisie par le Gouvernement badois d'une proposition ayant pour objet de réglementer d'une manière uniforme la pêche du saumon et de ses congénères dans le Rhin, afin d'assurer efficacement la conservation de cette précieuse espèce de poisson. Le Gouvernement français s'est empressé d'accueillir cette démarche. Les conférences s'étaient ouvertes le 16 août dernier; mais des objections soulevées par les Pays-Bas quant à la durée du temps pendant lequel la pêche du saumon demeurerait prohibée, avaient amené la suspension des travaux de la commission. Le Gouvernement néerlandais a tenu à s'éclairer de l'avis des députations permanentes des États provinciaux; cette enquête terminée, les négociations ont été reprises le 22 de ce mois; elles ont abouti à une Convention qui a été signée le 27 à Mannheim, et qui doit être soumise à l'approbation de tous les États riverains.

· Cet arrangement général aura, d'ailleurs, pour effet, en réglant l'exercice de la pêche sur la partie du fleuve commune à la France et au grand-duché de Bade, de mettre un terme aux conflits qui s'élèvent trop fréquemment entre les pêcheurs de l'une et de l'autre rive, par suite des différences qui existent entre les législations respectives.

· A l'occasion de la fixation du tracé des chemins de fer de la Savoie entre Annecy et Annemasse, avec embranchement sur Genève, le Gouvernement de l'Empereur s'est entendu avec le Conseil fédéral suisse pour régler diverses questions commerciales qui intéressaient particulièrement les relations entre les départements savoisiens et le canton de Genève. Une commission mixte, réunie à Paris au mois de juillet dernier, a arrêté les bases d'un arrangement consacrant les dispositions suivantes: 1° le crédit annuel d'importation, en franchise de tout droit d'entrée, ouvert en Suisse aux vins du Chablais, du Faucigny et du Génevois, a été porté de 5,000 à 10,000 hectolitres; 2° ces mêmes parties du territoire français ont été admises à profiter de certaines facilités accordées au pays de Gex pour l'importation en Suisse de l'écorce à tan, des gros cuirs et des peaux tannées, ainsi que pour l'exportation des peaux fraîches de ce pays; 3° les marchandises demeureront réciproquement exemptes de tout droit de transit; 4° le bureau de douane d'Annecy doit être ouvert, à partir du 1er janvier 1871, à l'importation de toutes les marchandises, y compris les tissus taxés à la valeur. A l'exception de cette dernière disposition, l'arrangement, qui a été revêtu, le 24 de ce mois, de la signature des plénipotentiaires respectifs, ne doit entrer en vigueur qu'au moment où le chemin de fer d'Annecy à Annemasse et l'embranchement sur Genève seront mis en exploitation.

L'article 2 de la convention conclue entre la France et la Prusse, le 18 juin 1867, pour l'établissement d'un chemin de fer entre Sarreguemines et Sarrebrück, portait que les points de jonction des deux sections française et prussienne, et les conditions de leur raccordement au pont à construire sur la Sarre seraient déterminés d'un commun accord entre les deux Gouvernements. C'est en exécution de cette disposition que des ingénieurs, spécialement désignés à cet effet, s'étaient réunis en commission internationale à Sarrebrück dans le courant de l'année dernière, et avaient indiqué les bases de l'arrangement dont il était fait mention dans le dernier Exposé. Ce projet a été transformé en une Convention définitive le 1er juillet de cette année.

Les commissions mixtes qui avaient également été formées pour étudier les questions concernant le raccordement, à la frontière franco-belge, des chemins de fer de Furnes à Dunkerque et de Poperinghe à Hazebrouck ont terminé leurs travaux. Les deux Gouvernements se sont entendus sur les conditions d'établissement de ces voies ferrées, et il a été procédé, le 25 de ce mois; à la signature de la Convention destinée à assurer à leurs sujets respectifs ces nouvelles facilités de communication.

La question de l'application d'une méthode uniforme de jaugeage aux navires de toutes les nations continue d'être l'objet des démarches de notre diplomatie. Le système Moorson paraissant généralement réunir des conditions d'exactitude qui le recommandent à l'attention de tous les États maritimes comme pouvant servir de base à une entente internationale, le Gouvernement de l'Empereur s'est mis en rapport avec le Gouvernement de Sa Majesté Britannique pour arrêter, de concert, les moyens les plus propres à en faciliter l'adoption. Il y a lieu d'espérer que leurs efforts communs réussiront à amener une solution qui intéresse le commerce maritime du monde entier, et à laquelle l'ouverture du canal de Suez donne un caractère particulier d'opportunité.

Une déclaration, signée à la Haye, le 4 novembre de l'année dernière, a fixé à 48 fr. 85 c. le droit d'importation en France des sucres raffinés provenant de la Belgique, de la Grande-Bretagne et des Pays-Bas. Cet arrangement, conclu à titre provisoire, devait prendre fin le 31 décembre 1869; il avait eu pour objet d'aplanir en partie les difficultés d'interprétation soulevées par l'application de l'article 13 de la Convention de 1864 sur le régime des sucres, en attendant que le Gouvernement de l'Empereur pût mettre les droits à percevoir sur les sucres bruts en corrélation exacte avec les rendements établis par la déclaration du 20 novembre 1866. Le délai accordé ayant été reconnu insuffisant, les commissaires des quatre États intéressés ont tenu à la Haye de nouvelles conférences, à la suite desquelles il a été convenu que la déclaration du 4 novembre 1868 devrait être prorogée jusqu'au 30 juin 1871; ces résultats seront prochainement consacrés par un acte diplomatique.

NÉCROLOGIE.

1869.

Cabanis de Courtois, secrétaire d'ambassade, né en 1828, décédé à Paris le 20 janvier 1869.

Jablonski, chancelier du consulat de France à Zanzibar, décédé à la fin du mois de janvier à Zanzibar.

Moustier (marquis Lionel de). ancien ministre des affaires étrangères, sénateur de l'Empire, mort à 52 ans.

Successivement ministre de l'Empereur à Berlin et ambassadeur de Sa Majesté à Vienne et à Constantinople, M. de Moustier avait déployé dans ces trois grandes missions diplomatiques des aptitudes exceptionnelles qui le désignèrent au choix de l'Empereur pour le poste de ministre des affaires étrangères, en septembre 1866. Il paraissait destiné à rendre encore au Souverain et au pays de brillants services, quand une maladie de cœur, dont il avait ressenti, il y a quelques années déjà, les premières atteintes, prit tout à coup le caractère le plus alarmant. Il lutta contre la souffrance avec une rare énergie, mais ses forces finirent par trahir son courage et ne lui permirent plus de conserver le portefeuille des affaires étrangères. L'Empereur lui donnait en même temps un témoignage de sa haute estime en l'appelant au Sénat, et l'intention de Sa Majesté était d'utiliser plus tard les lumières de son ancien ministre en lui confiant de nouveau une grande ambassade. M. le marquis de Moustier avait su se concilier, par son mérite comme par son caractère, des sympathies universelles; et la fin prématurée de cet homme d'État éminent causa en France et à l'étranger une douloureuse impression.

LAMARTINE (Alphonse-Marie-Louis DE), membre de l'Académie française, né le 21 octobre 1790, décédé le 28 février 1870.

M. de Lamartine, appelé en 1848 à faire partie du Gouvernement provisoire, reçut le portefeuille des affaires étrangères, et il eut la direction de ce ministère depuis le 25 février jusqu'au 10 mai.

———

CAZOTTE (Charles-Ferdinand DE), consul général à San-Francisco, né le 23 février 1820.

Cet agent a succombé, le 13 février, aux atteintes de l'épidémie de petite vérole qui avait pris dans cette ville une funeste intensité. L'impression que sa mort a produite sur une population déjà éprouvée par plusieurs deuils récents, témoigne hautement de l'estime et des sympathies qu'il s'était acquises. Ses obsèques, célébrées dans l'église française de Notre-Dame des Victoires, en présence des autorités locales et du corps consulaire étranger, ont attiré un concours considérable de citoyens; la colonie française tout entière y assistait, empressée de rendre un dernier hommage à l'agent dont elle avait su apprécier le zèle infatigable pour la défense de ses nationaux.

M. de Cazotte avait honorablement parcouru tous les degrés de la carrière consulaire. Élève consul à 23 ans, il avait débuté par la résidence de Lima, et n'avait plus quitté, depuis lors, le littoral de l'océan Pacifique. Chargé tour à tour des consulats de Panama, de Valparaiso et de San-Francisco, il venait d'être appelé, par la confiance de l'Empereur, au poste difficile de Shanghaï. Fidèle à des traditions de droiture et de désintéressement qui constituent dans sa famille un legs toujours intact, M. de Cazotte laisse à ses enfants un nom honoré et le souvenir des services qu'il a rendus au pays.

———

GUILLOUET, consul de France, à Santiago de Cuba, décédé le 6 février à l'âge de 73 ans.

———

SENEUZE, né le 21 octobre 1793, décédé le 20 mars 1869, ancien consul de France.

LABORDE (marquis Léon DE), sénateur, a fait partie du personnel diplomatique, en qualité de secrétaire d'ambassade, décédé le 28 mars 1869.

———

SÉGUR-DUPEYRON, consul général de France à Anvers, décédé le 8 avril, à son poste, des suites d'une angine de poitrine.

M. de Ségur-Dupeyron comptait dans l'administration quarante-cinq années de services distingués. Entré en 1824 au ministère de l'intérieur, il avait été, lors de la création du ministère du commerce, en 1831, attaché à ce dernier département et chargé, comme inspecteur des établissements sanitaires de France, de nombreuses missions en Grèce, en Orient et dans les États barbaresques. L'étude spéciale qu'il avait faite, pendant cette première période de sa carrière, des questions économiques intéressant le développement de nos relations commerciales avec les pays étrangers, l'avait préparé à l'exercice des fonctions consulaires auxquelles il fut appelé en 1848. Après avoir géré le consulat général de France à Bucharest, il fut successivement appelé aux consulats de Damas et de Belgrade. Les services qu'il rendit dans ces différents postes le désignèrent, en 1855, pour les fonctions de consul général à Varsovie, qu'il remplit dans des circonstances difficiles. C'est à la suite de cette mission qu'il fut nommé au consulat général d'Anvers. Dans les dernières années de sa vie, M. de Ségur-Dupeyron avait entrepris la publication d'une histoire des négociations commerciales et maritimes des règnes de Louis XIV et de Louis XV, dont il réunissait depuis longtemps les matériaux.

———

DEFFAUDIS (baron), ancien pair de France, mort à Versailles le 26 mars, dans sa 83e année, a servi aux affaires étrangères pendant quarante-quatre ans, de 1804 à 1848, en qualité de ministre plénipotentiaire successivement au Mexique, à Francfort et à la Plata, et enfin, de directeur des affaires politiques.

———

BOBICS (DE), chancelier de l'ambassade de France à Berlin, décédé à l'âge de 31 ans.

———

TOUR-DU-PIN (baron DE LA), ancien secrétaire d'ambassade, décédé le 22 mai.

9.

Maurin-Bié, agent consulaire de France à Ibraïla, mort à son poste, pendant le mois de mai.

———

Lacathon de la Forest, ancien consul général, mort le 24 juin.

———

Clermont (de), né le 15 juin 1833, mort le 21 juillet.
M. de Clermont était secrétaire d'ambassade et attaché à la sous-direction du contentieux au département des affaires étrangères.

———

Castillon (vicomte de), ancien consul général à Tanger, né le 18 janvier 1811, décédé le 30 novembre.

———

Bourqueney (comte de), sénateur, ancien ambassadeur, décédé le 26 décembre.
M. de Bourqueney s'est distingué, pendant sa longue et honorable carrière, par l'élévation de son caractère et l'éclat de ses talents. Né le 18 janvier 1799, il fut nommé attaché à la légation de France à Washington, en 1819, puis successivement secrétaire d'ambassade à Londres et à Berne. Chargé en 1841 de gérer l'ambassade de France à Constantinople, en qualité de ministre plénipotentiaire, il devint en 1844 ambassadeur. Rentré dans la vie privée de 1848 à 1853, il fut alors envoyé à Vienne comme ministre plénipotentiaire de l'Empereur.
Il prit part, en qualité de second plénipotentiaire, avec le comte de Walewski, aux travaux du congrès de Paris de 1856. L'étendue de son savoir et les qualités à la fois fermes et conciliantes de son esprit brillèrent au sein de cette assemblée diplomatique, chargée de résoudre des questions d'un ordre si délicat et si important.
Le 31 mars 1856, M. de Bourqueney fut récompensé, par la dignité de sénateur, des services signalés qu'il venait de rendre à l'Empereur et à son Gouvernement. Peu de jours après, il retournait à Vienne, où la légation de Sa Majesté était érigée en ambassade. Après avoir dirigé cette mission jusque dans les premiers mois de 1859, il se rendait, en qualité de premier plénipotentiaire de France, aux conférences de Zurich, et signait le traité conclu dans cette ville.

L'Empereur, voulant lui donner dans cette circonstance un nouveau témoignage de sa haute estime et de sa satisfaction, lui conférait le titre héréditaire de comte. M. de Bourqueney était grand-croix de la Légion d'honneur depuis 1854. Tous les hommes d'État qui ont été en rapport avec lui, aussi bien que les diplomates qui ont eu l'honneur de servir sous ses ordres, conserveront le souvenir des qualités éminentes qui lui avaient concilié les sympathies et le respect universels.

———

Denoix, consul de France, décédé le 31 décembre, à l'âge de 62 ans.

M. Denoix avait débuté dans la carrière consulaire en 1856.

RENSEIGNEMENTS DIVERS.

MAXIMUM DES PENSIONS DES AGENTS DIPLOMATIQUES ET CONSULAIRES.

Annexe de l'art. 7 de la loi du 9 juin 1853. — Tableau n° 3. — (Pour la loi sur les pensions et l'organisation de la Légion d'honneur, voy. l'*Annuaire* de 1860.)

Ambassadeurs	12,000 f
Ministres plénipotentiaires de 1re classe.	10,000
Ministres plénipotentiaires de 2e classe, et directeur des travaux politiques.	8,000
Chargés d'affaires en titre.	6,000
Premiers secrétaires d'ambassade ou de légation de 1re classe, et sous-directeurs des travaux politiques.	5,000
Tous autres secrétaires d'ambassade ou de légation	4,000
Consuls généraux	6,000
Consuls de 1re classe	5,000
Consuls de 2e classe	4,000
Premier drogman et secrétaire interprète à Constantinople . .	5,000
Second drogman à la même résidence et premiers drogmans des consulats généraux	3,000
Tous autres drogmans, chanceliers d'ambassade et de légation.	2,400
Chanceliers des consulats généraux	2,400
Agents consulaires (vice-consuls), Français de nation et rétribués directement sur le Trésor, au moyen d'une allocation ordonnancée en leur nom.	2,000
Chanceliers de consulat.	1,800

Fonctionnaires et employés des administrations centrales et du service intérieur des différents ministères. Agents et préposés de toutes classes autres que ceux compris dans la section ci-dessus :

Traitements.		
	de 1,000 francs et au-dessous . . .	750
	de 1,001 à 2,400 fr.	2/3 du traitement moyen, sans pouvoir descendre au-dessous de 750 f.
	de 2,401 à 3,200 fr.	1,600
	de 3,201 à 8,000 fr.	1/2 du traitement moyen.
	de 8,001 à 9,000 fr.	4,000
	de 9,001 à 10,500 fr.	4,500
	de 10,501 à 12,000 fr.	5,000
	au-dessus de 12,000 fr.	6,000

Modèle A.   **Extrait des Registres du Personnel.**   Tableau n° 3.

REGISTRE

N°

MINISTÈRE de

ÉTAT des services de M.

ex-   à   *département d*

né le   à   *département d*

entré en fonctions le   *et admis à faire valoir*

ses droits à la retraite à partir du

LIEUX où les fonctions ont été exercées.		NATURE des fonctions et emplois.	DATES de l'entrée en exercice.	DURÉE DES SERVICES.			OBSERVA-TIONS.
Départe-ments.	Rési-dences.			Ans.	Mois.	Jours.	
A DÉDUIRE {	Surnumérariat . .		. .				
	Service avant l'âge de 20 ans . . .		. .				
	Interrup-tions. {		. .				
	Services effectifs admissibles . .						

Traitement fixe de chacune des   dernières années d'activité.

	Ans.	Mois.	Jours.	
Du				A raison de par année . . . .
Du				
TOTAL . . .				. . . .
				L'année moyenne est de . . .

Vu :   Pour extrait conforme aux registres du personnel et aux

états de traitement du ministère de

Le   Paris, ce   18

Le

Modèle B. **Extrait des Registres du Personnel.** Tableau n° 4.

REGISTRE

N°

MINISTÈRE de

SERVICES CIVILS RENDUS HORS D'EUROPE.
(Art. 10 de la loi du 9 juin 1853.)

ÉTAT des services de M.

ex-   *à*   *département d*

né le   *à*   *département d*

entré en fonctions le

et dont l'activité hors d'Europe a cessé le

LIEUX où les fonctions ont été exercées.	NATURE des fonctions et emplois.	DATES de l'entrée en exercice.	DURÉE des services.			TRAITE-MENT normal du grade.	SUPPLÉ-MENT accordé à titre de traitement colonial.	OBSER-VATIONS
			Ans.	Mois.	Jours.			
A DÉDUIRE : Surnumérariat. . . .								
Service avant l'âge de 20 ans.								
Interruptions .								
Services effectifs admissibles. .								
Bonification de moitié en sus. .								
Total								

Traitement normal de chacune des   *dernières années d'activité.*

			Ans.	Mois.	Jours.			
Du						A raison de par année		
Du								
Total.						. . . .		

L'année moyenne est de. . . . .

Vu : **Pour extrait conforme aux registres du personnel et aux états de traitement du ministère de**

Le   Paris, ce   18

Le

TABLEAU COMPARATIF

Des Monnaies étrangères ayant cours aux Monnaies françaises, toutes supposées droites de poids et de titre[1].

EUROPE.

ALLEMAGNE DU SUD.

Or. fr. c.

Ducat. 11 86
Krone. 34 44

Argent.

Gulden ou florin. . . . 2 10
Thaler d'association. . 3 71

ANGLETERRE.

Or.

Souverain de 20 schill. 25 21

Argent.

Crown ou couronne, depuis 1818 . . . . . 5 81
Schilling 1 16
1 florin (1849), 1/10 de la livre sterling ou 2 schillings 2 32

AUTRICHE-HONGRIE.

Or.

Ducat de l'Empereur. . 11 86
Krone. 34 44

Argent.

2 florins (Gulden) . . . 4 93
3 1/2 gulden ou 2 thalers. 7 40
Florin ou gulden . . . 2 46

DANEMARK.

Or. fr. c.

Ducat fin (1791 à 1802) 11 86
Chrétien d'or (1847). . 20 95
Frédéric (1848) 20 32

Argent.

Dobbelt daler 5 66
Risdaler. 2 83

ESPAGNE.

Or.

Doublon, 10 escudos. . 25 99
— 4 — . . 10 40
— 2 — . . 5 20

Argent.

Duro, 2 escudos. . . . 5 19
Escudo 2 59

Iles Philippines.

Or.

1 peso ou escudillo de oro 5 19

Argent.

50 centavos 2 59

NORWÉGE.

Argent.

Specie daler 5 63
Mark 1 12
12 skellings . . . . . . » 38

---

1. La valeur de ces monnaies a été calculée, sans retenue, savoir : pour les monnaies d'or, à raison de 3,444 fr. 44 c. 444 mc. le kilogramme fin (1,000/1,000), et pour les monnaies d'argent, à raison de 222 fr. 22 c. 222 mc. le kilogramme fin (1,000/1,000).

Par la convention internationale du 23 décembre 1865, la France, la Belgique, l'Italie et la Suisse se sont constituées à l'état d'union monétaire.

La Grèce et les États pontificaux ont depuis adopté les monnaies de l'union.

EMPIRE OTTOMAN.

Or.	fr. c.
100 piastres	22 17
Argent.	
10 piastres	2 21
1 piastre	» 22

PAYS-BAS.

Or.	
Ducat	11 78
Guillaume	20 85
Argent.	
Rixdaler, 2 1/2 florins. .	5 26
Florin	2 14

PORTUGAL.

Or.	
Couronne d'or de 10,000 reis (1854)	56 »
1/10 de couronne, 1,000 reis.	5 60
Argent.	
5 testons de 500 reis (1854)	2 55
1 teston de 100 reis . .	» 51
1/2 teston de 50 reis. .	» 25

PRUSSE ET ALLEMAGNE DU NORD.

Or.	
Krone	34 44
Frédéric	20 78
Argent.	
Écu ou thaler	3 71
2 thalers	7 42

RUSSIE.

Or.	
Ducat	11 78
Impériales, depuis 1763	41 32
5 roubles (1849)	20 66
Argent.	
Rouble	4 »
1/2 rouble, ou Poltinick.	2 »

SAXE.

Or.	fr. c.
Ducat Frédéric - Auguste II (1763). . . .	11 85
Auguste ou 5 thalers. .	20 75
Argent.	
2 thalers	7 42
Thaler	3 71
1/6 d'écu	» 65

SUÈDE.

Or.	
Ducat	11 70
Carolin	10 »
Argent.	
Spéciès riksdaler . . .	5 66

AFRIQUE.

ÉGYPTE.

Or.	
100 piastres	25 59
Argent.	
Piastre	» 25

TUNIS.

Or.	
100 piastres	60 42
10 piastres	6 04
Argent.	
2 piastres	1 23

AMÉRIQUE DU NORD.

ÉTATS-UNIS.

Or.	
Aigle, 10 dollars	51 82
Dollar	5 18
Argent.	
Dollar	5 34
Dime, 10 cents	» 53

MEXIQUE.

Or.   fr. c.

Once d'or 81 35

Pistole 20 31

Argent.

Piastre 5 41

AMÉRIQUE DU SUD.

BRÉSIL.

Or.

20,000 reis 56 60

10,000 reis 28 30

Argent.

1,000 reis. 2 60

BOLIVIE-ÉQUATEUR, GUATÉMALA, ETC.

Or.

Quadruple 81 35

Argent.

Piastre 5 41

CHILI.

Or.

Condor, 10 pesos . . . 47 27

Peso ou piastre 4 72

Argent.   fr. c.

Piastre . . . . 5 »

PÉROU.

Or.

10 sols. . . . . 50 »

1 sol. . . . . 5 »

Argent.

1 sol . . . . 5 »

ASIE.

EMPIRE INDO-BRITANNIQUE.

Or.

Mohur 36 82

Pagode 9 20

Argent.

Roupie 2 37

2 annas. . . . . » 29

PERSE.

Or.

Thoman. 11 17

Argent.

Banabat, 10 schahis . . 1 04

MESURES ITINÉRAIRES.

PAYS.	NOMS.	VALEUR en kilomèt.
		k.
Allemagne.	*meile, lieue de 15 au degré.*	7,408
	mile, 1760 yards.	1,609
Angleterre	*mile marin de 60 au degré.*	1,852
	lieue marine de 20 au degré	5,556
Arabie	*mille.*	1 964
Autriche	*mille de poste.*	7,586
Belgique	*mille métrique.*	1,000
Brésil.	*legua.* . . . . : . . .	6,173
	milha	1,852
Chine.	*li .*	0,577
Danemark	*mile*	7,538
Écosse	*mile*	1,609
Espagne	*lieue de 20000 pieds*	5,573
	mille métrique, 1 kilomètre	1,000
	lieue de 4 kilomètres	4,000
France	*myriamètre, 10 kilomètres.*	10,000
	lieue marine, 20 au degré	5,556
	lieue ancienne de poste, 2000 toises . .	3,898
Hambourg	*mille.*	7,538
	mille, 15 au degré.	7,408
Hollande	*mille nouveau*	1,000
Hongrie	*mille.*	7,586
Irlande.	*mille.*	1,609
	mille de 60 au degré	1,852
Italie.	*mille métrique*	1,000
Naples	*mille.*	1,852
Perse.	*parasang.*	5,565
Piémont	*mille.*	2,466
	mille de 20 au degré	5,556
Pologne	*mille nouveau, 8 wersts*	8,534
Portugal	*lieue, 18 au degré*	6,173
Prusse	*mille du Rhin*	7,532
Rome.	*mille géographique.*	1,852
Russie	*werst, 500 sagènes.*	1,067
Suède	*mille.*	10,688
Suisse	*lieue, 16000 pieds.*	4,800
Toscane	*mille.*	1,653
Turquie.	*berri .*	1,476

Mesures itinéraires. (Suite.)

Lieue de 15 au degré 7408ᵐ
Lieue de 18 au degré 6173
Lieue de 25 au degré 4445
Lieue marine ou géographique de 20 au degré 3556
Mille marin de 60 au degré, ou d'une minute, et tiers de lieue marine.　1852

BRASSES DES CARTES MARINES.

		m.
Angleterre . . . . *brasse (fathom)*		1,829
Danemark . . . . *brasse (faun)*		1,883
Espagne . . . . *brasse (braza)*		1,696
Hollande . . . . *brasse (waam)*		1,883
Russie . . . . *brasse (sagène)*		2,134
Suède . . . . *brasse (fannar)*		1,783
France	*brasse*, 5 pieds	1,624
	nœud, ¹/₁₂₀ du *mille marin* [1]	15,432
	encablure de 100 toises	194,904
	encablure nouvelle	200,000

---

1. Chacun des nœuds du loch parcourus dans les 30 secondes du sablier ou dans la 120ᵉ partie d'une heure, correspond à une marche d'un mille marin par heure. Ainsi, 9 nœuds filés en 30 secondes indiquent une marche de 9 milles ou de 3 lieues marines par heure.

CORRESPONDANCE DES CALENDRIERS.

L'ère de la République a commencé le 22 septembre 1792, et a fini le 31 décembre 1805. L'année était composée de 12 mois de 30 jours, suivis de 5 jours complémentaires pour les années communes, et de 6 pour les années bissextiles. Les noms des 12 mois étaient : vendémiaire, brumaire, frimaire ; nivôse, pluviôse, ventôse; germinal, floréal, prairial; messidor, thermidor, fructidor. Le 1er vendémiaire des ans I, II, III, V, VI et VII de la République répond au 22 septembre des années 1792, 93, 94, 96, 97 et 98; le 1er vendémiaire des ans IV, VIII, IX, X, XI, XIII et XIV, au 23 septembre des années 1795, 1799, 1800, 1801, 1802, 1804 et 1805; enfin, le 1er vendémiaire de l'an XII, au 24 septembre 1803.

L'année russe et grecque diffère de l'année grégorienne par la conservation des années bissextiles séculaires dont le nombre de siècles n'est pas un multiple de 4. Elle commence le 1er septembre, et se trouve en retard de 12 jours sur l'année grégorienne pour le 19e siècle.

L'année arabe ou islamique a 12 mois lunaires : *Moharrem; Safar; Rebid Ier*, Elaouel; *Rebid IIe*, Eltsani; *Djoumadi Ier*, Elaoula; *Djoumadi IIe*, Eltsania; *Redjeb; Châban, Ramadan; Choual; Dou-el-cada; Dou-el-hadja.* La lunaison moyenne étant de 29jours,5305886, les mois sont alternativement de 30 et de 29 jours, en commençant par Moharrem ; en outre, pour chaque période de 30 années, on intercale 11 jours complémentaires dans les années *Kébices*, qui sont les 2e, 5e, 7e, 10e, 13e, 16e, 18e, 21e, 24e, 26e et 29e de chaque cycle trentenaire, à partir du jeudi 16 juillet 622, date de *l'Hégire*, suivant l'ère julienne, et point de départ de l'ère arabe. Le jour complémentaire des années kébices s'ajoute aux 29 jours du mois ordinaire de Dou-el-hadja. La correspondance entre les années de l'Hégire et les années grégoriennes s'établit approximativement par les formules :

$$G = 621 + H - 0.03\ H; \quad H = G - 621 + 0.03\ (G - 621).$$

G est la date de l'année grégorienne, dans laquelle commence l'année d'une date de l'Hégire *H*.

TABLE ALPHABÉTIQUE

DU

PERSONNEL DIPLOMATIQUE ET CONSULAIRE FRANÇAIS.

———

TABLE ALPHABÉTIQUE

DES

POSTES POLITIQUES ET CONSULAIRES FRANÇAIS A L'ÉTRANGER.

	Pages.		Pages.		Pages.
Madère (île de).		Metelin		New-Brunswick	
Madras		Middlesborough.		Newcastle. . . .	
Madrid		Milan		Newport(Grande-	
Magdaleine (île).		Milazzo	36	Bretagne) . .	
Magnésie		Milo (île)		Newport (États-	
Mahon		Miramichi . . .	21	Unis).	
Maïmatchin. . .		Mobile (La) . . .		New-York . . .	
Malaga		Mogador		Nicosie	
Maldonado . . .		Molde.		Ning-Po	
Malte		Monaco.		Niutchang . . .	
Manchester. . .		Monastir (États		Noli.	
Mandal		barbaresques)		Norfolk.	
Manille		Mons		Norkoping . . .	
Mannheim . . .		Montalto		Norwége . . et	
Mansourah . . .		Montevideo . . .		Nottingham. . .	
Manzanillo . . .		Montréal		Nouv.-Brunswick	
Maracaïbo . . .		Morro Quemado.		Nouvelle-Écosse	
Marbella		Moulmein. . . .		Nouv.-Grenade.	
Margate.		Moscou		Nouv.-Hollande.	
Marioupol		Moss		Nouv.-Orléans..	
Mariposa		Mossoul		Nouvelle-Provid.	
Maroc.		Mostar		Nouv.-Zélande .	
Marothonisi. . .		Motril.		**O**	
Marsala.		Munich		Odessa	
Mascate.		Muravera		Œster-Risœr. .	
Massa		Muros		Oldenbourg. . .	
Massouah. . . .		**N**		Olhão.	
Matanzas				Omoa.	
Maturin.		Naguabo . . .		Oneille	
Mayaguez. . . .		Namsos.		Orbitello	
Mazarron · . . .		Naples		Orfa	46
Mazzara.		Naplouse		Oristano	
Mecklembourg -		Narva.		Orosei	
Schwérin . .		Nassau (N^lle Pro-		Osaka.	
Mecklembourg -		vidence) . . .	21	Ostende.	
Strélitz . . .	49	Nauplie.	32	Ourga	25
Melbourne . . .		Navarin.		**P**	
Memel		Naxie (île) . . .			
Mendoza		Nazareth		Padang	
Mersina.	46	Nebel.		Palamos	
Messine.		Neuchâtel (S^sse).		Palerme	

TABLE GÉNÉRALE ALPHABÉTIQUE

DES

FAMILLES SOUVERAINES, DES CABINETS DES PUISSANCES ÉTRANGÈRES, DES AMBASSADES ET DES LÉGATIONS ÉTRANGÈRES EN FRANCE.

———

Note sur les passe-ports français.

On sait qu'en vertu de la législation générale,
« 1°. Nul voyageur français ne peut sortir du territoire de l'Em-
« pire sans s'être pourvu d'un passe-port à l'étranger ;
« 2° Nul voyageur étranger n'est admis en France sans être
« muni d'un passe-port délivré par l'autorité compétente de son
« pays et visé, pour chaque voyage, par un agent diplomatique
« ou consulaire français. »

Sur un grand nombre de points de nos frontières d'Espagne,
d'Italie, de Suisse, d'Allemagne et de Belgique, le passe-port à
l'étranger n'est point exigé des habitants des villes frontières,
qui se trouvent en rapports fréquents de famille ou d'affaires
avec le pays limitrophe, et qui sont connus des autorités de police. Ces facilités locales s'étendent aux étrangers limitrophes.
Ceux-ci peuvent également être admis en France sans passe-ports
réguliers, partout où l'administration a jugé que ces mesures de
tolérance ne mettraient point en péril les graves intérêts de police
et de sûreté qui lui sont confiés.

Aux termes de la loi, les passe-ports à l'étranger ne devraient
être délivrés que par les préfets. Par une décision du 22 octobre
1852, le ministre de l'intérieur a conféré, jusqu'à nouvel ordre,
aux sous-préfets en résidence dans les ports et dans les villes
frontières, la faculté de délivrer des passe-ports.

En vertu d'une décision du 20 novembre 1858, les plus larges
facilités ont été accordées pour les habitants du littoral anglais
ou français qui circulent sans cesse d'un pays à l'autre au moyen
des lignes régulières de paquebots. En outre, les Français qui

désirent ne faire qu'une courte excursion en Angleterre, peuvent s'embarquer avec un simple passe-port à l'intérieur, du prix de 2 francs, délivré ou visé par l'autorité préfectorale, au lieu d'être astreints au passe-port à l'étranger dont le coût est de 10 francs.

Par une décision du 16 décembre 1858, le ministre de l'intérieur a supprimé l'obligation du visa diplomatique ou consulaire à *chaque voyage,* le visa étant considéré comme valable pendant un an, durée légale du passe-port français.

Depuis le 1er janvier 1861, les sujets de S. M. la reine de la Grande-Bretagne et d'Irlande sont admis, par réciprocité, à entrer et à circuler sur le territoire de l'Empire sans passe-ports (15 décembre 1860). — *Idem,* pour les Suédois, les Belges et les Hollandais (13 août 1861); pour les Espagnols (8 février 1863).

ANNONCES DIVERSES.

TABLE.

ORFÉVRERIE CHRISTOFLE

ARGENTÉE ET DORÉE PAR LES PROCÉDÉS ÉLECTRO-CHIMIQUES.

Grande Médaille d'honneur aux Expositions universelles de 1855 et 1867.

PAVILLON DE HANOVRE
35, Boulevard des Italiens , 35

MAISON SPÉCIALE DE VENTE
Lemaire et Cie

Exposition permanente des produits de la fabrique Ch. CHRISTOFLE et Cie

---

COUVERTS ALFÉNIDE
BRONZES ET SURTOUTS DE TABLE. — PIÈCES D'ART
ORFÉVRERIE D'ARGENT
DORURE ET RÉARGENTURE DE TOUS OBJETS.

Premières médailles aux Expositions de Paris et de Londres

1851 — 1855 — 1862

Hors concours pour 1867

A LA REINE DES FLEURS

(Maison fondée en 1774)

L. T. PIVER[*]

PARFUMEUR, DISTILLATEUR, CHIMISTE ET SAVONNIER

Fournisseur de S. M. l'Empereur.

SAVON AU SUC DE LAITUE

·Le meilleur des savons de toilette

Le savon au suc de laitue inventé par L. T. Piver est déposé au greffe du tribunal de commerce depuis le 17 décembre 1842. La vogue immense de ce délicieux cosmétique lui a suscité de nombreuses contrefaçons, quant au nom et à la forme. Le seul véritable, réunissant toutes les qualités du type, est toujours accompagné du nom de L. T. Piver.

EXTRAITS POUR LE MOUCHOIR

EAU DE COLOGNE DES PRINCES

EAU-DE-VIE DE LAVANDE AMBRÉE

POMMADES ET HUILES POUR LA CHEVELURE

Les jardins immenses dont M. Piver dispose près de son bel établissement de la Provence lui permettent de puiser aux sources de la nature et d'emprunter aux fleurs mêmes leurs délicieux parfums dans toute leur fraîcheur et leur suavité.

PARFUMERIE SPÉCIALE A BASE DE LAIT D'IRIS

Maison principale, 10, boulevard de Strasbourg, Paris

Maison à Londres, 160, Regent street.

CINQ MAISONS SPÉCIALES DE DÉTAIL A PARIS.

Dépôts dans toutes les villes du monde.

MANUFACTURE CALLEBAUT
105, Boulevard de Sébastopol, 105

MACHINES A COUDRE
AMÉRICAINES
SYSTÈME A NAVETTE, COUTURE INDÉCOUSABLE,

Perfectionnées et construites par

CALLEBAUT

Breveté s. g. d. g.

Fournisseur breveté de S. M. l'Empereur
Fournisseur des armées impériales de France, Russie et Turquie

8 Médailles	8 Médailles
D'OR	DE I re CLASSE
—	—
MACHINES	MACHINES
Pour Familles	Pour Ateliers

==

Nous recommandons la maison

J. GUILLERMIN
MARCHAND-TAILLEUR

32, RUE CROIX-DES-PETITS-CHAMPS, PARIS

tant pour le soigné de ses costumes officiels avec ou sans broderies, or, argent, soie, etc., que pour ses vêtements bourgeois dont le confortable ne laisse rien à désirer.

Expéditions en province et à l'étranger.

Lightning Source UK Ltd.
Milton Keynes UK
UKHW02f2049230818
327721UK00010B/683/P

9 780266 153016